Kommentar zur Jüngeren Edda

Kommentar zur Jüngeren Edda

(Kommentar zu den Götterliedern der Edda Teil 4)

Baron Árpád von Nahodyl Neményi

Altheidnische Schriften

Books on Demand GmbH, Norderstedt

Buchbeschreibende Angaben der Deutschen Nationalbibliothek
Die Deutsche Nationalbibliothek verzeichnet diese Veröffentlichung in der Deutschen
Nationalbibliographie; genauere buchbeschreibende Angaben sind im Weltnetz
über www.dnb.de abrufbar.

© 2017 Baron Árpád von Nahodyl Neményi

**Herstellung und Verlag: BoD – Books on Demand, Norderstedt
ISBN 978-3-7431-8114-4**

Inhalt

Vorwort	7
1. Formáli (Prolog)	15
2. Gylfaginning 1-9	33
3. Gylfaginning 10-18	61
4. Gylfaginning 19-27	91
5. Gylfaginning 28-36	111
6. Gylfaginning 37-45	135
7. Gylfaginning 46-54	167
8. Bragarœður	225
9. Aus Skáldskaparmál	251
Anmerkungen	275

Vorwort

Die wissenschaftliche Betrachtung der Jüngeren Edda sieht in diesem Werk, welches dem Snorri Sturluson zugeschrieben wird und zwischen 1220 und 1225 entstanden sein soll, nichts weiter als ein Lehrbuch für Skálden (Dichter). Der erste Teil, die „Gylfaginning", ist demnach eine Gesamtdarstellung der Mythologie, damit die Skálden überhaupt verstehen, auf was sich die vielen mythologischen Umschreibungen und Kenningar beziehen, der andere Hauptteil, Skáldskaparmál („Skáldensprache") bringt zahllose Beispiele für Skáldenstrophen, und der letzte Teil, „Háttatal" („Aufzählung der Versarten") listet die gebräuchlichen Vers- und Strophenarten auf. Das klingt alles logisch und überzeugend.

Allerdings: Skálden sind viel mehr, als nur beliebige „Dichter", es sind Personen, die für die Überlieferung der heiligen Göttermythen zuständig waren und schon in heidnischer Zeit einen wichtigen Bestandteil der heidnischen Religion bildeten. Denn Goden (Priester) konnten sich neben der Kenntnis der zahllosen kultischen Gebräuche sowie der Gesetze für das Thing kaum auch noch um den Vortrag der heiligen Götterlieder kümmern. Auch bei den alten Indern waren die Kultleitung und der Vortrag mythologischer Lieder später auf mehrere Personen verteilt[1].

Skálden konnten also in heidnischer Zeit durchaus wie ein Lektor im Christentum eine religiöse Funktion innehaben. Somit bildet ein Werk, das zu ihrer Ausbildung oder Qualifizierung beitragen will, durchaus einen Teil der Religion und ist keine nüchterne Betrachtung derselben durch Außenstehende. Auch erkennen wir an Hand bestimmter Einzelheiten und Formulierungen, daß der Zusammensteller der Gylfaginning innerlich Heide gewesen sein muß, somit bestand seine Intention auch darin, das Heidentum zu bewahren.

Und schließlich können wir davon ausgehen, daß einst in heidnischer Zeit auch die Jugendlichen in einer Art Schulung das Heidentum mit seinen Mythen und Zeremonien erlernen mußten. Dazu muß es Hilfsmittel gegeben haben, denn sonst hätte sich mit der Zeit in jedem Dorf, in jedem Hof eine eigene Art des Heidentums entwickelt und wäre keine Einheitlichkeit vorhanden, die aber – ausweislich der Quellen – vorhanden gewesen ist. In der Zeit, als man allein eine mündliche Überlieferung hatte und nichts aufschrieb, muß es mündlich tradierte Texte gegeben haben, die dazu dienten, den Schülern die Mythologie beizubringen. Ich gehe daher von einem Lied aus, das in einem Zwiegespräch zwischen fragendem Menschen und antwortender Gottheit die Mythologie und die Glaubensvorstellungen erklärte. Vermutlich war dieses Lied gedichtet, so daß es leichter erlernt und vorgetragen werden konnte. Fand der Zusammensteller (mutmaßlich Snorri) dieses Lied vielleicht während seines Aufenthaltes in Oddi in schriftlicher Form oder hörte er es nur mündlich? Das wissen wir nicht und müssen es auch nicht wissen. Dieses Lied ist meiner Meinung nach die Urfassung des Liedes, daß uns heute in den Gylfaginning vorliegt. Der Zusammensteller hat dabei die Strophen in Prosa aufgelöst und den Text mit Zitaten aus den anderen Liedern ergänzt, die damit zugleich erklärt werden. Um den Umfang und damit Preis des vorliegenden Buches nicht zu groß werden zu lassen, habe ich die Besprechung dieser Eddastrophen hier auf ein Mindestmaß beschränkt und verweise auf die Bände I bis III dieser Reihe, „Kommentar zu den Götterliedern der Edda"[2], und dort auf die Seiten, wo man die Besprechung der Strophe findet. Diese Anmerkungen lasse ich im Text stehen, um ein zusätzliches Blättern zu vermeiden. Die Angabe z. B. „Kommentar I, 65" verweist also auf Band I der Kommentar-Reihe und dort auf Seite 65.

In der Gylfaginning werden Strophen aus den folgenden Eddaliedern zitiert: 22 Strophen aus der Völuspá, 9 Strophen aus den Vafþrúðnismál, 3 Strophen aus der Lokasenna, je eine Strophe aus Hávamál, Hyndluljóð, Skirnisför, Fáfnismál und Heimdallargaldr. 5 Strophen aus max. 4 unbekannten Eddaliedern und 2 Skáldenstrophen. Da zuweilen nur eine Zeile von einer Strophe genommen wurde oder Zeilen unterschiedlicher Strophen zusammengesetzt sind, ist die Bestimmung der genauen Anzahl uneinheitlich. Auch können Inhalte weiterer Eddastrophen mit in dem Prosatext verarbeitet worden sein.

Wir sehen jedenfalls, daß der Zusammensteller mehrere Eddalieder, die uns vorliegen, gekannt haben muß, viele weitere, die uns auch erhalten

Abb. 1: Titelabbildung der Edda von Ólaf Brynjólfsson von 1760.

sind, verwendete er aber nicht. Und er hat teilweise leicht abweichende Lesarten verwendet; zu seiner Zeit waren also unsere bekannten Eddalieder noch in verschiedenen Versionen im Umlauf. Zuweilen wurden Strophen aber auch nur deswegen verändert, um sie dem Inhalt des Textes anzupassen, ich weise in dem Kommentar jeweils darauf hin.

Für uns aber noch interessanter sind die Strophen, die aus Liedern stammen, die uns leider nicht erhalten sind. Das sind Heimdallargaldur (Gylfaginning 27), ein Lied über Njörd und Skaði (Gylfaginning 23), ein Lied über die Vanen und Gná (Gylfaginning 35), ein Lied über Baldrs Tod (Gylfaginning 49) sowie die Strophe eines Redeliedes (Gylfaginning 2). Diese letzte Strophe könnte auch von dem von mir angenommenen Ur-Gylfaginning stammen und wurde dann beibehalten, oder sie stammt von einer uns nicht erhaltenen Fassung der Vafþrúðnismál.

Titelgebende Hauptperson der Gylfaginning ist König Gylfi von Schweden. In den Lexikar wird er als mythischer Vorzeitkönig, über den nichts weiter bekannt ist, bezeichnet. Tatsächlich aber hat er wirklich gelebt, eine Version der Hervarar Saga enthält Angaben über seinen Stammbaum: Er hatte eine Tochter Heiðr Gylfesdótter, die Sigrlami Óðinsson, König von Garðarriki (in Rußland) heiratete und Königin dort wurde. Der Stammbaum läßt sich lückenlos bis in unsere Zeit weiterverfolgen, ihm entstammen auch Hárald Hildetann und Sigurðr Hring Randversson, König von Dänemark und schließlich sogar Ragnar Loðbrok Sigurðsson. Viele Menschen aus heutiger Zeit haben diese Personen unter ihren Ahnen, auch ich. Durch den Stammbaum können wir in etwa errechnen, wann König Gylfi gelebt hatte: Er kann um 223 u. Zt. geboren sein, seine Tochter um 249.

Dieser König Gylfi reiste nun also nach Ásgarðr, in das Reich der Ásen. Sicher ist damit nicht Byzanz oder Tyrkland gemeint (der Prolog, der davon berichtet, ist ja erst später angefügt worden), sondern hier ist tatsächlich die Welt der Götter gemeint. Es gab in heidnischer Zeit Kultzentren, wo sich viele Priester und Seherinnen aufhielten und – vielleicht unter Zugabe von Rauschdrogen – suchenden Menschen Visionen der Götter verschaffen konnten. Ich denke, daß König Gylfi in den sog. „Osning" (Ásenhain) reiste, der sich in Westphalen (zwischen Detmold und Paderborn) befand. Hier liegen die berühmten Externsteine und zahllose weitere Heiligtümer. Alte Flurnamen erinnern dabei noch an die Götterburgen der Ásen, wie etwa Truhem (Þrúðheim), Bilsteinschlucht (Bilskirnir) usw. G. A. B. Schierenberg hat darüber zu Ende des 19. Jh. geforscht und spekuliert[3]. Der König Gylfi gab sich dabei einen Kultnamen „Gangleri", der zugleich ein Name Óðins ist. Das war wohl bei Óðinseinweihungen üblich, daß sich der Einzuweihende mit der Gottheit namensmäßig verbindet; einen reinen, unveränderten Götternamen durfte man aber nicht im Alltag führen. Als die Vision dann beendet war, konnte der König wieder in sein Reich zurückkehren und sorgte dann dafür, daß das, was er in der Vision erfahren hatte, weitererzählt wird. Wir haben hier also einen realen König des 3. Jh. der tatsächlich eine Vision erfahren hatte. Natürlich wird der Zusammensteller dieses Liedes hier auch noch Eingriffe vorgenommen haben, das ist zu erwarten. Der Kern aber ist eine reale Vision, eine Offenbarung der Götter an König Gylfi.

Das zweite Stück der Jüngeren Edda ist Bragarœður, „Bragis Reden". Es ist nur kurz und als einzelnes Stück nicht wirklich hervortretend, es ist als Anfang oder Einleitung der „Skáldskaparmál" damit verbunden, obwohl es sich inhaltlich doch abhebt. Die klare Trennung zu den Skáldskaparmál fehlt, was aber wiederum nicht ungewöhnlich ist: Die Eddalieder wurden fortlaufend nacheinander ohne Absatz aneinandergereiht, da Pergament teuer war. Es ist auch möglich, daß der Zusammensteller seine ursprüngliche Absicht, mythologische heilige Lieder aufzuzeichnen, aufgab und sich dann doch mehr der Erstellung eines Lehrbuches für Skálden zuwendete, zumal dies in christlicher Zeit weniger gefährlich war. Wer sich aus religiösen Gründen mit solchen Liedern befaßte, der lief Gefahr, wegen der Ausübung des Heidentums in Verdacht zu geraten, wer hingegen ein harmloses Lehrbuch für Skálden schrieb, der war über jeden Verdacht erhaben. Und „Bragis Reden" aufzuschreiben bedeutete letztendlich, die Reden einer Gottheit zu protokollieren, das konnte die neue, christliche Religion nicht zulassen. So ist dieses Lied also in die Skáldskaparmál integriert und damit ihres heidnischen Offenbarungscharakters beraubt worden. In Ausgaben finden wir dieses Lied daher oft nicht unter seiner eigenen Überschrift. Ich behandele es aber gemäß der ursprünglichen Intention des Zusammenstellers wieder als eigenes Lied.

Die Skáldskaparmál behandele ich hier nur in einem kurzen Auszug, da dies den Umfang des Buches ansonsten sprengen würde. Auch sind die darin enthaltenen Skáldenstrophen nur höchst ungenau ins Deutsche übersetzbar. Eventuell wird diese Aufgabe später einmal zu bewältigen sein.

Die Jüngere Edda wird auf Grund einer nicht vom ursprünglichen Zusammensteller stammenden Vorbemerkung, die es nur in einer einzigen Handschrift gibt, dem Snorri Sturluson (1178 oder 1179 – 22. 9. 1241) zugeschrieben. Aber drei isländische Gelehrte, Magnús Ólafsson (um 1573 – 1636), Björn Jónsson á Skardsá (1574 – 1655) und Arngrímur Jónsson (1568 – 1648) berichteten, daß die Jüngere Edda das Werk zweier Verfasser sei, nämlich habe Sæmundur Sigfusson inn fróði (1056 – 1133) die Grundlage gelegt, auf der Snorri aufgebaut habe. Als Quelle nannten sie Pergamente aus dem Mittelalter, die aber während des 17. Jh. auf Island umgekommen sind. Sæmundur habe Wortverzeichnisse und Synonyma erstellt, die Snorri verwendet hätte. Das ist nicht unmöglich, betrieb doch Sæmundur die Goden- und Skáldenschule in Oddi, die später auch Snorri besuchte.

Es steckt also viel mehr in dieser Jüngeren Edda, als uns die Philologen weismachen wollen. Es wird Zeit, die Jüngere Edda wieder als ernstzunehmende heidnisch-religiöse Schrift zu betrachten und nicht als bloßes Dichterlehrbuch oder sentimentalen Rückblick des 13. Jh. in eine vergangene und verklärte Vorzeit.

Die wichtigsten Handschriften der Jüngeren Edda sind:

Codex Upsaliensis DG Nr. 11, 8^0, (um 1300),
Codex Wormianus, Arnamagnæanus Nr. 242 fol. (1350),
Codex Regius GKS Nr. 2367, 4^0, (ca. 1324),
Codex Trajektinus (Trektarbók), Utrechter Papierhandschrift 1374 (Abschrift um 1600, Pergamentvorlage vermutlich 13. Jh.),
Codex Arnamagnæanus Nr. 748, 4^0 (Fragmente),

Fragm. Arnamagnæanus 1eß fol. (Fragmente),
Fragm. Arnamagnæanus 756, 4⁰ (Fragmente),
Fragm. Arnamagnæanus 757, 4⁰ (Fragmente).

Außerdem gibt es zahlreiche Papierabschriften, teilweise auch bebildert, wie z. B. die von Ólaf Brynjólfsson von 1760 (Nks 1867, 4to) und die von Jakob Sigurðsson von 1764 oder 1765 (Melsteðs Edda SÁM 66), die beide auf eine verlorene Vorlage von 1665 zurückgehen, oder der Codex Oblongata, Arnamagnæanus 738, 4to (17. Jh.). Die meisten Bilder habe ich der Handschrift von Jakob Sigurðsson entnommen.

Ich weise auch darauf hin, daß ich die Schreibweise der mythologischen Namen nach den Handschriften beibehalten habe, d. h. „Baldur" schreibe, statt „Baldr" (Schreibweise in der Älteren Edda). Das mag ungewöhnlich sein, wenn man die Namen schon in der bisherigen Form kennt, ist aber der wissenschaftlichen Genauigkeit geschuldet. Die Handschriften haben meist (nicht immer) schon den Sproßvokal (das „u") und zeigen damit, daß sie jünger sind, als die Haupthandschrift der Älteren Edda, anders als von den Philologen behauptet wird. Ich verwende auch die Sonderzeichen „þ" (th) und „ð" (dh) sowie „œ" (ö) und „æ" (ä), statt „ǫ" aber bleibe ich beim ö.

Kapitel 1

Formáli (Prolog)

»Dieses Buch heißt Edda. Snorri Sturluson hat es auf die Art zusammengestellt, die hier eingerichtet ist. Zuerst von den Ásen und Ymir, danach die Skáldskaparmál und die Benennungen vieler Dinge, schließlich Háttatal, die Snorri für König Hákon und Herzog Skuli gedichtet hat.«

Diese Vorbemerkung findet sich nur im Codex Upsaliensis. Nur hier ist der Name „Edda" als Bezeichnung für das Buch überliefert. Auf Grund der inhaltlichen Ähnlichkeit wurde die Bezeichnung „Edda" dann (im 17. Jh.) auch auf die Sammlung der Älteren Edda übertragen. Was „Edda" bedeutet, darüber wird diskutiert, Wissenschaftler gehen neuerdings von lateinisc edo = ich verkünde, aus. Mir erscheint ein lateinisches Wort hier unglaubwürdig, zumal da nicht „edo" sondern „Edda" steht. Da in der Rigsþula (4 und 7) „Edda" in der Bedeutung „Urgroßmutter" steht (Kommentar III, 90f), halte ich diese Deutung für glaubwürdiger. Auch mit dem Ort, wo Sæmundur die Eddalieder sammelte und Snorri seine Edda zusammenstellte, „Oddi" in Südwest-Island könnte der Name „Edda" etwas zu tun haben, aber auch hier sind mir die Schreibabweichungen (Oddi-Edda) zu groß. Auch ergibt eine Ortsbezeichnung wenig Sinn: „Dieses Buch heißt Oddi" bzw. übersetzt „Dieses Buch heißt Landzunge".

Snorri Sturluson wird hier als derjenige genannt, der die Edda „zusammenstellte". Eindeutig steht da nicht „verfaßte", was bezeichnend ist, da ja im Text der Gylfaginning selbst am Ende gesagt wird, daß König Gylfi die Geschichten erzählte und andere sie weitererzählt hatten. Somit konnte Snorri nur einen in irgendeiner Form bereits vorhandenen Text neu zusammenstellen, ein „Ur-Gylfaginning". Wichtig ist, daß Snorri eben nicht der Dichter und Verfasser dieser Mythen war, sondern bestenfalls der Sammler und Zusammensteller. So machte er es ja

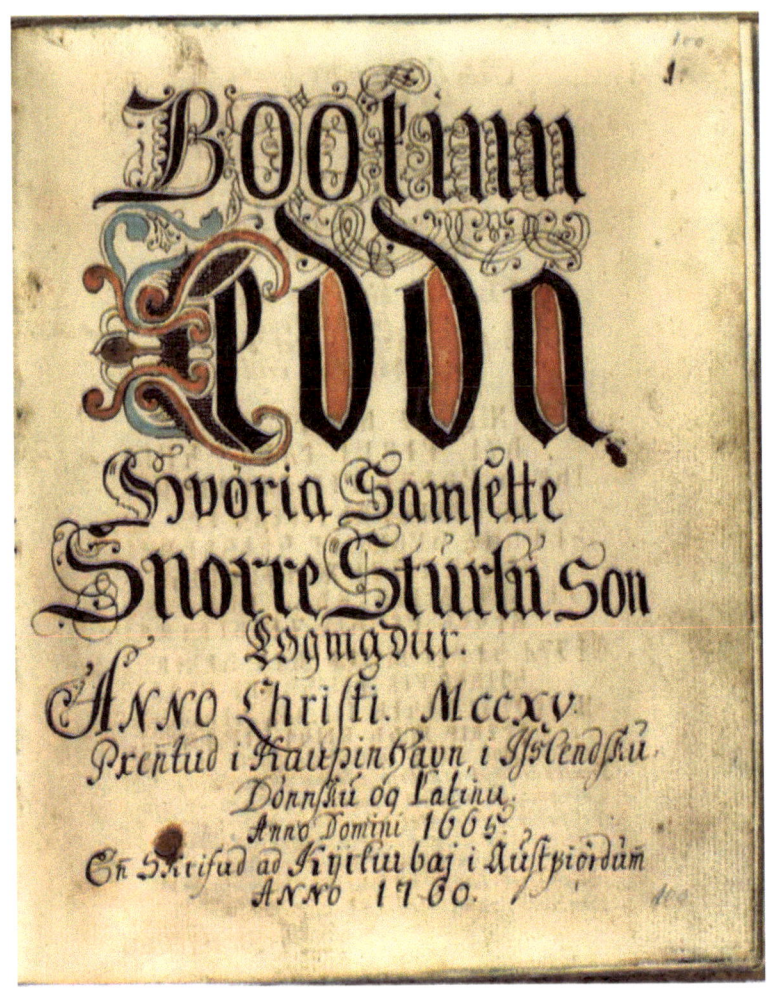

Abb. 2: Titelseite der Eddahandschrift von Ólaf Brynjólfsson (1760): »Bookinn Edda Hvöria Samsette Snorre Sturlu Son Logmadur... 1760« (Das Buch „Edda" welches zusammensetzte Snorre Sturlu-Son, Logmadur ... 1760).

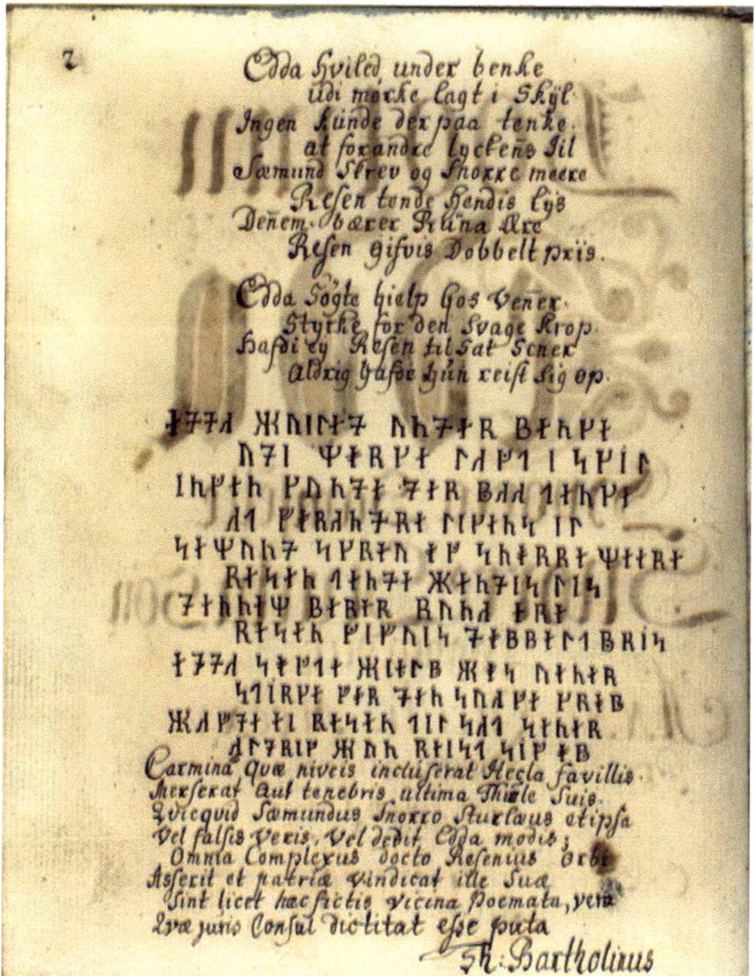

Abb. 3: Seite 2 der Eddahandschrift von Ólaf Brynjólfsson von 1760. Die obere, gereimte Strophe in dänischer Sprache ist in der Mitte noch einmal in nordischen Runen und ganz unten in lateinischer Sprache aufgeführt.

auch bei seinem anderen Hauptwerk, der Heimskringla. Dort findet sich am Anfang die Ynglinga Saga in Prosaform. Snorri hatte als Quelle u. a. das Gedicht Ynglingatal verwendet. Es gibt keinen Grund anzunehmen, daß Snorri es bei der Jüngeren Edda anders gemacht haben sollte, weder war er hier ungenauer, noch weniger quellenorientiert. Aber es ist auch möglich, daß der Schreiber der Vorbemerkung sich irrte und das Werk fälschlich dem Snorri zuschrieb und es in Wahrheit einen anderen Bearbeiter hatte. Trotzdem bleibe ich dabei, von Snorri als Zusammensteller zu sprechen, auch wenn seine Urheberschaft durchaus nicht sicher ist.

Es muß im Heidentum Texte gegeben haben, die dazu verwendet wurden, den Menschen die Götter und ihre Mythen beizubringen, also Lehrtexte zur Unterrichtung der Menschen. Ein solcher Text liegt der Gylfaginning und vielleicht der Bragarœður zu Grunde.

Warum nun nennt die Vorbemerkung den ersten Abschnitt „von den Ásen und Ymir" statt den Titel zu verwenden, der ja auch in den Handschriften steht, nämlich „Gylfaginning"? Er enthält ja auch die beiden anderen Titel Skáldskaparmál und Háttatal unverändert. Von den Ásen und dem Urriesen Ymir handeln genaugenommen nur die Kapitel 5-8 der Gylfaginning, die insgesamt 54 Kapitel umfaßt. Somit bezieht sich dieser Titel nur auf weniger als ein Zehntel der Gylfaginning.
Ich sehe hier zwei Gründe, nämlich einmal, daß der Titel „Gylfaginning" heidnisch ist und der Schreiber dieser Vorbemerkung ihn unbedingt vermeiden wollte. Denn mir scheint sicher, daß Snorri diese Vorbemerkung nicht verfaßt hat (sonst würde sie auch in allen Handschriften stehen). Snorri hätte seinen eigenen heidnischen Titel nicht verschwiegen. Somit ist die Weglassung des heidnischen Titels ein Beweis, daß diese Vorbemerkung nicht von Snorri sein kann. Auch daß er seine Urheberschaft quasi in der 3. Person angeführt haben soll, wäre unwahrscheinlich. Wenn Snorri Bedenken wegen seines heidnischen Titels „Gylfaginning" gehabt hätte, dann hätte er diesen Titel auch über dem eigentlichen Text nicht verwendet. Ein späterer Besitzer der Handschrift (oder Abschreiber) setzte also diese Vorbemerkung hinzu und vermutlich hatte er nur den Anfang des Werkes flüchtig gelesen, so daß er die Gylfaginning allein auf die Auseinandersetzung der Ásen mit

Ymir zusammenfaßte. Außerdem ist ein Dualismus in der Bezeichnung „von den Ásen und Ymir" enthalten, denn die Ásen sind die Götter und damit geistige Wesen, Ymir ist Riese und Stoff (er heißt auch Aurgelmir = brüllender Lehm). Somit ist hier die Gestaltung des Stoffes durch die Götter angesprochen.

Bezeichnend ist auch, daß der Schreiber der Vorbemerkung den Prolog mit keinem Wort erwähnt. Möglicherweise gab es diesen Prolog in seiner Version noch gar nicht. Vielleicht hat dieser Schreiber den Prolog aber auch noch nachträglich selbst verfaßt.

Doch kommen wir nun zu den eigentlichen Formáli oder Prolog. Die Wissenschaftler diskutieren die Frage, ob Snorri der Verfasser dieses Prologes war, oder ein späterer Abschreiber ihn hinzusetzte. Auffällig jedenfalls sind die Abweichungen der Fahrten der Ásen mit denen in Snorris Heimskringla. Wenn der Prolog von Snorri stammen würde, dann müßten sich doch beide Schilderungen gleichen. Daß der Sammler der Stücke der Jüngeren Edda (also Snorri) innerlich Heide gewesen sein muß, erkennt man an Einzelheiten in den Texten, die ein Christ leicht hätte weglassen oder anders formulieren können. Ich gehe darauf bei Besprechung der Abschnitte noch ein. Auch ist auffällig, daß sich Snorri Sturluson nie zum Priester weihen ließ, was zu seiner Zeit für einen Gelehrten wie ihn eigentlich selbstverständlich war. Er bezog ja aus verschiedenen Kirchen Einkünfte, außerdem durften Priester damals noch heiraten. Snorri hätte also das mit Privilegien verbundene Priesteramt leicht annehmen können, er tat es aber nicht. Der Isländer Þorsteinn Guðjónsson ging daher davon aus, daß Snorri innerlich Heide gewesen sein muß. Da nun aber der Prolog unbestreitbar christlich ist, kann Snorri als Verfasser desselben nicht in Frage kommen, es sei denn, wir gingen davon aus, daß Snorri sich lange nach seiner Zusammenstellung der Jüngeren Edda zum Christentum bekehrt hätte und nachträglich diesen Prolog hinzusetzte. Das wäre immerhin denkbar, zumal man an dem Text erkennt, daß der Autor quasi die Heiden rechtfertigt in dem Sinne, daß sie es eben nicht besser wußten und ihre Götter sowieso nur vergöttlichte Vorzeitheroen und -könige wären. Aber wenn wir uns die Umschreibungen für „Krist" (Christus) in der Jüngeren Edda ansehen, dann stehen sie theologisch weit hinter dem Prolog. Der Verfasser des Prologes kannte die Bibel (z. B. Genesis), während der Zusammensteller der Jüngeren Edda nur „Krist" als christlichen Haupt- und Weltallsgott kennt. Er hat also keine biblischen Kenntnisse. Wenn dieser Prolog also von Snorri stammen sollte, dann müßte er ihn viele Jahre später angefügt haben und wir müssen annehmen, daß er in der Zeit bis dahin intensiv Theologie studiert haben wird, was bei Kenntnis des unsteten und bewegten Lebens von Snorri Sturluson sehr unwahrscheinlich ist. Deswegen gehe ich davon aus, daß Snorri den Prolog nicht verfaßt hat. Die Überschriften der einzelnen Abschnitte des Prologes, die ich beibehalte, finden sich nur in Ausgaben.

»*1. (Þróun guðshugmyndar [Die Entwicklung Gottes])*

Der allmächtige Gott schuf am Anfang Himmel und Jörð und alles, was zu ihnen gehört, und zuletzt die beiden Menschen Adam und Eva, von denen die Geschlechter abstammen. Ihre Nachkommen vermehrten sich und breiteten sich über die ganze Welt aus. Aber im Laufe der Zeit unterschieden sich die Menschen voneinander; die einen waren gut und rechtgläubig, aber viel mehr wandten sich den Begierden der Welt zu und vernachlässigten Gottes Gebote. Deshalb vernichtete Gott die Welt mit der Sintflut und alle irdischen Geschöpfe, außer denen, die mit Nóa in der Arche waren. Nach der Nóaflut lebten noch acht Menschen, die die Welt bewohnten, und von ihnen stammen die Geschlechter. Und es kam wieder wie früher: Sie vermehrten sich und besiedelten die Welt. Nun war es die ganze Menschheit, die die Gier nach Reichtum und Hochmut liebte, aber den Gehorsam gegenüber Gott verschmähte. Und es kam so weit, daß sie Gott nicht beim Namen nennen wollten. Aber wer sollte damals seinen Söhnen von Gottes Wundern erzählen? So kam es, daß sie den Namen Gottes vergaßen, und in der ganzen Welt fand sich kein einziger Mensch, der von seinem Schöpfer wußte.«

Dieser 1. Abschnitt des Prologes referiert Teile der Genesis, die biblische Geschichte von der Erschaffung der Welt durch den allmächtigen Gott (almáttigr guð), Adam und Eva die Sintflut (sjóvargangi), die hier auch Nóaflut (Nóaflóð) genannt wird, Noah sowie ansatzweise die Sünden der Menschheit. Die Erde wird hier wie im ganzen Prolog mit ihrem Namen Jörð genannt. Der Verfasser kannte die biblischen Geschichten also offenbar, während Snorri Sturluson diese Geschichten wohl eher nicht gekannt hatte, wenn man sich seine Umschreibungen für „Krist" (Christus) in der Jüngeren Edda ansieht.

»Aber dennoch gab ihnen Gott irdische Güter, Besitz und Glück; weil sie in der Welt bestehen sollten, verteilte er auch die Klugheit, sodaß sie alle irdischen Phänomene und Verstandesdinge begriffen, die man in der Luft und auf der Jörð sehen konnte. So überlegten sie und wunderten sich, wie dies zusammenhängen könnte, daß die Jörð, die Tiere und die Vögel in manchen Punkten dieselbe Beschaffenheit hatten und doch ungleich in der Art waren. Eine Beschaffenheit war die, daß, wenn die Jörð auf hohen Berggipfeln aufgegraben wurde, dort Wasser entsprang. Man mußte dort nicht länger nach Wasser graben als in tiefen Tälern. So verhält es sich auch bei Tieren und Vögeln: Es ist für das Blut gleich weit im Kopf wie in den Füßen. Eine zweite natürliche Eigenart der Jörð ist die, daß in jedem Jahr auf ihr Gras und Blumen wachsen, und im gleichen Jahr stirbt alles ab und verfault. So ist es auch bei Tieren und Vögeln, daß Haare und Federn wachsen und in jedem Jahr abfallen. Dies ist die dritte Natur der Jörð: Dort, wo sie geöffnet und ausgegraben wird, wächst Gras auf dem Erdboden, der zuoberst auf der Jörð liegt. Felsen und Steine verglichen sie mit Zähnen und Knochen von Lebewesen. Daher stellten sie fest, daß die Jörð lebendig sei und auf irgendeine Art und Weise Leben habe. Und sie erkannten, daß sie außerordentlich alt an Jahren war und mächtig in ihrer Natur.«

In diesem Abschnitt beginnt die Rechtfertigung für das Heidentum, das ja dann in der Jüngeren Edda den Inhalt bildet. Hier weicht der Verfasser vom kirchlichen Dogma ab. Nach kirchlicher Lehre verehrten die Heiden höllische Dämonen, die sie in ihrer Unwissenheit für Götter hielten. In dem hier vorliegenden Text aber wird erklärt, daß die Heiden die Erde (Jörð) vergöttlichten, also die Naturerscheinungen zu Göttern machten. Dieser Text ist also auch ein Beleg dafür, daß Naturdinge mit Gottheiten assoziiert wurden (Naturmythologie). Die Erde ist also auf Grund ihrer Beschaffenheit als lebendiges Wesen oder Gottheit (Jörð) erkannt und verehrt worden, nicht weil sie irgendetwas mit dem Satan zu tun hätte.

»Sie gab allen Lebewesen Leben, und sie nahm sich alles, was starb. Aus diesem Grunde gaben sie ihr einen Namen und führten ihr Geschlecht auf sie zurück. Dies hörten sie auch von ihren Vorfahren, weil es danach viele Jahrhunderte erzählt wurde. Damals gab es dieselbe Jörð wie auch Sól und Gestirne, aber der Lauf der Gestirne war ein anderer; einige hatten einen längeren, andere einen kürzeren. Wegen dieser Phänomene vermuteten sie, daß irgendjemand der Lenker der Gestirne sein müsse, einer, der ihren Lauf nach seinem Willen regeln könne. Er müßte sehr stark und mächtig sein. Deshalb nahmen sie an, daß er, wenn er über die Elemente herrsche, auch vor den Gestirnen existiert haben müsse. Und dies war ihre Erkenntnis: Wenn er den Lauf der Gestirne beherrsche, dann verursache er auch den Sonnenschein, den Tau der Luft und das Wachstum der Jörð, das sich danach richtet, ebenso wie den Wind der Luft und damit den Sturm auf der See. Damals wußten sie nicht, wo sein Reich war. Darum glaubten sie, daß er alle Dinge auf Erden wie in der Luft des Himmels und bei den Gestirnen, alle Erscheinungen des Meeres und der Winde beherrsche. Aber um besser davon erzählen zu können und sich dessen zu erinnern, gaben sie allen Dingen von sich aus Namen. Und dieser Glaube hat sich auf vielerlei Weise gewandelt, so wie sich die Völker verteilten und sich die Sprachen verzweigten. Alle Dinge begriffen sie jedoch mit irdischer Erkenntnis, denn ihnen war keine geistliche Weisheit gegeben. Auf diese Weise erkannten sie, daß alles aus irgendeinem Stoff geschaffen war.«*

Hier finden wir das bekannte Erklärungsbild wieder, wonach man an Hand des Uhrwerkes auf den Uhrmacher schließen kann. Die Menschen schlossen also von der Natur der Erde und des Weltalls auf einen Schöpfergott, der alles beherrscht. Damit ist natürlich nicht der biblische Gott gemeint, denn ansonsten wäre die Aussage, den Menschen sei keine geistliche Weisheit gegeben worden, ja unzutreffend. Hier geht es also um den heidnischen Allvater, letztendlich also um Óðinn. Und wir erfahren hier, daß die Menschen, also die Heiden, ihr Geschlecht auf die Jörð (Erde) zurückführten. Wir kennen zwar diverse Mythen und Stammtafeln, wonach die Menschen von bestimmten Gottheiten abstammen (etwa von Heimdallr in der Rigsþula), aber nirgends wird die Erde oder Jörð als Ahnin der Menschen genannt.

»2. (Um þrjár hálfur veraldar [Die drei Teile der Welt])

Die Welt wurde in drei Kontinente eingeteilt: Der Teil von Süden nach Westen und bis zum Mittelmeer [Miðjarðarsjó] wurde Affríká genannt; und der südliche Teil dieser Gebiete ist durch die Sonne [sólu] so heiß, daß dort alles verbrennt. Der zweite Kontinent erstreckt sich von Westen nach Norden und bis zum Meer; ihn nennt man Evrópá oder Énéá. Seine nördliche Region ist so kalt, daß dort kein Gras wächst und niemand dort siedelt. Das, was sich von Norden über die ganze Osthälfte bis Süden erstreckt, wird Asíá genannt. In diesem Teil der Welt gibt es überall Schönheit und Pracht, gibt es Länder mit reichen Ernten, Gold und Edelsteinen. Dort ist auch die Mitte der Welt. Und so wie dort die Erde in jeder Hinsicht schöner und besser ist als in anderen Gegenden, so waren auch die Menschen dort mit allen Gaben am ausgezeichnetsten, mit der Klugheit und der Stärke, mit der Schönheit und mit Fähigkeiten aller Art.«

Die Beschreibung des heißen Südens und des kalten Nordens erinnert an die Vorstellung von Muspellsheimr und Niflheimr, die in der Gylfaginning Kap. 4 folgen wird. Nur der schöne Osten paßt nicht in dieses Bild. Andererseits wird Asien als „Mitte der Welt" (mið veröldin) geschildert, was wiederum mit der irdischen Herkunft der Ásen zusammenpaßt, die hier, in der Ynglinga Saga und bei Saxo Grammaticus erwähnt wird. Ich habe die Schreibweisen des Originals beibehalten. Affríká = Afrika, „Reich der Affen", Evrópá = Europa, „Weiter Blick", Énéá = Aeneas, „Loben". Asíá = Asien, „Osten". Europa ist Tochter des phönicischen Königs Agenor und der Telephassa und Geliebte des Gottes Zeus, Aeneas ist ein trojanischer Krieger der den römischen Staat gründet, Asia ist eine Nymphe, die Mutter des Prometheus.

Vermutlich aber gingen der Verfasser des Prologes wie auch Snorri Sturluson davon aus, daß Asien nach den Ásengöttern benannt sei.

Eine ähnliche Erklärung der Erdteile findet sich auch in Kap. 1 der Ynglinga Saga. Beide Texte scheinen eine mittelalterliche Weltkarte mit drei Kontinenten zu beschreiben wie sie schon in der Etymologiae des Isidor von Sevilla (XIV, 2,2) erscheint.

»*3. (Frá Trjóumönnum [Von den Trojanern])*

Nahe der Mitte der Welt wurde in dem Land, das wir Tyrkland nennen, die Siedlung erbaut, die am berühmtesten war und die Trjóa heißt. Diese Stadt war viel größer als andere und in vieler Art mit mehr Kunstfertigkeit erbaut, mit Aufwand und Mitteln, die dort vorhanden waren. Es gab zwölf Königreiche und einen Oberkönig, und viele Länder gehörten zu jedem Reich. In der Stadt lebten zwölf mächtige Männer. Diese Fürsten übertrafen die anderen Menschen, die auf der Welt lebten, in allen menschlichen Tugenden.«

Hier geht es um die Vorstellung, daß die Götter einst als menschliche Könige oder Oberpriester auf der Erde in Byzanz lebten. Byzanz ist hier bereits als „Tyrkland" bezeichnet, war also schon durch den Einfall der Türken fast ganz von der Landkarte verschwunden. Das geschah Mitte des 14. Jh.; somit muß der Prolog ab Mitte des 14. Jh. entstanden sein. Würde er von Snorri Sturluson stammen, dann hätten hier die Verhältnisse von 1220 oder davor zu Grunde gelegt werden müssen. Damals war das Byzantinische Reich noch recht groß und vom Türkenland sprach noch niemand.
Saxo Grammaticus verfaßte seine „Gesta Danorum" gegen 1200 und dort heißt es[4]:

»*Die Götter aber, die ihren Hauptsitz in Byzanz hatten, ...*«

Die zwölf „mächtigen Männer" mit den zwölf Königreichen sind natürlich die 12 männlichen Götter mit ihren Himmelsburgen. In der Ynglinga Saga 2 werden sie als oberste Priester bezeichnet, aber auch als Dróttnar (Könige, Fürsten). In der Saga heißt es[5]:

»*Das Land in Asien östlich vom Tanakvisl nannte man Ásenland oder Ásenheim, und die Hauptstadt des Landes hieß Ásgarður. In der Burg aber lebte ein Häuptling namens Óðinn. Dort war eine große Opferstätte. Es war dort Brauch, daß zwölf Tempelpriester als oberste Goden galten. Sie hatten die Opfer zu leiten und unter den Männern Recht zu sprechen. Man nannte sie Díar oder Dróttnar. Denen mußte alles Volk Dienste und Verehrung erweisen.*«

Das Land zwischen den beiden Don-Flußläufen nennt die Ynglinga Saga Vanenland oder Vanenheim, und östlich des Don (der dort Tanakvisl genannt wird) liegt Ásenland oder Ásenheim. Als Orte für Ásgarðr/ Troja werden also entweder Byzanz/ Tyrkland oder die Gegend östlich des Dons, nördlich des Schwarzen Meeres genannt. Die Quellen widersprechen sich also deutlich, können somit nicht beide von Snorri stammen.

»Ein König, der dort war, wird Múnón oder Memnón genannt. Er war mit der Tochter des Großkönigs Príami verheiratet, die Tróan hieß. Sie hatten einen Sohn namens Trór, den wir Þór nennen. Er war zur Erziehung in Trakíá bei dem Herzog, der Lóríkús genannt wird. Als er zehn Jahre alt war, nahm er die Waffen seines Vaters entgegen. Er war, verglichen mit anderen Menschen, in seiner äußeren Erscheinung so schön, wie wenn Elfenbein in Eichenholz eingelegt ist. Sein Haar war glänzender als Gold. Als er zwölf Jahre alt war, hatte er schon seine volle Körperkraft; in diesem Alter hob er zehn Bärenfelle auf einmal vom Erdboden empor. Und dann erschlug er Herzog Lóríkús, seinen Ziehvater, samt dessen Frau Lórá oder Glórá und eroberte das Reich Trakíá. Wir nennen es Þrúðheim. Darauf zog er weit in den Ländern umher und erforschte alle Teile der Welt. Er besiegte ganz allein alle Berserker und Riesen, den gewaltigsten Drachen und viele wilde Tiere.«

Hier wird nun der Gott Þórr als Sohn des Menmón und der Tróan bezeichnet, eine völlig unsinnige Genealogie, die natürlich auch den Angaben in der Gylfaginning widerspricht, wonach Þórr Sohn Óðins und der Jörð ist. Aber der Abschnitt enthält dennoch einen uralten Þórs-Mythos. Þórs Zieheltern waren ja (nach Skáldskaparmál Kap. 4) Vingnir und Hlóra, hier nun sind Vingnir zu Lóríkús und Hlóra zu Lórá oder Glórá geworden. Beide waren Riesen, in einer Strophe des Skálden Þjóðólfr kommt „Vingnir" als Riesenname vor, desgleichen in den Nefnaþulur der Jüngeren Edda, und trachteten Þórr nach dem Leben. Daher tötete Þórr seine riesischen Zieheltern und nahm deren Namen als Beinamen an: Vingþórr (oder Vingnir) und Hlórriði. Im Rigveda ist dieser Mythos ausführlicher von Indra erzählt: Die Götter hatten gegen die Dämonen verloren und die Erdgöttin übergab ihr Kind (Indra) daher

den Wassern. Es wurde von der Riesin der Wassertiefen, Kushav, verschluckt, die es aufzog. Die Dämonen versuchten alles, um Indras Hervorkommen aus dem Leibe Kushavs zu verhindern. Indra brach aus der Kushav heraus, die dabei starb, und der ihn erwartende Dämon Vyamsa versuchte, Indra zu töten, doch erschlug ihn Indra mit seiner Keule. So wird der Mythos, wonach Þórr seine Zieheltern Vingnir und Hlóra tötete, einst gelautet haben.
Þórr wird hier als Herrscher von Trakíen bezeichnet, das mit Seiner Himmelsburg Þrúðheim identifiziert wird. Dies ist ein Versuch, himmlische Dinge auf der Erde zu lokalisieren.

»In der nördlichen Welthälfte traf er die Seherin mit Namen Síbíl, die wir Sif nennen, und heiratete sie. Von Sifs Familie kann ich nichts erzählen; sie war die schönste aller Frauen, ihr Haar war wie Gold.«

In einem skandinavischen Lied[6] freit Þórr um Ingerlild, doch diese ist bereits einem Herrn Lovmand versprochen, der 7 Jahre auf einer Insel siech lag und deswegen als vermißt galt. Er kommt wieder und Þórr erkennt die ältere Verlobung an. Herr Lovmand gibt Þórr stattdessen seine eigene Schwester zur Ehe.

»Ihr gemeinsamer Sohn war Lóriði, der seinem Vater glich. Sein Sohn war Einriði, sein Sohn Vingeþórr; sein Sohn Vingener, sein Sohn Móða, sein Sohn Magi, sein Sohn Seskef, sein Sohn Beðvig, sein Sohn Athra, den wir Annan nennen, sein Sohn Ítrmann, sein Sohn Heremóð, sein Sohn Skjaldun, der bei uns Skjöld heißt, dessen Bjáf, den wir Bjár nennen, sein Sohn Ját, sein Sohn Guðólf, sein Sohn Finn, sein Sohn Fríallaf, den wir Friðleif nennen; er hatte den Sohn, der Vóden genannt wird und bei uns Óðin heißt. Er war ein an Weisheit und allen Fähigkeiten hervorragender Mann. Seine Frau hieß Frígíða, die wir Frigg nennen.«

Es folgt nun ein sehr eigenartiger und anscheinend völlig konfuser Stammbaum der Nachkommen von Þórr und Síf. Lóriði ist wohl Hlóriði, ein Beiname Þórs, Einriði ist gleichfalls ein Beiname Þórs, wie auch Vingeþórr (Vingþórr) und Vingener (Vingnir, = Der seine Waffe schüttelnde Gott). Der Name Vingnir kommt in den Nefnaþulur als

Name Þórs vor. Die nächsten beiden Söhne Móða und Magi entsprechen wohl Þórs tatsächlichen Söhnen Móði und Magni – daß der Name Magni falsch geschrieben wurde, ist ein weiteres Indiz dafür, daß Snorri Sturluson nicht der Verfasser des Prologes sein kann. Seskef ist verderbt aus Sceaf (= Garbe), einem mythischen König der Langobarden, der nach William von Malmesbury auch in Slaswic/ Haithebi (Schleswig/ Haithabu) herrschte und der mit Skjöld, dem Ahnherrn der Skjöldungen identisch sein soll. In der Angelsächsischen Chronik von 855 ist Scef Sohn des Noe (Noah), es folgen Bedwig, Hwala, Hratha, Itermon, Heremod, Sceldwa, Beaw, Tætwa, Geat. Diese Genealogie ist im Prolog zu Grunde gelegt, denn die Namen entsprechen sich: Beðvig-Bedwig, Athra-Hratha, Itrmann-Itermon, Heremóð-Heremod, Skjaldun-Sceldwa, Bjáf-Beaw, Ját-Tætwa (oder Geat). Der Verfasser des Prologes kannte also diese angelsächsische Genealogie, was für Snorri Sturluson sicher nicht zutrifft.

»4. (För Óðins norðr í heim [Die Fahrt Óðins in die nördliche Welt])

Óðinn besaß wie seine Frau die Sehergabe, und aus seinen Visionen erfuhr er, daß sein Name oben in der Nordhälfte der Welt bekannt sein würde und daß er darüberhinaus von allen Königen geehrt würde. Aus diesem Grunde wollte er seine Reise von Tyrkland antreten. Er führte eine große Gefolgschaft mit sich, junge und alte Menschen, Männer wie Frauen, die viele wertvolle Dinge bei sich hatten. Und in den Ländern, durch die sie zogen, erzählte man viel Ruhmreiches über sie, sodaß sie Göttern ähnlicher als Menschen schienen.«

Hier ist der bekannte euhemeristische Versuch, Óðinn als historischen Menschen anzusehen, erkenntlich. So wollten christliche Schreiber die heidnischen Geschichten entgöttlichen, um so bei der Kirche nicht in Ungnade zu verfallen. Das ging übrigens so weit, daß man sogar Óðinn als nordische Adaption des persischen Reiterfürsten des 4. Jh. Odeanath erklärte, obwohl ja zwischen Odaenath und Óðinn nicht nur tausende von Kilometern Abstand, sondern auch mindestens 500 Jahre Zeitunterschied liegen. Denn zu Odeanaths Zeit wurde der Gott überall noch Wodan genannt, erst in der Víkingerzeit wurde daraus nur in Skandinavien dann Óðinn.

Tatsächlich aber ist die Vorstellung, daß sich Gottheiten auf der Erde menschlich verkörpern können und dann auch sterben, durchaus heidnisch. Noch heute ist dies im Hinduismus fester Glaube, daß etwa der Gott Vishnu mehrfach auf der Erde inkarnierte, darunter als Krishna oder als Gautama (Buddha).

»Sie unterbrachen ihre Fahrt nicht eher, als bis sie nordwärts in das Land kamen, das heute Saxland genannt wird. Dort blieb Óðinn lange Zeit und nahm das Land weit und breit in Besitz. Er setzte seine drei Söhne zum Schutz des Landes ein: Der eine hieß Vegdeg; er war ein mächtiger König und herrschte über Ost-Saxland. Sein Sohn war Viturgils, dessen Söhne waren Vitta, der Vater Heingests, und Sigarr, der Vater des Svebdeg, den wir Svipdag nennen. Der zweite Sohn Óðins hieß Beldeg, den wir Baldur nennen; er besaß das Land, das jetzt Vestfál heißt. Sein Sohn war Brandur, dessen Sohn Frjóðigar, der bei uns Fróða heißt. Ihm folgten Freóvin, Uvigg, Gevis, den wir Gave nennen. Der dritte Sohn Óðins wird Sigi genannt, sein Sohn Rerir. Ihre Nachfahren herrschten über das Land, das jetzt Frakland heißt. Von dort stammt das Geschlecht der Völsungen. Von ihnen allen stammen große und viele Sippen ab.«

Die Fahrt Óðins und der Ásen wird auch in der Ynglinga Saga erzählt[7]:

»Ein hoher Bergwall zieht sich von Nordosten nach Südwesten, der Großschweden von andern Reichen scheidet. Südlich des Gebirges ist es nicht weit bis zum Türkenlande. Dort hatte Óðinn große Besitzungen. In jener Zeit zogen die Römerhäuptlinge weit in der Welt umher und unterwarfen sich alle Völker. Viele Häuptlinge aber flüchteten vor diesen Kriegsunruhen von ihren Besitzungen. Da aber Óðinn zukunfts- und zauberkundig war, wußte er, daß seine Nachkommen im nördlichen Teil der Erde herrschen würden. Da setzte er seine Brüder Vé und Vili über Ásgarður, und er zog fort mit allen Díar und vielem andern Männervolk. Zuerst zog er westwärts nach Rußland und dann südwärts nach Saxland. Er hatte viele Söhne. Er eroberte Reiche weithin in Saxland und setzte dort seine Söhne zum Schutz der Länder ein. Dann zog er nordwärts zur See und nahm seinen Wohnsitz auf einer Insel. Der Ort heißt jetzt Odensee auf Fünen.«

In der Ynglinga Saga wird also Óðins Fahrt weniger ausführlich erzählt, als im Prolog. Hier sind noch die Namen der Söhne und ihre Königreiche bekannt, was man auf eine Vereinfachung zurückführen könnte. Nun aber beginnt eine Abweichung. In der Ynglinga Saga landet Óðinn schließlich auf der Insel Fünen, im Prolog aber in Reiðgotaland, was heute Jütland heißt. Wäre Snorri der Verfasser beider Texte, dürften wir so eine Abweichung nicht finden.

»Danach setzte Óðinn seine Reise in den Norden fort und kam in das Land, das sie Reiðgotaland nannten. Er nahm dort alles in Besitz, was er wollte. Über dieses Land setzte er seinen Sohn namens Skjöldur, dessen Sohn war Friðleifur. Daher entstammt das Geschlecht der Skjöldungar. Das sind die dänischen Könige, und das Land, das damals Reiðgotaland genannt wurde, heißt heute Jótland.«

Übereinstimmung herrscht nun wieder in der Geschichte, daß Óðinn von Hreiðgotaland oder Fünen nach Svíþjóð (Schweden) hinüberwechselt:

»5. (Óðinn tók sér bústað í Sigtúnum [Óðinn nahm seinen Wohnsitz in Sigtuna])

Danach zog er weiter nordwärts in das heutige Svíþjóð. Dort herrschte der König, der Gylfi genannt wird. Als er vom Zug der Ásíamanna, die man Ásen [æsir] nannte, erfuhr, reiste er ihnen entgegen und bot ihnen an, Óðinn könne in seinem Reich so viel Macht haben, wie er selbst wolle. Und ihrer Ankunft folgte die Zeit, in der überall dort, wo sie sich aufhielten, reiche Ernten und Friede herrschten. Alle glaubten, daß sie deren Verursacher seien; denn die herrschenden Männer stellten fest, daß sie anders als andere Menschen waren, die sie bisher gesehen hatten, sowohl in ihrer äußeren Schönheit als auch an Verstand. Dort schien es Óðinn gutes Land und andere Vorteile zu geben, und so entschied er sich da für eine Stadt, die jetzt Sigtún heißt. Dort setzte er die Oberhäupter so ein, wie es in Trója gewesen war. Er bestimmte zwölf Anführer in diesem Ort, die Landesgesetze beschließen sollten. So ordnete er alles Recht, wie es früher in Trója gewesen war und wie es die Tyrken gewohnt waren.«

Die Ynglinga Saga beschreibt die Fahrt Óðins nach Schweden so[8]:

»*Als aber Óðinn hörte, daß im Osten bei Gylfi gute Gelegenheit zum Landerwerb sei, zog er dorthin, und er und Gylfi schlossen Frieden untereinander, denn Gylfi fühlte sich nicht kräftig genug zum Widerstand gegen die Ásen. Óðinn und Gylfi trieben miteinander viel Spuk- und Zauberkünste, doch behielten die Ásen darin immer die Oberhand. Óðinn nahm seinen Wohnsitz am Mälarsee an der Stätte, die jetzt Alt-Sigtuna heißt. Er errichtete dort einen großen Tempel und setzte Blutopfer ein nach der Sitte der Ásen. Er nahm Besitz von dem ganzen Lande, daß er Sigtuna nennen ließ (...)
Óðinn führte nun die Gesetze ein in seinem Lande, die seit altersher bei den Ásen gegolten hatten.*«

Die Geschichte der Einwanderung von Óðinn und den Ásen von Byzanz/ Tyrkland/ Ásgarðr nach Skandinavien mag dunkle Erinnerungen von der Einwanderung der Indogermanen nach Europa enthalten, so man der Theorie der Einwanderung von Osten folgen will. Glaubwürdiger erscheint mir aber die Auswanderung der Indogermanen von Mitteleuropa nach Osten. Dann könnten auch die Hunnenzüge mit hineinspielen, denn unzweifelhaft kamen sie von Osten nach Mitteleuropa. Eine ganze Reihe mittelalterlicher skandinavischer Quellen des 12. und 13. Jh. enthält diese Einwanderungsgeschichte, so Aris vor 1133 abgeschlossenes Isländerbüchlein (Libellus Islandorum). Dort werden Yngvi (der Gott Yngvi-Freyr) als Türkenkönig, der Gott Njörðr als Schwedenkönig erwähnt, Freyr wird dort auch Frayr genannt. Auch die Skjöldunga Saga (spätes 12. Jh.) enthält eine derartige Schilderung. Die lückenlose Herleitung nordischer Königsgeschlechter auf die Ásen finden wir auch in der im 7. Jh. entstandenen Chronik Fredegars und Geoffrey of Monmouths Historia Regum Britanniae um 1130, während sich bei den Angelsachsen eigene Königsstammbäume mit Göttern am Anfang erhalten haben. Auch die um 727 entstandene Gesta Francorum des Gregor von Tours bringt heidnische Göttergenealogien mit der historischen Geschichtsschreibung zusammen

Die Chronik des Fredegar berichtet am Ende des II. und Anfang des III. Buches von einer Gruppe Trojaner, die nach dem Trojanischen Krieg auf der Flucht nach Macedonien gelangten und so zu den Urvätern Alexanders des Großen wurden. Später sollen sie durch ein Bündnis mit den Sachsen der Unterwerfung durch Pompeius entgangen und über Pannonien an den Rhein gezogen sein. Hier gründete der mythische König Francio das nach ihm benannte Geschlecht der Franken. König Francio stammt danach aus der Linie des Frigas, dem Sohn des Priamos. Frigas soll Bruder des Aeneas sein, dem Stammvater des römischen Volkes (nach Vergil).

»6.

Danach zog er noch weiter nach Norden, so weit, bis er an das Meer kam, von dem sie glaubten, es begrenze das ganze Land. Dort setzte er seinen Sohn über das Reich, das jetzt Nóregr heißt. Er wird Sæmingr genannt, und die Nóregskönige führen ihr Geschlecht auf ihn zurück, ebenso die Jarle und andere mächtige Männer, wie es im Gedicht der Háleygjatali heißt. Aber Óðinn hatte einen weiteren Sohn bei sich, der Yngvi genannt wird. Der war nach ihm in Svíþjóð König, und von ihm stammt das Geschlecht der Ynglinge ab.«

Nóregr ist Norwegen, Svíþjóð ist Schweden, die Háleygjatali sind die Halogaländer. Dieser letzte, sechste Abschnitt des Prologes hat keine eigene Überschrift, weil manche ihn noch als Ende des 5. betrachten. Hier finden wir nun eine völlige Abweichung etwa von der Ynglinga Saga, denn während im Prolog Óðinn bis an das Nordmeer reist, zumindest also in Norwegen ist, stirbt Óðinn in der Ynglinga Saga bereits in Schweden (Kap. 9)[9]:

»Óðinn starb in seinem Bett in Svíþjóð, und da er im Sterben lag, ließ er sich mit der Spitze eines Speeres zeichnen und erklärte alle Männer für sein eigen, die in ihren Waffen stürben. Er sagte, er führe nach Goðheim und würde dort seine Freunde bewillkommnen. Die Schweden meinten nun, er sei nach Alt-Ásgarð gekommen und lebe nun dort für immer.«

Möglicherweise geschah hier eine Verwechslung, denn „Goðheim" (Götterheim) kann der Verfasser des Prologes fälschlich auf den höchsten Norden (also die heidnische Gebetsrichtung) bezogen haben. Mit Alt-Ásgarð aber ist wiederum das Ásgarð in Byzanz/ Troja gemeint.

»*Die Asen nahmen sich dort im Land Frauen, und manche verheirateten ihre Söhne. Diese Sippen wurden so zahlreich, daß sie sich über Saxland und die ganze Nordhälfte ausbreiteten. So wurde die Sprache der Ásíamanna die Landessprache in allen diesen Gebieten. Die Menschen glauben dies deshalb erkennen zu können, weil die Namen ihrer Vorväter niedergeschrieben wurden. Denn die Namen gehörten zu dieser Sprache, und die Asen haben ebendiese Sprache hierher in den Norden gebracht, nach Nóreg und Svíþjóð, nach Danmörk und Saxland. Aber in Englandi gibt es alte Landes- und Ortsnamen, bei denen zu erkennen ist, daß sie aus einer anderen Sprache stammen.*«

Hier am Schluß wird auf die Celten hingewiesen; der Verfasser des Prologes kannte ja altenglische Genealogien, daher waren ihm auch die Celten bekannt.

Kapitel 2

Gylfaginning 1-9

Schon über den Titel dieses Werkes herrscht offenbar Unklarheit. So übersetzen Prof. Simek, Arnulf Krause, Karl Simrock ihn mit „Täuschung Gylfis", Hugo Gering übersetzt mit „Gylfis Verblendung" und Gustav Neckel und Felix Niedner übersetzen mit „Gylfis Betörung". Alle diese Übersetzungen sind aber eindeutig falsch. Der zugrundeliegende nordische Begriff „gynare" („Gauner, Betrüger, Täuscher") ist viel zu jung. Das ursprünglich hebräische Wort stammt aus dem Rotwelschen und taucht erst im 15. Jh. als „Jauner" und davor „Juner" („Ionier") bei uns auf, was damals ein Synonym für „Grieche" war. Den Hebräern galten die Griechen nämlich als betrügerische Leute, in der eddischen Zeit gab es diesen Begriff in Skandinavien noch gar nicht[10] und also kann ein Liedtitel des 13. Jh. noch nicht mit einem bei uns erst nach dem 15. Jh., im Norden noch später, eingeführten Begriff übersetzt werden.

Dennoch liegt es nahe, davon auszugehen, daß der Liedtitel in einem positiven Sinne heidnisch gedeutet werden muß, denn in der Vorbemerkung unterdrückt ihn ein Bearbeiter, auch ersetzen ihn verschiedene jüngere Handschriften der Jüngeren Edda durch den negativ zu verstehenden Titel „Hárs Lygi" („Hars Lügen"). Diese Ersetzungen wären nicht nötig, wenn der Titel von sich aus eine negative oder zum Heidentum distanzierte Bedeutung hätte, wie es die Übersetzung mit „Gylfis Täuschung" ja darstellt. Auch finden wir im Text der Gylfaginning, in Kap. 2, wo von diesem „Blendwerk" die Rede ist, das die Ásen Gylfi vormachten, den Begriff „sjónhverfingar". Und auch in Kap. 47 steht „sjónhverfingar" für den Begriff „Blendwerk", wo Utgarðlóki dem Þórr erklärt, daß Er ihm ein Blendwerk vorgemacht habe. Bezeichnenderweise steht nirgends „ginning" für „Blendwerk", sondern immer „sjónhverfingar" („Sinnesverrückung").

Was bedeutet der Titel nun also wirklich? „Ginn" kommt wahrscheinlich von „Gunst" (schwedisch gynnare = Gunst, althochdeutsch giunnan = gönnen). „Gylfaginning" ist dann also „Gylfis Gunst", also die Gunst, die die Götter ihm dadurch zuteil werden ließen, daß Sie ihm Einblicke in Ihre Welten gewährten. Die „Ginn-Reginn" sind dann also die „Gunst-Götter", also Gottheiten, die Ihren menschlichen Schützlingen Ihre Gunst gewähren. Aber auch andere Deutungen sind möglich, denn es gibt ein ähnliches Wort, das etwas anderes bedeuten muß, nämlich „gino ronoR" (Runenstein von Stentoften). Doch nun zum Text:

»(1. König Gylfi beherrschte das Land, das nun Svíþjóð heißt. Von ihm wird gesagt, daß er einer fahrenden Frau zum Lohn der Ergötzung durch ihren Gesang ein Pflugland in seinem Reich gab, so groß als vier Ochsen pflügen könnten Tag und Nacht. Aber diese Frau war vom Ásengeschlecht; ihr Name war Gefjun. Sie nahm aus Jötunheim vier Ochsen, die sie mit einem Jöten erzeugt hatte, und spannte sie vor den Pflug. Da ging der Pflug so mächtig und tief, daß sich das Land löste, und die Ochsen es westwärts ins Meer zogen, bis sie in einem Sund still stehen blieben. Da setzte Gefjun das Land dahin, gab ihm Namen und nannte es Selund. Und da, wo das Land weggenommen worden war, entstand ein See, den man in Svíþjóð nun Lögur heißt. Und im Lögur liegen die Buchten so wie die Vorgebirge in Selund. So sagt Bragi der alte Skálde:

Gefjun zog von Gylfi
Froh Tief-Röðul schnell
Daß es von Renn-Rindern
Dampfte, der Zuwachs Dänemarks.
Es trugen die Ochsen acht
Stirn-Gestirne, wo sie gingen
Vor der weiten Freudeninsel
Landriß, vier Häupter.)«

Dieses erste Kapitel hat man als ursprünglich nicht dazugehörig betrachtet, zumal es auch in der Handschrift von Upsala fehlt und daher hier eingeklammert ist. Man glaubt, daß es eine Kopie des entsprechenden Kapitels 5 der Ynglinga saga darstellt. Dort heißt es[11]:

»Dann sandte er [Óðinn] die Gefjon über den Sund aus, um neues Land zu suchen. Da kam sie zu Gylfi, und er gab ihr ein Pflugland. Sie ging nun nach Jötunheim und empfing dort vier Söhne von einem Riesen. Die verwandelte sie in Ochsen, spannte sie vor den Pflug und ließ sie das Land nach Westen in die See Óðinsey gegenüber ziehen. Dies Land nannte man Selund, und dort lebte sie fortan. Skjöldur, der Sohn Óðins, nahm sie zum Weibe, und sie wirtschafteten dann in Hleiðru. Dahinter aber blieb ein Wasser oder ein See, genannt Lögrinn. Die Fjorde desselben aber entsprechen den Vorgebirgen Selunds. So dichtete darüber Bragi der Alte:

Gefjun zog von Gylfi
Froh Tief-Röðul schnell
Daß es von Renn-Rindern
Dampfte, der Zuwachs Dänemarks.
Es trugen die Ochsen acht
Stirn-Gestirne, wo sie gingen
Vor der weiten Freudeninsel
Landriß, und vier Häupter.

Aber als Óðinn hörte, daß im Osten bei Gylfi gute Gelegenheit zum Landerwerb sei, zog er dorthin, und er und Gylfi schlossen Frieden untereinander, denn Gylfi fühlte sich nicht kräftig genug zum Widerstand gegen die Ásen. Óðinn und Gylfi trieben miteinander viel Spuk- und Zauberkünste, doch behielten die Ásen darin immer die Oberhand. Óðinn nahm seinen Wohnsitz am Löginn an der Stätte, die jetzt Sigtúnir heißt.«

In diesem Kapitel der Ynglinga saga wird inhaltlich bereits auf die Gylfaginning verwiesen, denn die erwähnten Spuk- und Zauberkünste von Óðinn und Gylfi sind ja nichts anderes, als eine Zusammenfassung der Rahmenhandlung der Gylfaginning. Somit lag, als die Ynglinga Saga verfaßt wurde, das Lied Gylfaginning (vielleicht in einer Urfassung) bereits vor. Deswegen kann der Abschnitt von König Gylfi nicht erst von hier genommen worden sein. Das Kapitel leitet vielmehr die Gylfaginning ein und steht hier, um die im 2. Kapitel erwähnte Macht der Ásen zu illustrieren und König Gylfi als Person einzuführen.

Svíþjóð ist Schweden, Selund ist Seeland, dänisch Sjælland (abgeleitet von *selha-wundia „Seehundähnlich" oder „Bucht-ähnlich"; letzteres bestätigt den Mythos), Óðinsey ist Odense (Odins Vi, „Ódins Heiligtum"), Lögrinn, Lögur ist der Mälarsee, Hleiðru ist Lejre/ Lethra (bei Pytheas: Latris). Die Skáldenstrophe von Bragi ist völlig gleich mit der der Ynglinga Saga. Ob allerdings wirklich der Mälarsee und nicht der der Insel viel mehr entsprechende Vänersee gemeint ist, weiß ich nicht. Gefjun ist die Göttin Gefjon („die Gebende"), die in Dänemark sehr verehrt wurde, wie zahlreiche Ortsnamen beweisen. Zwar wird in der Ynglinga Saga nicht erwähnt, daß Sie vom Ásengeschlecht ist, doch ist diese Folgerung logisch, da Óðinn Sie ja aussendet; Gefjon muß also mit Óðinn in Verbindung stehen. Ich halte Sie für eine Inkarnation der Göttin Freyja, deren Beiname Gefn („Geberin") nur die Verkürzung von Gefjon ist. Sie kommt in der Lokasenna vor, doch ist die Strophe mit Ihr dort wohl ein späterer Einschub, da Gefjon in der Einleitung nicht erwähnt wird und zwischen Str. 18 und 19 der Lokasenna eine Erwiderung Lokis fehlt. Gefjon kommt also nur noch in Gylfaginning 35 und in Bragis Ragnarsdrápa vor, sowie in den Nefnaþulur der Jüngeren Edda (siehe S. 272). Von der Ragnarsdrápa sind 20 Strophen in den Skáldskaparmál der Jüngeren Edda erhalten. Allerdings finden wir sie auch in sehr jungen Sagas.

Röðull („Strahl") ist ein Name der Sonne der in Hrafnagaldr 5 vorkommt, als Alfröðull („Albenstrahl") kommt er auch in Skirnisför 4, Vafþrúðnismál 47 und Hrafnagaldr 26 vor. Djúpröðull („Tief-Strahl") bedeutet die tiefe Sonne, die im Meere stehende Sonne und damit die „Glut der Fluten", also das Gold. In den Nefnaþulur erscheint König Gylfi als Seekönig, worauf auch sein Name hindeutet, der ja „Meer, Woge" (altnord. gjálfr) bedeutet.
Die Skaldenstrophe besagt, daß Gefjon froh vom goldreichen Gylfi das Land mit vier Ochsen, die 8 Stirnmonde (Hörner) hatten, abriß. Diese Ochsen stehen also – wie Gefjon – mit dem Monde in Verbindung. In Lejre befand sich einst ein bedeutendes Heiligtum, so daß es nicht wundert, daß die Göttin Gefon Sich dort ansiedelt. Skjöld („Schild") ist Sohn Óðins und erster mythischer Dänenkönig, er wird bei Saxo Grammaticus (I, 11f) ausführlich erwähnt und entspricht auch dem Scyld des Beowulfepos.

Die Verbindung des Königs Skjöld mit der Göttin Gefjon, der Göttin des Landes, die zusammen am Orte des Haupttheiligtums residieren, ist eine mythische Verbindung von menschlichem König mit einer Göttin, wie es noch heute in Japan ist, wo der Kaiser sich mythisch mit der Sonnengöttin verbindet.

Bragi enn gamli Boddasson (Bragi Boddasson der Alte) ist ein Skálde. Sein Name ist aber der Name eines Gottes, was manche Deuter[11] dazu verleitete, den Gott Bragi als Übernahme dieses Skalden zu erklären, denn üblicherweise trugen Menschen keine unveränderten Götternamen. Bragi Boddasson wird in den Skáldatal (Liste der Skálden) aus dem 12./13. Jh. als Dichter der sagenhaften schwedischen Könige Beli und Björn at Haugi, der mit einem König Bern von Birka identifiziert wurde, bezeichnet. Diesen besuchte der hl. Anskar um 830, so daß Bragi Boddasson in dieser Zeit schon erwachsen gewesen sein muß. Die Egils Saga Skallagrímssonar und die Landnámabók dagegen ordnen Bragi Boddasson in Stammbäume, nach denen er zwischen 835 und 900 gelebt haben müßte. Schon 100 Jahre nach seinem Tode soll dieser Skálde zum Dichtergott Bragi vergöttlicht worden sein. Bezeichnenderweise beruft sich Bragi Boddasson in seinen erhaltenen Skáldenstrophen nirgends auf den Gott Bragi, nach dem er benannt ist, sondern immer auf Óðinn allein.

In späterer Zeit (12./13. Jh.) gab es auch einen Skálden Bragi Hallsson; denn die Bezeichnung „Bragi" („Haupt") war eine Art Ehrentitel für Skálden oder auch Häuptlinge, wie ja auch „Rigr" ein Gottesname Heimdalls und Ehrentitel für Könige ist. So heißt es in Skáldskaparmál Kap. 64, daß ein Sohn Hálfdans des Alten Bragi hieß, von dem die Bragninge abstammten. In Skáldskaparmál Kap. 65 heißt es:

»Bragnar waren die Gefolgsleute König Bragis des Alten.«

In den Helgaqviða Hundingsbana ǫnnur (Prosa 5) wird ein Bragi als Bruder des Dagr und Sohn Högnis genannt. Der Name Bragi ist also auch als Name oder Kultname von Helden, Skálden oder Königen bezeugt. Bei Beda und in anderen Quellen tauchen die Frauennamen Bregusvid und Bregosvið, sowie der Männername Bregowine als Kultnamen mit Bezug zu Bragi auf.

Abb. 4: Gangleri vor der Götterdreiheit. Eddahandschrift des Jakob Sigurðsson von 1765.
Gangleri auf einen Stock gestützt steht vor den drei Erscheinungen des Gottes Óðinn, unten sitzt Haar (Hárr), in der Mitte Jafnhär (Jafnhárr) und oben Þridie (Þriði). Alle drei sind einäugig.

In der Gylfaginning 25 ist auch ein Hinweis auf die vom Götternamen „Bragi" abgeleiteten Ehrennamen enthalten. Somit war Bragi der Alte ein Skalde, der ursprünglich einen anderen Namen getragen hatte und später diese Auszeichnung erhielt. Der in den Grímnismál 44 und Sigrdrifumál 16 erwähnte beste Skalde Bragi ist zweifellos aber der Gott Bragi.

»2. König Gylfi war ein weiser Mann und zauberkundig. Er wunderte sich sehr, daß der Ásen Volk so vielkundig sei, daß alles nach ihrem Willen ginge. Er dachte nach, ob dies von ihrer eigenen Kraft geschehen könne, oder ob da die Macht der Götter walte, welchen sie opferten. Er unternahm eine Reise nach Ásgarðr, fuhr aber heimlich, indem er die Gestalt eines alten Mannes annahm und so sich hehlte. Aber die Weisheit der Ásen, die in die Zukunft blicken, überwog und da sie um seine Fahrt wußten bevor er kam, empfingen sie ihn mit einer Sinnesverwirrung. Als er in die Burg kam, sah er eine hohe Halle, daß er kaum darüber wegsehen vermochte. Das Dach war mit goldenen Schildern belegt wie mit Schindeln. So sagt Þjóðólfur hinn hvinverski, daß Valhöll mit Schilden gedeckt sei:

Auf dem Rücken ließen glänzen
– es regnete auf sie Steine –
Sváfnirs Saalschindeln
die besorgten Männer.«

Hier ist die Angabe beachtenswert, daß das „Volk der Ásen" auch Gottheiten opferte. Wir stellen uns unter „Ásen" die germanischen Götter vor, hier aber sind nicht die Götter gemeint, sondern das „Volk der Ásen" (ásafólk). Man kann unter diesem Ásenvolk die im Prolog erwähnten Leute aus Asien verstehen, die unter Óðins Führung in Germanien einwanderten. Aber wenn wir bedenken, daß der Prolog erst später hinzugefügt wurde, dann muß mit „Ásenvolk" etwas anderes gemeint sein.

Man unterscheidet nämlich die „göttlichen Ásen" die in Gylfaginning 20 genannt werden, sowie die Gefolgschaft der göttlichen Ásen, das „Volk der Ásen". Darunter sind gemeint Diener der Gottheiten, Dísen und Valkyren, Einherjer usw. Christlich würde man von „himmlischen Heerscharen" sprechen.

Genauso ist es nun mit Ásgarðr. Ist damit das himmlische „Ásgarðr" gemeint, die Welt der Götter? Das glaube ich nicht, es ist nämlich für Sterbliche nicht so einfach möglich, in diese Welt zu gelangen. Aber Byzanz ist damit sicher auch nicht gemeint. Ich gehe davon aus, daß König Gylfi ein Hauptheiligtum besuchte und dort in einer Art schamanischer Reise geistig in die Götterwelt reiste. Da er dazu relativ weit reiste, wird dieses Heiligtum eher außerhalb von Schweden gelegen haben, also Dänemark (Jellinge) oder Deutschland (Osning). Vielleicht reiste Óðinn später zu Gylfi nach Schweden; jedenfalls wurde Óðins Sohn Sigrlami der Ehemann von Gylfis Tochter Heiðr.

Valhöll (Walhall) ist in der älteren Übersetzung die „Halle der Toten", doch wandelte sich der Begriff „val" von „Tot" zu „Schlachttot" und somit verstand man nun Valhöll als „Halle der in der Schlacht Gestorbenen". Dennoch ist die Vorstellung eines Totenreichs für Krieger uralt und findet sich schon in der Avesta des Zarathustra.

Die „Sinnesverwirrung" ist im Original „sjónhverfingar" („Sinnesverrückung"), und nicht „ginning". Es ist ein Zauber zur Wandlung der Wahrnehmung.

Die vom Skálden Þjóðólfur zitierte Halbstrophe stammt aus einem Gedicht auf die Schlacht im Hafrsfjord von 872 und hat zum Inhalt die Flucht aus der Schlacht. Hier sicherte sich König Hárald Schönhaar die Alleinherrschaft Norwegens. In andern Quellen wird diese Strophe aber dem Skálden Þórbjörn Hornklofi zugeschrieben. Þjóðólfur hinn hvinverski stammte aus Kvinesdal am Listerfjord, Norwegen und lebte wie Þórbjörn um 900 u. Zt.

Sváfnir („der in den Schlaf versetzt") ist ein Beiname Óðins, Sváfnirs Saalschindeln ist eine Umschreibung für Schilde.

»In der Tür der Halle sah Gylfi einen Mann, der mit Messern spielte, daß sieben zugleich in der Luft waren. Dieser fragte ihn nach seinem Namen. Er nannte sich Gangleri und sagte, er komme aus unwegsamer

Abb. 5: Gangleri vor der Götterdreiheit. Codex Nks 1867 4to (1760). Hier sitzt Fyrste Haar (der erste Hárr) oben, in der Mitte Annar Haar (der andere Hárr) und unten Þridie Haar (der dritte Hárr).

Ferne und bitte um Nachtherberge; auch fragte er, wem die Halle gehöre. Jener antwortete, sie gehöre ihrem König: „Ich will dich zu ihm begleiten: da magst du ihn selbst um seinen Namen fragen." Alsbald ging der Mann ihm vorauf in die Halle: er folgte ihm nach und dicht hinter seinen Fersen schlug die Türe zu. Da sah er viele Gemächer und eine Menge Volk: einige spielten, einige zechten, andere waren mit Waffen und kämpften. Er sah sich um, und vieles von dem was er sah, dauchte ihn unglaublich. Da sprach er:

„Bei allen Gattern wo man eingeht,
Soll man sich umsehen;
Denn ungewiß ist, wo Widersacher
Auf der Bank sitzen".«

Der Mann mit den 7 Messern erinnert an den wendischen (wandalischen) Gott Rugievit („Gott der Rugier"), der in der Knytlinga Saga „Rinvit" heißt. In der „Wandalia" des Albert Crantz wird er so beschrieben[13]:

»*In dieser Stadt [Carentz, Garz auf Rügen] waren drey Kirchen (...) Die erste arbeit so man vornam, war daß man die Götzen nieder warff, deren zwene darinnen, den grösten hiessen sie Rugiemum ein gar abschewlich, heßlich, groß Bildt, hatte an einem Kopff sieben Gesichte, vnd gleich so vier Schwerter an der seiten, vntern Meulern nesteten die Schwalben, dauon die Brust von Dreck sehr besudelt außsahe, vnd solt dies etwan des Gottes Martis Bildt sein, vnd den sieben Tagen in der Wochen vorstehen.*«

Somit können wir den Mann vor Valhöll mit den 7 Messern als Verkörperung der 7 Wochentage deuten. Da die Messer auch gebogen sein könnten, ist zugleich ein Bezug zur Mondsichel und damit zur Woche des zu- oder abnehmenden Mondes möglich. Übrigens soll auch der fanatische christliche König Olaf Tryggvason nach Flateyjarbók (I, 368, 463ff) ein Meister im Jonglieren mit Messern gewesen sein.

Der Name „Gangleri" den sich König Gylfi gibt, ist ein Óðinsbeiname und bedeutet „Gangmüde". Offenbar nahm Gylfi diesen Óðinskultnamen hier an, weil er sich in einem Óðinsheiligtum befand. Er nennt sozusagen seinen Schutzgott.

Daß die Tür hinter seinen Fersen zuschlug ist ein alter Zug, den wir von der Unterwelt kennen: Da schlägt die Tür so zu, daß sie dem Eintretenden die Fersen verwundet. In der ältesten Vorstellung ist das Götterreich (Valhöll) mit dem Totenreich (Helheim) identisch.

Die zitierte Strophe ist Hávamál 1 unverändert, doch um die Zeile 2 (»Soll man herumblicken«) gekürzt (Kommentar I, 183).

»Er sah drei Hochsitze, einen über dem andern, und auf jedem saß ein Mann. Er fragte, wie die Namen dieser Häuptlinge wären. Sein Führer antwortete: der in dem untersten Hochsitz sitze, sei ein König und heiße Hárr; der im nächsten heiße Jafnhárr, und der im obersten heiße Þriði. Da fragte Hárr den Ankömmling, was er zu werben komme, und fügte hinzu, Essen und Trinken stehe für ihn bereit wie für alle in Hárs Halle. Er sagte aber, zuvor wolle er fragen, ob es da wohl einen weisen Mann gebe. Hárr sagte, er komme nicht heil heraus, wenn er nicht weiser sei.

„Steh du, indem du fragst;
Der Antwort sagt, soll sitzen".«

Die drei Hochsitze muß man sich übereinander vorstellen, denn in dieser Weise stellen Miniaturen in den Handschriften der Jüngeren Edda die Szene dar (siehe Abb. 4 und 5). In einer Fassung heißen die drei Gottheiten „Hárr I, Hárr II" und „Hárr III", in einer anderen (von oben beginnend): „Fyrste HAAR" (einäugig und mit einer Sonne), „Anar HAAR", „þridie HAAR". Man hat nun über diese drei Gottheiten viel diskutiert: Handelt es sich um die in Kap. 6 erwähnte Dreiheit von Óðinn und Seinen Brüdern Vili und Vé, oder um die Dreiheit, die auch in Upsala verehrt wurde, Odin, Thor und Fricco? Oder vielleicht die bei Tacitus in der Germania genannte Dreiheit von Merkur (Wodan), Herkules (Donar) und Mars (Tius)? Für diese Annahmen gibt es keine Belege. Alle drei Namen sind allein Namen Óðins: Hárr „der Hohe, Erhabene", Jafnhárr „der Ebenhohe, Gleicherhabene" und Þriði „der Dritte". Hier hat Sich Óðinn also in drei Personen geteilt und zeigt Sich so dem König Gylfi. Das ist für einen Gott, der das Universum geschaffen hat, nicht unmöglich. Die Óðinsnamen Hárr, Jafnhárr und Þriði sind uralte Beinamen des Gottes, sie kommen bereits in den Grimnismál 46 und 49 (Kommentar I, 130 und 132) vor, Hárr sogar in der Völuspá 21 (Kommentar I, 54). Die beiden Namen Jafnhárr und Þriði zusammen mit Hárr ergeben aber nur dann einen Sinn, wenn der Gott bereits irgendwo in so einer Dreiheit erschienen ist. Letztendlich beziehen sich die Namen aufeinander. Wenn wir nun berücksichtigen, daß die Grimnismál vor der Gylfaginning entstanden sind, dann bedeutet das, daß es irgendwo bereits ein Lied oder Mythos gegeben haben muß, in dem Óðinn in dieser Dreiheit erscheint. Ich gehe davon aus, daß dies in der verlorenen Urfassung der Gylfaginning geschah; vom Zusammensteller der Gylfaginning können diese Namen nicht ersonnen worden sein, und daß sie einzeln ohne eine Óðinsdreiheit zu bezeichnen, schon früher existiert haben sollten, halte ich auch für nicht möglich. Diese drei Namen gehören eindeutig zusammen und waren schon vor der Zusammenstellung der Gylfaginning in der uns vorliegenden Form nachweisbar vorhanden.

Die Herkunft der zitierten Strophe ist unbekannt, möglicherweise stammt sie aus einer nicht erhaltenen Fassung der Vafþrúðnismál oder der von mir angenommen Fassung einer gereimten „Ur-Gylfaginning".

»3. Da hub Gangleri an zu sprechen: „Wer ist der höchste und älteste aller Götter?" Hárr sagte: „Alföður heißt er in unserer Sprache und im alten Ásgarðr hatte er zwölf Namen. Der erste ist Alföður, der andere Herran oder Herjan, der dritte Nikar oder Hnikar, der vierte ist Nikuss oder Hnikuður, der fünfte Fjölnir, der sechste Óski, der siebente Ómi, der achte Bifliði oder Biflindi, der neunte Sviðar, der zehnte Sviðrir, der elfte Viðrir, der zwölfte Jálg oder Jálkur."«

„Alföður" (Allvater) ist ein Beiname Óðins. Man hat diese Stelle als christlich beeinflußt abtun wollen, als Adaptierung des christlichen „Omnipater" (4. Jh.), denn warum wird hier der Name „Alföður" genannt, nicht Óðinn? Ich sehe für eine derartige Übernahme keinen überzeugenden Grund. Hier geht es um die Schöpfung der Welt, und da wäre der Name Óðinn, der eher auf die Schlacht und den Tod hinweist, weniger passend. Immerhin wird diese Bezeichnung auch in den Grimnismál 48 erwähnt, einem der ältesten der Eddalieder, sowie in den Helgaqviða Hundingsbána I, 38, und bei einigen Skálden. Vielleicht wollte

Sich Óðinn auch nicht gleich dem Gylfi als Schöpfergott offenbaren und ließ daher Seinen bekanntesten Namen weg. Es folgen 12 Óðinsbeinamen, die man auf die 12 Monate gedeutet hat, wofür vor allem auch ihre genaue Durchnumerierung spricht. Vielleicht muß man sie aber auch zugleich auf den Tierkreis beziehen. Und da im nächsten Kapitel 12 mythische Flüsse erwähnt werden, ist eine Analogie zu den Namen auch denkbar, denn es sind Schöpfungsurkräfte.
Die Namen lauten: Herran oder Herjan = Herrscher, ist mit dem älteren „Hari" verwandt, Nikar oder Hnikar = Aufhetzer, ist wie der folgende ähnliche Name auch die Vorlage für den christlichen Ersatzheiligen Nikolaus („Volkssieger") und mit „Nixe" und „Nökk" (Wassergeister) verwandt. Es ist also das Aufhetzen des Wassers gemeint. Nikuss oder Hnikuðr = Aufhetzender ist eine höhere Form des vorigen Namens. Fjölnir = der Reiche, Mächtige (zu fjöl = viel), Óski = Wunsch(-erfüller), die Valkyren heißen auch Oskmeyjar = Wunschmaide, Ómi = der Oberste (*auhuma); dieser Name ist mit der indischen heiligen Gottessilbe „Aum" oder „Om" identisch (da das i am Ende aus älterem e entstand), Bifliði oder Biflindi = der die Heere zittern macht, oder der mit dem bemalten Schild, Sviðar (Sviður, Sviðuðr) = Speergott, nach Skáldskaparmál 63 ist Schweden (Svíþjóð) nach diesem Namen benannt, Sviðrir = Speergott, Viðrir = Wettergott, Jálg oder Jálkur = Wallach.
Einige Namen scheinen sich nur gering in der Schreibweise und gar nicht in der Bedeutung zu unterscheiden; wahrscheinlich fehlen uns hier noch die Kenntnisse, um die feinen Unterschiede zu erkennen.

»Da fragte Gangleri: „Wo ist dieser Gott, und was vermag er? Oder was hat er Großes getan?"
Hárr sagte: „Er lebt durch alle Zeitalter und beherrscht sein ganzes Reich und waltet aller Dinge, großer und kleiner". Da sprach Jafnhárr: „Er schuf Himmel und Erde und die Luft und alles, was darin ist". Da sprach Þriði: „Das ist das wichtigste, daß er den Menschen schuf und gab ihm Önd der leben soll und nie vergehen, wenn auch der Leib in der Erde fault oder zu Asche verbrannt wird. Auch sollen alle Menschen leben, die wohlgesittet sind, und mit ihm sein an dem Orte, der Gimlé heißt (oder Vingólf). Aber böse Menschen fahren zu Hel und danach gen Niflhel; das ist unten in der neunten Welt". Da fragte

Gangleri: „Was tat er, bevor Himmel und Erde geschaffen waren?
Hárr antwortete: „Da war er bei den Hrímþursen".«

Es wird nun angesprochen, daß Óðinn durch alle Zeitalter lebt, mithin weder geboren wird, noch stirb. Götter sind unsterblich, das ist eine wichtige Eigenschaft von Göttern. Auch im deutschen Brauchtum hat sich dieser Gedanke erhalten, wenn es in einem alten Erntespruch an Wodan heißt[14]:

»Wold, Wold, Wold!
Häwenhüne weit, wat schüht
Jümm hei dal van Häwen süht
Vulle Kruken and Sangen hätt hei
Upen Holte wäst mannigerlei
Hei ihs nig barn and wärt nig oold.
Wold, Wold, Wold!«

Die vorletzte Zeile lautet übersetzt: »Er ist nicht geboren und wird nicht alt«. Die Berichte von Óðins Tod im Ragnarök oder Seiner Geburt als Sohn Bórs beziehen sich also auf den Óðinn in der Materie, der Sich hier verkörpert hat, um sie gestalten zu können.
Die Aussage, daß Óðinn vor der Schöpfung bei den Hrímþursen war, ist schwer deutbar. Der Begriff ist absichtlich doppeldeutig, kann „Reifriesen" bedeuten oder auch „Rußriesen", weist also sowohl auf den Winter, wie die Dunkelheit. Nach Prof. Fredrik Sander[15] befand sich Óðinn vor der Erschaffung der Welt bei Surtur; Surtur wird aber nirgends als Riese bezeichnet. Es ist die Zeit vor dem Urknall, den Óðinn ausgelöst haben muß.
Interessant ist in diesem Kapitel die Verwendung des Begriffs „Önd" für „Atem, Seele". Das ist eindeutig ein heidnischer Begriff; zu Snorris Zeit aber war längst der christliche Begriff „Salu" („Seele") üblich, den wir auf hunderten von Runensteinen der christlichen Zeit finden. Wäre der Zusammensteller dieses Eddastückes also ein Christ, hätte er hier ganz leicht den bekannten christlichen Begriff „Salu" verwenden können. Der heidnische Begriff ist ein Indiz für das Alter dieses Stücks noch aus heidnischer Zeit und ein Indiz, daß der Zusammensteller innerlich Heide gewesen sein muß.

Außerdem erfahren wir hier, daß Niflhel („Nebelhel"), das Totenreich unten liege, mithin können wir von einer hierarchischen Anordnung der neun Welten ausgehen.
Gimlé – der Zusatz »oder Vingólf« nicht in allen Handschriften – ist eine Art Paradiesort, er wird auch in der Völuspá 64 (Kommentar I, 85) sowie in Gylfaginning 17 und 52 erwähnt, Vingólf auch in Kap. 14 der Gylfaginning. Die Hel wird auch in Vafþrúðnismál 43 (Kommentar I, 151) erwähnt.

»4. Gangleri fragte: „Wie ward die Welt, wie entstand sie, und was war zuvor?" Hárr antwortete: „So heißt es in der Völuspá:

Einst war das Alter, da alles nicht war,
Da war nicht Sand nicht See, nicht salzge Wellen,
Nicht Jörð fand sich noch Überhimmel,
Ginnungas Abgrund und Gras nirgend".«

Diese Strophe stammt aus der Völuspá 3 (Kommentar I, 41f), doch ist sie hier abgewandelt in ihrer 2. Halbzeile. Nicht Ymir wird genannt, sondern es wird erwähnt, daß alles nicht war. Vorschnelle Deuter haben gemutmaßt, daß hier der christliche Gedanke einer Schöpfung aus dem Nichts und nicht der heidnische Gedanke der Schöpfung aus Ymir zugrunde liegt. Das halte ich für falsch, denn nur ein Kapitel weiter wird ja auch Ymir genannt, von einer Schöpfung aus dem Nichts kann also wirklich nicht die Rede sein. Ymir wurde hier nicht erwähnt, weil Ymir eben erst im nächsten Kapitel eingeführt wird. Man hätte den Text sonst nicht leicht verstanden und Ymir hätte erklärt werden müssen, bevor er im Text eine Rolle spielt.
Die Zeile »Nicht Erde fand sich, noch Überhimmel« begegnet uns in vielen Quellen und zeigt damit, wie verbreitet die Völuspá damals war. Ich verweise hier auf meinen Eddakommentar (I, S. 42).

»Da sprach Jafnhárr: „Manches Zeitalter vor der Erde Schöpfung war Niflheim entstanden; in dessen Mitte liegt der Brunnen, Hvergelmir genannt. Daraus entspringen die Flüsse mit Namen Svöl, Gunnþrá, Fjörm, Fimbul, Þul, Slíður und Hríð, Sylgur und Ylgur, Víð, Leiftur; Gjöll ist der nächste beim Helgrind". Da sprach Þriði: „Vorher aber

war im Süden eine Welt, Múspell geheißen: die ist hell und heiß, so daß sie flammt und brennt und allen unzugänglich ist, die da nicht heimisch sind und keine Wohnung da haben. Surtur ist er geheißen, der an der Grenze des Landes sitzt und es beschützt: er hat ein flammendes Schwert und am Ende der Welt wird er kommen und heeren und alle Götter besiegen und die ganze Welt in Flammen verbrennen. So heißt es in der Völuspá:

Surtr fährt von Süden mit dem Unheil der Zweige,
Von seinem Schwert scheint die Sól der Valgötter.
Steinberge stürzen, Unholdinnen straucheln,
Helden treten den Helweg; der Himmel klafft".«

Wir haben hier also zuerst eine Welt namens Múspellsheimr („Flammenwelt") mit Surtur als Wächter; der Name wird meist übersetzt mit „der Schwarze" (svartr), doch kann diese Übersetzung nicht richtig sein, da die Gleichsetzung von U und V nur in der lateinischen Schrift erfolgte, nicht z. B. bei den Runen. Also dürfen wir das U nicht wie ein V deuten, und damit bleibt eine Übersetzung des Namens unsicher. Bei den Hopi, die man als Nachkommen der nach Nordamerika übergesiedelten Vikinger sieht, kennt man einen Urlogos Soutuknang (= Surtur), der für sich selbst und die Urgottheit Taiowa (= Tivar, Götter) je eine Welt schuf (= Niflheimr und Múspellsheimr), später gibt es noch sieben weitere Welten[16]. Ich deute deswegen wie Prof. Sander Surtur als Ur-Óðinn, als Erscheinung Óðins bevor die Welten geschaffen wurden und Er sich in die Materie begab.

Nachdem Múspellsheimr entstanden war, entstand Niflheimr („Nebelwelt") als eine Welt der Verdichtung. Dort befindet sich der Brunnen Hvergelmir („Springkessel") mit den 12 mythischen Flüssen. Zuweilen finden wir auch nur 11 Flüsse in Eddaausgaben, da die Herausgeber aus den beiden Flüssen Fimbul und Þul einen einzigen machen: „Fimbulþul". Die Namen bedeuten: Svöl = Kühl (vgl. schwül), zugleich auch der Name des Schildes der Sonne, Gunnþrá, Gunnþró = Kampfeslust, Kampfrinne, Fjörm = Eilige, Fimbul = Gewaltige, Þul = Seher, Slíður = Gefährlich (es ist der Fluß, in dem Schwerter, Dolche und Pfeilspitzen schwimmen), Hríð = Unwetter, Sylgur = Verschlinger, Ylgur = Wölfin, Víð, Víl = die Breite oder Not, Leiftur, Leiptr = Blitz,

Gjöll = Lärm (der Fluß an der Grenze zum Reich der Hel, über den die Gjöllbrücke führt). Diese Flüsse werden auch in den Grímnismál 26-28 (Kommentar I, 120ff) und teilweise andern Liedern erwähnt.
Niflheimr ist eine verdichtete Welt der weiblichen Urelemente Erde und Wasser und später auch ein Teil des Totenreiches, Niflhel („Nebelhel"). Die Seelen der Toten zeigen sich in den Nebeln und daher sind auch die Nibelunge als ursprüngliche Geistwesen zu deuten. Auch Valkyren sind Geistwesen, und man hat sie als Verkörperungen der Wolken gedeutet. Es ist allerdings festzustellen, daß nur schuldbeladene und wenigergute Tote ihr Dasein im Jenseits als in einem Nebel wahrnehmen.
Da Niflheimr 12 Flüsse aufweist, nehme ich für Múspellsheimr gleichfalls 12 Funkenstrahlen an. Da aber noch nichts anderes existierte, muß Niflheimr aus Múspellsheimr entstanden sein, aus der Welt des Urelements und der Entdichtung erstand die Welt der Verdichtung und das Urelement teilte sich in die weiblichen Elemente Erde und Wasser, sowie die männlichen Feuer und Luft.

Die Tatsache, daß Surtur die Welt Múspellsheimr mit einem flammenden Schwert bewacht und schützt beweist, daß offenbar Wesen in diese Welt hineinwollten, was verhindert werden mußte. Diese Wesen befinden sich in Niflheimr, denn eine andere Welt gab es ja noch gar nicht. Ich deute das als die germanische Version des sog. „Sündenfalles", des Abfalls der Engel von Gott, der z. B. im altsächsischen Heliand beschrieben wird. Somit ist Múspellsheimr eigentlich eine Götterwelt und Niflheimr ist entstanden, nachdem Wesenheiten diese Götterwelt verlassen mußten. Durch die Inkarnationen auf den später geschaffenen weiteren Welten können sich nun diese Wesen wie auf einer Leiter wieder zurück in das ursprüngliche Götterreich entwickeln.

Man hat in Surturs flammenden Schwert eine Übernahme des biblischen flammenden Schwertes sehen wollen, mit dem der Engel Adam und Eva das Paradies versperrt. Dies sehe ich aber nicht, denn es handelt sich hier ja um uralte, indogermanische Mythen, die durchaus in Bibel und Edda ihren Nachhall finden konnten. Auch wurden Schwerter immer schon mit Feuerstrahlen verglichen und auch so umschrieben (etwa: „Brand" für Schwert in „Hildebrand" oder „Brandenburg") so daß die Vorstellung eines feurigen Schwertes allgemein verbreitet war. Die zitierte Strophe ist identisch mit Völuspá 52 (Kommentar I, 80).

»5. Gangleri fragte: „Was begab sich, bevor die Geschlechter wurden und Menschenvolk sich ausbreitete?" Hárr antwortete: „Als die Fluten, welche Élivogar heißen, soweit von ihrem Ursprung kamen, daß der Giftstrom in ihnen erstarrte wie der Sinter, der aus dem Feuer fällt, ward er in Eis verwandelt. Und da dies Eis stille stand und stockte, da fiel der Reif darüber, der von dem Gifte kam und gefror zu Eis, und so legte eine Eislage sich über die andere bis in Ginnungagap". Da sprach Jafnhárr: „Die Seite von Ginnungagap, welche nach Norden gerichtet ist, füllte sich an mit einem schweren Haufen Eis und Schnee und weiter im Innern herrschte Regen und Wind; aber der südliche Teil von Ginnungagap war milde von den Feuerfunken, die aus Múspellheimur herüberflogen". Da sprach Þriði: „So wie die Kälte von Niflheimr kam und alles Rauhe, so war die Seite, die nach Múspellheimur sah, warm und licht, und Ginnungagap dort so lau wie windlose Luft, und als die Glut dem Reif begegnete also daß er schmolz und sich in Tropfen auflöste, da erhielten die Tropfen Leben durch die Kraft dessen, der die Hitze sandte. Da entstand ein Menschengebild, das Ýmir genannt ward; aber die Hrímþursen nennen ihn Aurgelmir, und von ihm kommt das Geschlecht der Hrímþursen, wie es in der kurzen Völuspá heißt:

Die Völven alle stammen von Viðólfr,
Alle Vitkis sind von Vilmeiðr,
Die Zeichenrater von Svarthöfði,
Die Jötnar alle aber von Ýmir.

Und der Riese Vafþrúðnir gibt auf die Frage:

Woher Aurgelmir kam den Kindern der Jöten
Zuerst? allkluger Jöte?

Als Antwort:

Aus den Élivogar fuhren Eitertropfen
Und wuchsen bis ein Jöte ward.

Unsre Geschlechter kamen alle daher:
Drum sind sie unhold immer".«

Die 12 Flüsse aus Niflheimr vermischen sich nun mit den (12) Funkenstrahlen von Múspellsheimr und dazwischen, im leeren Raum „Ginnungagap", der hier als „gähnender Abrund" benannt wird, entsteht die erste Materie, der Urriese Ymir („Stöhner") oder Aurgelmir („brüllender Lehm"). Das Wort „Gap" („Abgrund") ist übrigens mit dem griechischen „Chaos" stammverwandt, es ist also eigentlich keine Schlucht, sondern das Chaos der Urzeit, das Nichts, der leere Raum. Die Élivogar sind die „Feuer-Wogen". Interessant auch der Hinweis auf denjenigen, „der die Hitze sandte", nämlich den Ur-Óðinn. Von Ihm stammt also das Leben in der Materie, der belebte Ymir.

Die zuerst angeführte unveränderte Eddastrophe stammt aus den Hyndluljóð 32 (Kommentar III, 145), hier unter dem Titel „Völuspá in skamma" („kurze Völuspá") zitiert. Dieser Titel findet sich nicht in den Handschriften der Älteren Edda und somit lag dem Zusammensteller dieses Stücks eine uns unbekannte Fassung dieses Eddaliedes vor. Die anderen beiden Strophen stammen aus Vafþrúðnismál 30 und 31 (Kommentar I, 146), wobei die 2. Hälfte der Strophe 31 in der Älteren Edda in jüngeren Handschriften abweichend ist oder in älteren Handschriften fehlt. In Ausgaben wird dann oft die 2. Hälfte von der Fassung der Gylfaginning verwendet.

»Da fragte Gangleri: „Wie wurden die Geschlechter von ihm ausgebreitet? Oder wie geschah's, daß mehrere geschaffen wurden? Und hältst du ihn für einen Gott, von dem du gesprochen hast?" Da antwortete Hárr: „Wir halten ihn mitnichten für einen Gott: er war böse wie alle von seinem Geschlecht, die wir Hrímþursen nennen. Es wird erzählt, als er schlief, fing er an zu schwitzen: da wuchs ihm unter seinem linken Arm Mann und Weib und sein einer Fuß zeugte einen Sohn mit dem anderen. Und von diesen kommt das Geschlecht der Hrímþursen; den alten Hrímþurs aber nennen wir Ýmir".«

Eindeutig sagt Óðinn hier, daß alle Riesen böse sind. Daß unter dem Arm Mann und Weib erwuchsen, erinnert wiederum an die Genesis der

Bibel, wo aus Adams Seite die Eva erschaffen wird. Adam („Mann aus Erde") ist in den ursprünglichen Mythen auch ein Riese gewesen, den Gott erst später auf eine menschliche Größe brachte. Adam reichte stehend bis an den Himmel. Die Sagen darüber finden sich in meinem Buch „Der Ursprung biblischer Mythen"[17]. Edda und Bibel haben also bei diesem Mythos einen gemeinsamen Ursprung.
Die Angaben in diesem Abschnitt finden sich auch in den Vafþrúðnismál 28-33 (Kommentar I, 145-148).

»6. Da fragte Gangleri: „Wo wohnte Ýmir? Und wovon lebte er?" Hárr antwortete: „Als das Eis auftaute und schmolz, entstand die Kuh, die Auðhumla hieß, und vier Milchströme rannen aus ihrem Euter; davon ernährte sich Ýmir". Da fragte Gangleri: „Wovon nährte die Kuh sich?" Hárr antwortete: „Sie beleckte die Eisblöcke, die salzig waren, und den ersten Tag, da sie die Steine beleckte, kam aus den Steinen am Abend Menschenhaar hervor, den andern Tag eines Mannes Haupt, den dritten Tag war es ein ganzer Mann, der hieß Búri. Er war schön von Angesicht, groß und stark und gewann einen Sohn, der Bor hieß. Der vermählte sich mit Bestla, der Tochter des Riesen Bölþorn; da gewannen sie drei Söhne: der eine hieß Óðinn, der andere Vili, der dritte Vé. Und das ist mein Glaube, daß dieser Óðinn und seine Brüder Himmel und Erde beherrschen. Wir glauben, daß dies sein Name ist. Es ist der Name des Größten und Vornehmsten, den wir kennen, und auch ihr könnt ihm wohl diesen Namen geben".«

Auðhumla, Auðumla, Auðumbla (= „die reiche, hornlose") ist die erste Erscheinung der weiblichen Urkraft, der Göttin Frigg, und Sie ist es, die nun den ersten Menschen, Búri, erschafft. Das Leben desselben kam durch die Feuerfunken aus Múspellsheimr, der Leib hingegen ward durch Auðhumla geschaffen. Vielleicht ist die Urkuh auch ein Bild für die Wolken; in den indischen Veden werden die Wolken als Kühe beschrieben. Auðhumla ist Vorbild für die heiligen Kühe etwa der Inder, auch der Griechen, die Göttin Hera wird „die Kuhäugige" genannt, die ägyptische Göttin Hathor ist kuhköpfig und auch Isis hat einen Bezug zur Kuh. Die vier Milchströme sind keine Übernahme der vier biblischen Paradiesflüsse, denn Milchströme und Flüsse sind schon etwas ganz anderes. Vielmehr sind diese 4 Milchströme die nun getrennten

Abb. 6: Die Kuh Auðumbla mit ihren vier Milchströmen leckt den ersten Mann, Búri, aus dem Eise, den Vater des Borr (Burr) und Großvater der drei Schöpfungsgötter Óðinn, Vili und Vé. Eddahandschrift des Jakob Sigurðsson von 1765.

vier Elemente Feuer, Wasser, Luft und Erde. Búri bedeutet „Erzeuger, Vater" oder „Bewohner". Búris Sohn heißt Bor oder Burr („Sohn"), der sich nun mit der Riesin Bestla vermählt. Die Bedeutung von Bestla ist unklar, man hat den Namen mit „Rinde, Bast" oder „Ehefrau" übersetzt, doch erscheint mir das unpassend. Solche alten Namen stammen aus vornordischer Zeit und man muß auch andere, ältere Übersetzungen erwägen. Bestla deute ich als „die Beste" (altnord. beztr), denn die Götter achten auf die beste Möglichkeit der Verkörperung. Eine Riesin im Stammbaum ist übrigens bei den Germanen kein Makel, da allein die väterliche Abstammungslinie zählte. Bölþorn bedeutet „Bösedorn".
Es wird nun die Götterdreiheit Óðinn, Vili und Vé erwähnt. Daß wir es mit einem ursprünglichen Eddalied zu tun haben, was von Snorri oder einem anderen Bearbeiter in eine Prosaerzählung umgewandelt wurde, kann man daran ersehen, daß hier ein alter Stabreim vorgelegen haben muß, nämlich „Wodan, Wile und Weih". Nun hatte sich aber der Name Wodans im Norden zu Óðinn entwickelt und der Stabreim ist damit verloren. Diese Göttertrias heißt üblicherweise Óðinn, Hœnir und Lóðurr. Vili bedeutet „Wille, Wollen" und Vé „Heiligkeit, heiliges Urteil" (vgl. dt. „Weihe").
Der Nachsatz, der dann folgt, ist ein deutliches Zeichen dafür, daß der Zusammensteller dieses Textes innerlich noch heidnisch war, denn ein Christ hätte den Satz sicher unterdrückt. Auch der Übersetzer Karl Simrock (1802-1876) unterdrückte den letzten Satz in seiner Übersetzung, der war ihm offenbar zu heidnisch.

»7. Da fragte Gangleri: „Wie vertrugen sich diese mit Ýmir, und welcher war der Stärkere?" Hárr antwortete: „Bors Söhne töteten den Jötun Ýmir, und als er fiel, da lief so viel Blut aus seinen Wunden, daß sie darin das ganze Geschlecht der Hrímþursen ertränkten bis auf einen, der mit den Seinen davon kam: den nennen die Jöten Bergelmir. Er bestieg mit seinem Weib einen Mahlkasten und rettete sich so, und von ihm kommt das Hrímþursengeschlecht, wie hier gesagt ist:

Im Urbeginn der Zeiten vor der Jörð Schöpfung
Ward Bergelmir geboren.
Des gedenk ich zuerst, daß der allkluge Jöte
In der Lade geborgen ward".«

Die Tötung Ymirs, der ja eine Verkörperung des Stoffs, der ungöttlichen Materie ist, ist letztendlich eine Beschreibung der Gestaltung der Materie durch die Götter. Wie erwähnt existierte auch vom biblischen Adam ein ähnlicher Mythos. Die Übersetzung „Mahlkasten" (lúður) ist unsicher, gemeint ist irgendein Holzgestell der Mühle, im Deutschen „Lade". Bergelmir bedeutet „der sich Bergende", „Berg-Brüller" oder „der wie ein Bär Brüllende". Die Strophe ist völlig identisch mit Vafþrúðnismál 35 (Kommentar I, 149).

»8. Da fragte Gangleri: „Was richteten die Söhne Bors aus, daß du sie für Götter hältst?" Hárr antwortete: „Davon ist nicht wenig zu sagen. Sie nahmen Ýmir und warfen ihn mitten in Ginnungagap und bildeten aus ihm die Welt: aus seinem Blut Meer und Seen; aus seinem Fleisch die Erde; aus seinen Knochen die Berge, und die Steine aus seinen Zähnen und zerbrochenem Gebein". Da sprach Jafnhárr: „Aus dem Blut, das aus seinen Wunden geflossen war, machten sie das Weltmeer, festigten die Erde darin und legten es im Kreis um sie her, also daß es die meisten unmöglich dünken mag, hinüber zu kommen". Da sprach Þriði: „Sie nahmen auch seinen Hirnschädel und bildeten den Himmel daraus, und erhoben ihn über die Erde mit vier Ecken oder Hörnern, und unter jedes Horn setzten sie einen Zwerg; die heißen Austri, Vestri, Norðri, Suðri. Dann nahmen sie die Feuerfunken, die von Múspellheimr ausgeworfen umherflogen, und setzten sie in den Ginnunga-Himmel, oben sowohl als unten, um Himmel und Erde zu erhellen. Sie gaben auch allen Lichtern ihre Stelle, einigen am Himmel, andere lose unter dem Himmel und setzten einem jeden seinen bestimmten Gang fest, wonach Tage und Jahre berechnet werden. So wird in alten Sagen erzählt und so heißt es in der Völuspá:

Sól wußte nicht, wo sie Sitz hätte,
Máni wußte nicht, was er Macht hätte,
Die Sterne wußten nicht, wo sie Stätte hätten.

(So war es am Anfang der Jörð".)«

Hier ist der Gedanke der Entsprechung des Mikrokosmos mit dem Makrokosmos angesprochen. Unsere Welt im Großen entspricht einem

Körper im Kleinen oder anders formuliert: Wie unten, so oben. Die Namen der vier Zwerge sind die vier Himmelsrichtungen und entsprechen vier hellen Fixsternen, die im Altertum auch magische Bedeutung hatten und die an den entsprechenden Richtungen standen: Aldebaran (Stier), Antares (Skorpion), Fomalhaut (Fische), Regulus (Löwe). Warum die Reihenfolge der Zwerge von der in der Völuspá 11 abweicht, wo mit Norðri begonnen wird, ist unklar.
Die zitierte Strophe ist Völuspá 5 (Kommentar I, 45), wobei die beiden letzten Zeilen dort vertauscht sind.
Die eingeklammerte Zeile fehlt in der Handschrift von Upsala.

»*Da sagte Gangleri: „Das sind merkwürdige Dinge, die ich da höre; ein großes Gebäude ist das und sehr künstlich gebildet. Wie war die Erde beschaffen?" Hárr antwortete: „Sie ist außen kreisrund und ringsumher liegt das tiefe Weltmeer. Und längs den Seeküsten jenseits gaben sie den Jötengeschlechtern Wohnplätze, und nach innen rund um die Erde machten sie eine Burg wider die Anfälle der Jöten, und zu dieser Burg verwendeten sie die Augenbrauen Ýmirs des Jötun und nannten die Burg Miðgarð. Sie nahmen auch sein Gehirn und warfen es in die Luft und machten die Wolken daraus, wie hier gesagt ist:*

Aus Ýmirs Fleisch ward die Jörð geschaffen,
Aus dem Schweiße die See,
Aus dem Gebein die Berge, die Bäume aus dem Haar,
Aus der Hirnschale der Himmel.

Aus den Augenbrauen schufen gütge Regin
Miðgarð den Menschensöhnen;
Aber aus seinem Hirn sind alle hartgemuten
Wolken erschaffen worden".«

Das Weltmeer liegt kreisrund um die Erde; das entspricht unserer Erde bevor die Kontinente auseinanderdrifteten, die Wissenschaft spricht vom Urkontinent Pangäa. Die Frage ist, ob hier eine flache Erde beschrieben wird, oder bereits die Vorstellung einer Erdkugel besteht. Es scheint eher eine flache Erde zu sein, doch entspricht diese Vorstellung tatsächlich dem Bild des Kontinents in der Urzeit. Und Urzeit war es ja,

als die Erde geschaffen wurde. Daß man schon in heidnscher Zeit wußte, daß die Erde eine Kugel ist, ist eine bekannte Tatsache. Darum
konnte in der isländischen Alexanders Saga, die eine um 1260 entstandene Übersetzung eines lateinischen Epos über Alexander den Großen
ist, Alexander die Erde mit einem Ball vergleichen[18]:

»*Ich werde die großartigen Geschenke des Königs höher schätzen als
er selbst: Der Ball bedeutet auf Grund seiner Form die Welt, die ich
mir unterwerfen werde.*«

Miðgarð ist die „Welt der Mitte" und begegnet uns als „Mittelgart"
auch in mittelalterlichen deutschen Texten. Gedacht ist an eine Art Insel im Weltmeer. Man hat das Weltmeer auch als Bild des Weltraumes
gedeutet, in dem in der Mitte die Erde sich befindet. Die angeführten
Strophen sind Grímnismál 40 und 41 ohne Abweichungen (Kommentar
I, 127).

»*9. Da sprach Gangleri: „Großes dünken sie mich vollbracht zu haben,
da sie Himmel und Erde geschaffen, die Sól und das Himmelsgestirn
geordnet, und die Tageshälften gesetzt hatten; aber woher kamen die
Menschen, welche die Erde bewohnen?" Hárr antwortete: „Als Bors
Söhne am Seestrand gingen, fanden sie zwei Bäume. Sie nahmen die
Bäume und schufen Menschen daraus. Der erste gab Önd und Líf, der
andere Vit und Hrœring, der dritte Áse Málið, Heyrn und Sjón. Sie gaben ihnen auch Kleider und Namen: den Mann nannten sie Askur und
die Frau Embla, und von ihnen kommt das Menschengeschlecht, welchem Miðgarð zur Wohnung verliehen ward. Danach bauten sie sich
eine Burg mitten in der Welt und nannten sie Ásgarð (das nennen wir
Trója). Da wohnten die Götter und ihr Geschlecht und von da ging vieles aus, was sich auf Erden und in den Lüften zugetragen hat. In der
Burg ist ein Ort, der Hliðskjálf heißt, und wenn Óðinn sich da auf den
Hochsitz setzt, so übersieht er alle Welten und aller Menschen Tun und
weiß alle Dinge, die da geschehen. Seine Frau heißt Frigg, Fjörgyns
Tochter, und von ihrem Geschlecht ist der Stamm entsprungen, den wir
das Ásengeschlecht nennen, welches das alte Ásgarð bewohnte und die
Reiche, die dazu gehören, und das ist das Gechlecht der Götter. Und
darum mag er Alföður heißen, weil er der Vater ist aller Götter und*

Menschen und alles dessen, was er durch seine Kraft hervorgebracht hat. Jörð war seine Tochter (und seine Frau) und von ihr gewann er den ersten Sohn: das ist Ásaþórr; ihm folgen Kraft und Stärke, daß er siegt über alles Lebendige.«

Mit „Gestirn" (tungl) ist der Mond gemeint, Sól ist die Sonne oder Sonnengöttin. Die ersten Menschen werden aus zwei Bäumen geschaffen, der Mann aus einer Esche heißt daher „Askur" (= Esche), die Frau Embla aus einer Ranke (griechisch ámpelos = Rebe, Schlingpflanze), früher fälschlich als Erle oder Ulme übersetzt. Es handelt sich um eine immergrüne Ranke um die Esche herum, und natürlich ist es die Weltesche, in deren Stamm sich am Ende der Welt wiederum zwei Menschen verbergen werden und einen neuen Zyklus beginnen werden.
Die Gaben der drei Götter sind folgende: Óðinn gibt önd („Seele, Atem") und líf („Leben"), Vili gibt vit („Witz, Wissen, Verstand") und hræring („Bewegung"), Vé gibt málið („Stimme"), heyrn („Hören") und sjón („Sehen"). Es sind genau 7 Bestandteile, die Schilderung ist auch in der Völuspá in den Strophen 17 und 18 enthalten (Kommentar I, 50), doch die entsprechende Völuspástrophe 18 nennt nur 5 Bestandteile.
Die Burg Ásgarð („Welt der Ásen") ist als Burgwall (wohl auf einem Berg wie etwa dem griechischen Olympos) mitten in Miðgarð vorzustellen. G. A. B. Schierenberg hat als irdische Entsprechung den Osning zwischen Detmold und Paderborn erkennen wollen. Das war sozusagen der germanische Olymp. Der Satz mit Troja kommt nicht in allen Handschriften vor. Hier sollte natürlich eine Beziehung zu dem irdischen Byzanz hergestellt werden. Allerdings werden seit ältesten Zeiten die kultischen Labyrinthe, die es in ganz Europa gibt, „Trojaburgen" genannt, in Schweden auch „Trelleborg". Schon in der Bronzezeit war Troja also ein mythischer Ort, kein realer Ort in Griechenland. Hliðskjálf bedeutet „Aussichtsturm, Öffnungs-Turm" und ist Óðins Himmelsthron. Hier wird nun zuerst Óðins Gemahlin Frigg (Fria) erwähnt, Fjörgyns Tochter. Fjörgyn ist „Eichengottheit" und ein Name der Erde Jörð. Friggs Vater ist der Gott Týr; diese Angabe ist nur in der Handschrift Codex Arnamagnæanus 461, 12mo (1539-1558) zu finden: „Friggiar faðer"[19]. Der Stammbaum der Götter irritiert uns, weil wir in menschlichen Dimensionen denken und übersehen, daß Götter un-

sterblich sind. Óðinn als Annar zeugte mit der Nótt („Nacht") die Jörð, nahm dann die Jörð zur Frau und zeugte mit Ihr den Gott Þórr. Mit der Sól zeugte Óðinn den Gott Týr, der wiederum mit Jörð die Frigg zeugte, Óðins Gemahlin. Der eingeklammerte Zusatz wonach Jörð auch Óðins Frau ist, fehlt in der Handschrift von Upsala.

Interessant ist auch die Angabe, daß dem Ásaþórr Kraft (afl) und Stärke (sterkleikur) folgten. Da Þórr auch dem Gott Jupiter entspricht, könnte man vielleicht hier die beiden mit bloßem Auge sichtbaren Monde des Planeten Jupiter vermuten, oder aber auch Umschreibungen für Þórs Söhne Móði und Magni hinter „afl" und „sterkleikur" sehen.

Kapitel 3:
Gylfaginning 10-18

Die Kapitel 10-13 scheinen die Erzählung zu unterbrechen, weswegen einige Forscher sie als spätere Einschübe ansehen; ich glaube nicht, daß dies stimmt:

»10. Nörfi oder Narfi hieß ein Jötun, der in Jötunheim wohnte; er hatte eine Tochter, die hieß Nótt und war schwarz und dunkel wie ihr Geschlecht. Sie ward einem Manne vermählt, der Naglfari hieß: der beiden Sohn war Auður. Danach ward sie einem namens Annar vermählt; beider Tochter hieß Jörð. Ihr letzter Gemahl war Dellingur, der vom Ásengeschlecht war. Ihr Sohn Dagur war schön und licht nach seiner väterlichen Herkunft. Da nahm Alföður die Nótt und ihren Sohn Dagur und gab ihnen zwei Rosse und zwei Wagen und setzte sie an den Himmel, daß sie damit alle zweimal zwölf Stunden um die Erde fahren sollten. Die Nótt fährt voran mit dem Rosse, das Hrímfaxi heißt, und jeden Morgen betaut es die Erde mit dem Schaum seines Gebisses. Das Roß, womit Dagur fährt, heißt Skinfaxi und Luft und Erde erleuchtet seine Mähne".«

Die hier erzählten Dinge finden sich auch in den Vafþrúðnismál Strophen 24, 25, 14 und 12 (Kommentar I, 144, 141 und 140). Nörfi oder Nörvi bedeutet „schmal" oder „Bedränger", Narfi oder Nari ist aber auch der Name von Lokis Sohn, er bedeutet „Leiche" (altnord. nár, got. naus), Nótt bedeutet „Nacht". Naglfari bedeutet „Nagelschiff" oder „Totenschiff", es ist das Schiff, das aus den Nägeln der Toten gemacht ist und am Ende der Welt kommen wird. Im Naturmythos ist es auch ein Bild der Mondsichel. Vielleicht ist Naglfari der Steuermann oder Erbauer dieses Schiffes. Auður bedeutet „der Reiche", von ihm wird nur hier und in den Skáldskaparmál Kap. 24 erzählt, doch auch der isländische Skálde Hallfred Ottarsson (geb. um 968) erwähnt ihn in einer Halbstrophe, die in der Jüngeren Edda erhalten ist. (Sksk. Str. 121):

»Glaub' dahinstürmender Krieger
– voll Jörð wird Halsring-Minderers –
Nicht öd' liegen edle
Schwester Auðs dort läßt er.«

Annar/ Onar bedeutet „der Zweite, Andere" und ist ein Name Óðins, denn im Kap. 9 der Gylfaginning wurde ja bereits gesagt, daß Jörð, die Erde, Óðins Tochter ist. Auch Annar/ Onar wird in einer Skáldenstrophe des Skálden Hallfred als Vater der Jörð erwähnt (Sksk. Str. 118):

»Nun kam's hier zur Heirat:
Heuert Königs schnellkluger Freund
Sich Onars einzige Tochter an,
Die Waldbewachsene.«

Dellingur („der Glänzende" oder „Berühmte") ist hier der Mann der Nótt und der Vater des Dagur. In einer Fornaldarsaga (II, 7) sind aber Dellingur und Sól die Eltern des Dagur. Wenn wir aber Dagur („Tag") als Name Baldurs ansehen, dann muß Dellingur Óðinn sein, und Baldurs Mutter ist Frigg. Siehe auch Kommentar III, S. 37f. Die Handschrift von Upsala hat statt Dellingur den Namen Doglingur, was „der dem Morgentau Entsprossene" bedeutet.
Der Name des Rosses Hrímfaxi ist doppelt übersetzbar, „Reif-" oder „Rußmähne", Skinfaxi bedeutet „Schein-Mähne", „Lichtmähne".

»11. Da fragte Gangleri: „Wie leitet er den Lauf der Sonne und des Gestirns?" Hárr antwortete: „Ein Mann hieß Mundilfari, er hatte zwei Kinder. Sie waren hold und schön: da nannte er den Sohn Máni und die Tochter Sól, und vermählte sie einem Manne, Glenur genannt. Aber die Götter, die ihr Stolz erzürnte, nahmen die Geschwister und setzten sie an den Himmel, und hießen Sól die Hengste führen, die den Sonnenwagen zogen, welchen die Götter, um die Welt zu erleuchten, aus den Feuerfunken geschaffen hatten, die von Muspellheimr geflogen kamen. (Die Hengste hießen Árvakur und Alsvinnur, und unter ihren Bug setzten die Götter zwei Blasebälge, um sie abzukühlen, und in einigen Liedern heißen sie Ísarnkol). Máni leitet den Gang des Gestirns und herrscht über Neulicht und schwindendes Licht. Er nahm zwei Kinder

von der Erde, Bil und Hjúki genannt, da sie von dem Brunnen kamen, der Byrgir heißt, ihr Wassergefäß heißt Sægur und die Stange (an der sie es auf den Achseln trugen) Símul. Viðfinnur heißt ihr Vater; diese Kinder folgen Máni, wie man noch von der Erde aus sehen kann".«

Wenn wir uns das Original ansehen, wird hier klar unterschieden zwischen der Sonne (sólar), und der personifizierten Göttin Sól, die auch in den Vafþrúðnismál 23 genannt wird (Kommentar I, 144), sowie zwischen dem Gestirn (tungl), gemeint ist der Mond, und Máni (Mond) als Lenker des Gestirns. Sonne und Mond werden also nicht selbst als Gottheiten betrachtet, sondern als Himmelskörper, die von den gleichnamigen personifizierten Wesenheiten gelenkt werden. Glenur ist „der Glänzende" wird auch beim isländischen Skálden Skuli Þórsteinsson (geb. um 980) als Gemahl der Sól erwähnt (Sksk.135):

*»Glens göttliche Frau tritt strahlend
ins Heiligtum der Götter,
Das gute Licht kommt mit Strahlen
des graugekleideten Máni herunter.«*

Mundilfari oder Mundilföri bedeutet „der sich nach bestimmten Zeiten bewegt" oder „Griff, Mahlstange", er ist eine Wesenheit, die den Himmelsumschwung bewirkt. Schon die Celten setzten den Himmel und die Erde mit einem oberen und einem unteren Mühlstein gleich, und mit der Mahlstange wird der obere Mühlstein (Himmel) über dem unteren (Erde) gedreht (siehe zu Gróttasöngur, S. 268). Glenur bedeutet „Öffnung in den Wolken". Die Gestirne waren schon vorher da, und Mundilfaris Frevel war, daß er seine Kinder nach den Gestirnen benannte. Diese Anmaßung erzürnte die Götter, und daher setzten Sie die Kinder an den Himmel mit der Aufgabe, die Gestirne zu lenken. Ähnlich ist die überlieferte Tatsache, daß Menschen niemals Götternamen tragen durften, es sei denn in Abwandlung, also etwa „Þórsteinn" oder „Þórbjörg", aber nicht „Þórr". Sól wurde bei den Germanen als Göttin der Sonne und des Sieges verehrt, Máni als Mondgott. Er entspricht dem Ahnherr der Germanen, Mannus-Heimdallr, doch ist hier schon zwischen dem Mond als Gestirn, seinem mythologischen Lenker Máni und dem Mondgott Mannus-Heimdallr unterschieden.

Wie man sich den Wagen vorstellte, der die Sonne über den Himmel fährt, machen zwei archäologische Fundstücke deutlich, der Sonnenwagen von Trundholm (s. Abb. 11 im Kommentar I, S. 126) und der von Tágaborg. Beide hatten zwei Pferde, doch ist beim Wagen von Trundholm eines der Pferde verloren, der Wagen von Tágaborg ist nur bruchstückhaft erhalten. Die Rosse heißen Árvakur „Frühwach" und Alsvinnur oder Alsviðr, „Allgeschwind". In beiden Namen sind auch Beinamen Óðins enthalten: In Árvakur „Vakr" („der Wache"), erwähnt in den Grímnismál 55, in Alsviðr „Sviðurr" („Speer- oder Schwedengott") in den Gimnismál 50. Ísarnkol bedeutet „Eisenkühl", vielleicht ursprünglich „Eiskühl". Was damit gemeint ist, ist unklar, vielleicht die Wolken oder das Nordlicht. Dieser eingeklammerte Zusatz fehlt aber in der Handschrift von Upsala. Die Angaben über die Sonnenrosse finden sich auch in den Grimnismál 37 (Kommentar I, 125).

Die Geschichte von Bil und Hjúki scheint eine märchenhafte Erklärung der Mondflecken oder Mondphasen zu sein. Man interpretiert, daß die Aufgabe, die Mondphasen zu lenken, dem Máni zu schwer wurde, und er deswegen diese Kinder raubte, die gerade auf dem Wege waren, Wasser zu holen. Bil = „Augenblick" oder „Beil" oder „die Abnehmende" ist eine Ásin, die auch in Kap. 35 und in Skáldenstrophen erwähnt wird, vielleicht der abnehmende Mond, Hjúki „der Gesundende, der zu Kräften Kommende" ist ihr Bruder und vielleicht der zunehmende Mond.

Byrgir bedeutet „Verberger, Einschließer", Sægur bedeutet „Lärm" oder „Meer", Símul bedeutet „Rentierkuh", Viðfinnur bedeutet „der Finder". Das Wasser, welches Bil und Hjúki tragen ist der Mondtau. Das Bild von einem Mann im Monde mit einer Stange und eine Frau mit einem Scheffel findet sich auch im Volksglauben Skandinaviens, Norddeutschlands und Englands. In Deutschland ist es meist ein Dieb, der in den Mond verwünscht wurde. Gott gab ihm die Wahl in der Sonne zu verbrennen oder im Monde zu erstarren[20]. Oder er wurde bestraft für die Entweihung des Ostertages[21]. Die Frau im Monde wurde für das Buttern am Sonntag bestraft, sie muß nun mit dem Butterfaß ewig im Monde stehen[22], oder es ist ein Mädchen, das am Sonntag butterte[23]. In Schweden sieht man noch heute in den Mondflecken zwei Leute, die einen großen Eimer auf einer Stange tragen.

Die eingeklammerten Zusätze fehlen in der Handschrift von Upsala.

»12. Da fragte Gangleri: „Die Sól fährt schnell, fast als wenn ihr bange wäre. Sie könnte ihren Gang nicht mehr beschleunigen, wenn sie für ihr Leben fürchtete". Da antwortete Hárr: „Das ist nicht zu verwundern, daß sie so schnell fährt, denn ihr Verfolger ist nah, und sie kann sich nicht anders fristen, als daß sie ihre Fahrt beschleunigt". Da fragte Gangleri: „Wer ist es, der sie so in Angst setzt?" Hárr antwortete: „Das sind zwei Wölfe; der eine, der sie verfolgt, heißt Skoll: sie fürchtet, daß er sie greifen möchte; der andere heißt Hati, Hróðvitnirs Sohn, der läuft vor ihr her und will das Gestirn packen, was auch geschehen wird". Da fragte Gangleri: „Von welcher Herkunft sind diese Wölfe?" Hárr antwortete: „Eine Gýgja wohnt östlich von Miðgarðr in dem Wald, der Járnviður heißt. In diesem Walde wohnen die Trollweiber, die man Járnviðjur nennt. Jene alte Gýgja gebiert viele Jötunkinder, alle in Wolfsgestalt und von ihr stammen die Wölfe. Es wird gesagt, der Mächtigste dieses Geschlechts werde der werden, welcher Mánagarmur heißt. Dieser wird mit dem Fleisch aller Menschen, die da sterben, gesättigt; er verschlingt das Gestirn und überspritzt den Himmel und die Luft mit seinem Blut; davon verfinstert sich der Sól Schein und die Winde brausen und sausen hin und her. So heißt es in der Völuspá:

Östlich saß die Alte im Járnviðr,
Und fütterte dort Fenrirs Kinder.
Von ihnen allen wird vor allem einer werden
Des Gestirns Schlinger in Troll-Gestalt.

Ihn füllt die Lebenskraft Todverfallenener,
Den Sitzraum der Reginn räumt rotes Blut.
Schwarz wird der Sól Schein in kommenden Sommern,
Alle Wetter wüten: wißt ihr, was das bedeutet?"«

Es sind die Strophen Völuspá 40 und 41 ohne Veränderung (siehe Kommentar I, 73f). Die beiden Wölfe erwähnt auch die Grimnismál 39 (Kommentar I, 127). Skoll will die Sól packen, doch es wird hier nicht gesagt, daß er das auch schaffen wird. Aber in Gylfaginning 51 wird es dann erwähnt. Mit „Gestirn" (tungl) ist immer der Mond gemeint. Und gleichfalls wird in dem Eddalied Vafþruðnismál 46 vom Verschlingen der Sól durch Fenrir berichtet.

Somit muß der Wolf Skoll dem Fenriswolf entsprechen, denn es wäre unlogisch, würde die Sonnengöttin von einem anderen Wolf verschlungen, als dem, der sie schon lange verfolgt. Und der Fenriswolf wird in der Völuspá in drei Strophen auch „Freki" genannt, nämlich in den gleichlautenden Strophen 44, 49 und 54 bzw. 58:

»Gräßlich heult Garm vor der Gnipahellir,
Die Fessel reißt und Freki rennt.«

Diese Strophe will ja erzählen, wie die beiden Wölfe sich zum Ragnarök-Kampf bereiten. Garm ist ein anderer als Freki, Garm ist der Hund vor dem Eingang zur Hel. Freki (der „Gefräßige") muß ein Name des Fenriswolfes sein, denn nur dieser wird ja gefesselt und bricht seine Fesseln entzwei.

Nun fällt aber auf, daß „Freki" zugleich der Name eines der beiden Wölfe Óðins ist. Der andere heißt Geri (der „Gierige"). In Gylfaginning 38 der Jüngeren Edda erzählt Óðinn unter Seinem Namen Hárr selbst davon. Natürlich könnte es sich um denselben allgemeinen Beinamen „Freki" (der „Gefräßige") für zwei unterschiedliche Wölfe handeln, Óðins Wolf und den Fenriswolf („Fennbewohner"?). Davon gehe ich aber nicht aus, sondern ich glaube, daß es sich um denselben Wolf handelt. Entsprechend sehe ich auch Hati, den Wolf, der den Mond fressen wird, identisch mit Óðins anderem Wolf, Geri. Der mondverschlingende Wolf wird in der Edda in der Völuspá 40f erwähnt ohne seinen Namen zu nennen; die beiden Strophen finden sich auch in der Gylfaginning 12, dort wird er Mánagarmur („Mond-Hund") genannt. Er ist „Hroðvitnirs Sohn", also des „Ruhm-Wolfes" Sohn. Dieser Hróðvitnir ist sicher der Fenriswolf, denn Lokasenna 39 nennt den Fenriswolf „Hróðrsvitnir" was nur eine Schreibvariante darstellt.

Wir haben also Skoll/ Fenris/ Freki/ Hróð(rs)vitnir/ Gifr als die Sonne fressenden oder verfolgenden Wolf, sowie Hati/ Mánagarmr/ Garmr/ Geri als Mondverschlinger.

Es liegt nahe und ist sicher richtig, die beiden Wölfe, die die Sól und den Máni verfolgen, zunächsteinmal als Bilder der Sonnen- und Mondfinsternisse zu deuten. Wenn der jeweilige Wolf das Gestirn erreicht, ist eben eine Finsternis. Die Menschen fingen bei einer Mondfinsternis an, laut zu rufen; das erwähnt der Indiculus Superstitionum von 743 [24]:

»XXI. Von der Mondesfinsternis, welche sie „Siege-Mond" nennen.«

Und in Burkards Beichtspiegel (Anf. d. 11. Jh.) steht[25]:

»Hast du die Überlieferungen der Heiden beobachtet, die sich bis auf den heutigen Tag vom Vater auf den Sohn gleichsam erblich fortpflanzen, das ist, daß du die Elemente verehrst, die Sonne, den Mond, den Neumond oder die Mondesfinsternis; daß du durch dein Geschrei oder deinen Beistand ihm das Licht wieder geben zu können glaubtest, als wenn nämlich von den Elementen dir oder von dir ihnen geholfen werden könnte?«

Der hl. Maximus von Turin (Maximus Taurinensis, gestorben um 420) sagt in einer Predigt[26]:

»Da ich vor einigen Tagen zu euch über den Geiz sprach, hörte ich an demselben Tage gegen Abend ein so großes Volksgeschrei, daß es den Himmel durchdrang; und als ich nachfragte, was dies für ein Geschrei sei, antwortete man mir, man wolle dadurch dem leidenden Monde zu Hilfe kommen und ihn in seiner Ohnmacht durch Zurufe unterstützen.«

Neben den Finsternissen hat man diese Wölfe auch mit den „Nebensonnen" erklärt. Denn diese werden im Norden auch als Wölfe bezeichnet, so schwed. „solvarg", norwegisch „solulv" und isländ. „í úlfakreppu" („in der Wolfsklemme").

Aus der Astrologie aber kennen wir die sog. „Mondknoten", den aufsteigenden und den absteigenden Mondknoten. Sie sind die Schnittpunkte der Mondbahn mit der Ekliptik, keine materiellen Himmelskörper. Im Mittelalter wurden sie als „Drachenkopf" (der aufsteigende Mondknoten) und „Drachenschwanz" (der absteigende Mondknoten) bezeichnet. Sie bringen meist Unheil, und die Inder besänftigen sie dann ggfls. mit regelmäßigen Mantren, um so diesen Einfluß zu mildern. In der vedischen Astrologie heißen sie Rahu und Ketu. Diese beiden unkörperlichen Planeten haben großen Einfluß in den Horoskopen der Menschen und wir können sie mit den beiden Wölfen Skoll und Hati gleichsetzen, denn „Ketu" ist etymologisch mit „Hati" verwandt;

der Wechsel des indogermanischen K zum H findet sich auch etwa bei Kali- Hel (Halja) oder beim Namen der H-Rune, *kaghlos-hagalaz. Hati („Haß") entspricht althochdt. haz, gotisch hatis, altenglisch hete, schwedisch hat, celtisch cas, griechisch kédos. Im Griechischen wird die Ähnlichkeit von kedos mit ketu deutlich. das Wort bedeutet „Sorge, Trauer, Leichenbestattung" sowie „Groll" und geht auf indogermanisch *kados, *kedes, „Leid, Kummer, Groll" zurück.
Schwieriger ist die Deutung von Skoll. Üblicherweise wird es altnordisch als „Spott" übersetzt, aber altnord. „skollr" bedeutet auch „Ränke, Betrug" (nach Genzmer), und „skalli" ist der „Schädel", also vielleicht der Kopf, dem Drachenkopf entsprechend (vgl. den nordischen Trinkspruch „Skol", „Skål" mit Bezug zum Schädelbecher).
Die Götter stehen mit diesen Wesen in Verbindung. Somit ist ein Zusammenhang zu Óðins Wölfen als Verkörperungen von Urkräften durchaus passend. Wenn wir uns nun ins Gedächtnis rufen, daß Hati auch Garmr und Mánagarmur heißt und daß ihn „das Mark erschlagener Männer" nährt, dann erkennen wir hier auch einen Karma-Aspekt. Je mehr Menschen wir (in früheren Leben) erschlagen oder ermordet haben, desto stärker wird Hati (im derzeitigen Leben). Bei uns sind Rahu und Ketu Wölfe, und ein Kult von Wölfen erscheint riesisch und nicht göttlich. Aber die „Waudlhunde" (Wodans Wölfe) zu verehren, ist auch im deutschen Brauchtum überliefert.
So steckt man in Bayern drei Ähren der letzten Garbe in ein Brot als Opfer für die Waudlhunde. Wenn man ein Ährenbüschel für den Waudlgaul (Wodans Roß) stehenläßt, stellt man Bier, Milch und Brot dazu für die Waudlhunde, die in der dritten Nacht kommen und fressen. Wer nichts stehen läßt, über dessen Felder geht der Biber, also der Bilmerschnitt oder Bilmesschnitt. Nach einer Rügener Sage verzehrt der „Roggenwolf" gern das Frühstücks- und Vesperbrot der Schnitter.
Zu Ostern buk man einen Osterwolf (1451 nachweisbar), oder man bäckt zu Weihnachten oder Neujahr Hauswölfe, die gegen ausbrechendes Feuer schützen.

Übrigens sind auch die zwei Wölfe, die Fjöllsvinnzmál 13f erwähnt, Gifr und Geri, mit den Wölfen Óðins identisch.
Gifr („der Gierige") entspricht dem Fenriswolf und Geri ist der Wolf Hati. Da sie aber vor einem Jenseitsreich wachen, muß Geri als mond-

verschlingender Wolf mit Mánagarmr und letztendlich mit dem Hund vor Hel, Garmr identisch sein.

In der ältesten Vorstellung haben wir nur zwei Wölfe, der eine verfolgt die Sonne, der andere den Mond, beide wachen auch und beide sind Óðins Begleiter und sowohl Bilder der Finsternisse, als auch der Mondknoten. Zusammen mit den Göttern im Götterrat bewirken diese beiden Wölfe auch aus menschlicher Sicht Unheil, was ein Horoskop anzeigt. Mit bestimmten Kulten ist es abwendbar.

Und nun ergibt sich auch eine andere Deutung des angeblichen Todes von Óðinn, der ja vom Fenriswolf verschlungen wird. Das ist dann Sein eigener Wolf Freki, und Óðinn ist in diesem Mythos als Sonne aufgefaßt, denn Freki/ Sköll/ Gifr verfolgt ja die Sonne. Es ist also ein Mythos von der Sonnenfinsternis oder auch ein Sonnenuntergangsmythos. Und wir wissen, daß die Sonne am nächsten Tage wieder neu aufgehen wird. Óðinn mit Seinen Wölfen verkörpert also sowohl Licht und Sonne, als auch den Mond und die Nacht und das Dunkel des Winters.

»13. Da fragte Gangleri: „Wo geht der Weg vom Himmel zur Erde?" Hárr antwortete und lachte: „Nun hast du unklug gefragt. Hast du nicht gehört, daß die Götter eine Brücke machten vom Himmel zur Erde, die Bifröst heißt? Die wirst du gewiß gesehen haben; aber vielleicht nennst du sie Regenbogen. Sie hat drei Farben und ist sehr stark und mit mehr Kunst und Verstand gemacht als andere Werke. Aber so stark sie auch ist, so wird sie doch zerbrechen, wenn Múspells Söhne kommen, darüber zu reiten; und ihre Pferde müssen über große Ströme schwimmen". Da sprach Gangleri: „Nicht dünkt es mich, daß die Götter die Brücke so fest gemacht haben, wenn sie zerbrechen mag; sie konnten sie doch so fest machen als sie wollten". Da antwortete Hárr: „Die Götter haben keinen Tadel verdient wegen dieses Werkes. Bifröst ist eine gute Brücke; aber kein Ding in der Welt mag bestehen bleiben, wenn Múspells Söhne geritten kommen".«

Die Ströme, über die die Pferde schwimmen müssen, werden auch in den Fáfnismál 19 erwähnt. Über diese Brücke reiten die Ásen täglich, wenn Sie zum Þing an der Weltesche wollen, aber in den Grímnismál

29 heißt es, daß diese Brücke feurig sei, weswegen Þórr sie nicht überquert.

In den Grímnismál 44 wird gesagt, daß diese Brücke die erste oder größte der Brücken ist. Sie heißt hier nicht Bifröst, sondern Bilröst (wie in den Fáfnismál 15, wo ihr Brechen am Weltende erwähnt wird).

In dem Liede Hrafnagaldr Óðins 9 wird Heimdallr als Wächter der Bifröst-Brücke genannt, und in Strophe 26 dieses Liedes wird gesagt, daß Heimdallr die Brücke hochsteigt. Dort trägt die Brücke den Namen Árgjöll. Durch die Strophe Völuspá 46 wissen wir, daß Heimdallr ein Horn bläst, welches Gjallarhorn heißt. Diese Namen legen nahe, daß möglicherweise auch die Brücke eigentlich die Gjöllbrücke ist. Die Gjöllbrücke ist aber die Brücke zwischen dem Reich der Lebenden und dem Reich der Hel, dem Totenreich.

Es wurde darüber spekuliert, von wo bis wo die Himmelsbrücke eigentlich geht. Sie verbindet auf jeden Fall das Götterreich und das Menschenreich. Wenn wir uns einen vollständigen Regenbogen als symbolisches Abbild dieser Brücke vorstellen, so beginnt dieser auf der Erde, geht aber auf der anderen Seite auch wieder auf die Erde. Somit muß der „Abzweig" ins Götterreich an seiner höchsten Stelle zu suchen sein. Die erweiterte Deutung setzt also an den Anfang die Menschenwelt, an seinen höchsten Punkt die Götterwelt und an sein Ende die Unterwelt der Hel. Ursprünglich aber waren Götter- und Jenseitsreich identisch, das Totenreich, in dem die Götter Wodan und Frigg (Frau Holle) herrschen, das man Valhöll nennt und das Reich der Hel (Holle). Víkinger glaubten, sie kommen nach dem Tode zur Hel oder in die Straforte der Niflhel, und nur wenige Auserwählte kommen nach Valhöll, das eigentlich mit dem Reich der Hel identisch ist. Also gibt es nur ein Jenseitsreich für die Guten (Hel-Valhöll) und die Unterwelten (Niflhel, Náströnd) für die Bösen, die von der Brücke fallen oder gestoßen werden.

Im norwegischen Gedicht Draumkvedet („Traumgedicht") aus dem 13. Jh. erzählt Olaf Åsteson davon, wie er zeitweilig das Jenseits besucht hatte (vermutlich hatte er eine Nahtod-Erfahrung), und dabei die Gjöllbrücke sah:

Abb. 7: Wandfresko der Kirche Santa Maria in Piano. Oben: Gesamtansicht, unten: Ausschnitt: Die Gjöllbrücke über dem Totenfluß.

»Ich kam an die Gjallarbrücke.
In höchsten Windeshöhen hängt diese,
Mit rotem Gold ist sie beschlagen
Und Nägel mit scharfen Spitzen hat sie.«

Ähnlich wird diese Brücke in der jüngeren Edda, Gylfaginning 49, beschrieben. Hermóðr, Óðins Sohn, reitet zur Hel um den getöteten Baldur wieder zurück zu bekommen. Bei Saxo Grammaticus wird die Jenseitsbrücke so erwähnt[27]:

»Auf ihrem Wege ließ sich ein Fluß sehen, über den eine goldene Brücke führte. Sie wünschten, sie zu betreten; da wehrte er [Gorm] ihrem Beginnen: Mit diesem Flusse habe die Natur das Menschenreich von dem Gespensterreiche geschieden, und Menschenfuß dürfe nicht darüber hinausgehen.«

Wir finden in unserer Mythologie vier Namen für die Brücke bzw. die beiden Brücken:
Bifröst = Die bebenden Rasten (Rasten sind ein Längenmaß: „Die bebende Strecke"); Bilröst = Blitzende-Rasten (bil = Augenblick, schwache Stelle, Nachgeben) oder „die schwankenden, nachgiebigen Rasten"; Árgjöll = Die Urgellende; Gjöllbrú, Gjallarbrú = Gellende Brücke.

Daß einst die Vorstellung nur von einer einzigen Brücke ausging, nämlich einer, die vom Reich der Diesseitigen ins Reich der Jenseitigen führt, was zugleich das Götterreich ist, liegt aufgrund der Namen sehr nahe.
Bezeichnend ist auch, daß in der germanischen Mythologie der Regenbogen als Bild dieser Brücke angesehen wird. In der biblischen Mythologie ist der Regenbogen das Zeichen Jachvehs (Gottes) für den Bund mit den Menschen. Warum aber gerade der Regenbogen das Zeichen ist, ist dort nicht mehr ersichtlich. Wenn wir aber wissen, daß der Regenbogen die Himmelsbrücke symbolisiert, die Himmel (Reich Gottes) und Erde (Menschen) verbindet, dann wird uns auch die biblische Symbolik klar. In unserer Mythologie wird die Brücke auch durch die Milchstraße symbolisiert, wie die Namem der Milchstraße im Volksglauben (Hellweg, Vroneldenstraat, Iringsweg) belegen.

*»14. Da fragte Gangleri: „Was tat Alföður, als Ásgarð gebaut war?"
Hárr antwortete: „Zuvörderst setzte er Richter ein, die über das Örlög
der Leute entscheiden und die Einrichtungen in der Burg bewahren
sollten. Das war an dem Orte, der Iðavöllur heißt, mitten in der Burg.
Ihr erstes Geschäft war, einen Tempel zu bauen, worin ihre Stühle
standen, zwölf an der Zahl und überdies ein Hochsitz für Alföður. Es ist
das beste und größte Gebäude der Welt, außen sowohl als innen von
lauterem Gold. Diese Stätte nennt man Glaðsheim. Sie bauten noch
einen anderen Saal, das war der Hörgur der Göttinnen. Dieses Haus
war auch sehr schön und die Menschen nennen es Vingólf. Danach legten sie Schmiedeöfen an, und machten sich dazu Hammer, Zange und
Amboß und hernach dazu alles andere Werkgerät. Darauf verarbeiteten sie Erz, Gestein und Holz und eine so große Menge des Erzes, das
Gold genannt wird, daß sie alles Hausgerät von Gold hatten. Und diese
Zeit heißt das Goldalter: es verschwand aber bei der Ankunft gewisser
Frauen, die aus Jötunheim kamen."«*

Glaðsheim wird nur noch in den Grimnismál 8 erwähnt (Kommentar I, 104), Vingólf wird nur hier sowie Gylfaginning 3 und 20 erwähnt.
In diesem Abschnitt ist klar eine Tierkreissymbolik zu erkennen: Die Himmelsburg mit den 12 Stühlen und (im Centrum) dem 13. Stuhl ist der Tierkreis mit den 12 Zeichen, die ja schon in der Antike mit Gottheiten in Verbindung gebracht wurden. Bei den Griechen wurden die folgenden Gottheiten den Tierkreiszeichen zugeordnet:

Widder-Athene, Stier-Aphrodite, Zwillinge-Apollon, Krebs-Hermes, Löwe-Zeus, Jungfrau-Demeter, Waage-Hephaistos, Skorpion-Ares, Schütze-Artemis, Steinbock-Hestia, Wassermann-Hera, Fische-Poseidon.

Für die Germanen geht man von den Gottheiten aus, deren Himmelsburgen in den Grimnismál aufgezählt werden. Wir können uns nun vorstellen, daß das „Örlög" jedes einzelnen Menschen hier von den 13 Gottheiten bestimmt wird, was sich dann im Horoskop zeigt. Örlög bedeutet zwar „Schicksal", aber mit einem Karma-Aspekt, denn wörtlich heißt das Wort „Ur-Gesetz" („lög" = Gesetz, Auferlegtes) – es kann nur das Karmagesetz gemeint sein. In der Episode von Starkaðr in der Gautreks Saga Konungs wird gezeigt, wie sich dieses Gericht abspielt[28]:

»*Um Mitternacht weckte Hrosshársgrani den Starkaðr, seinen Ziehsohn, und verlangte von ihm, daß er ihn begleite. Sie nahmen ein kleines Boot, und ruderten zu einem Eilande zwischen den Holmen. Sie gingen an das Land und in einen Wald, und fanden da in dem Walde ein Gereute und darauf eine große Anzahl Leute, und es war da eine Versammlung anberaumt. Elf Männer saßen da auf Stühlen, aber der zwölfte war leer; da ging Hrosshársgrani hin und setzte sich auf den zwölften Stuhl, und alle begrüßten ihn als Óðin. Er sagte da, daß sie als Richter das Geschick Starkaðs bestimmen sollten. Da nahm Þór das Wort und sagte: „Alfhild, die Mutter von Starkaðs Vater, wählte zum Vater ihres Sohnes lieber den sehr weisen Jötun, als den Ásaþór, und so schaffe ich dem Starkað, daß er weder Sohn noch Tochter haben, und daß er sein Geschlecht beschließen soll". Óðin erwiderte: „Ich schaffe ihm, daß er drei Mannesalter leben soll". Þór sagte: „Er soll in jedem Mannesalter eine Schandtat verüben". Óðin erwiderte: „Er soll die besten Waffen und Kleider haben". Þór sagte: „Das schaffe ich ihm, daß er niemals Land noch Bauland haben soll". Óðin erwiderte: „Das geb ich ihm, daß er Überfluß an fahrender Habe haben soll". Þór sagte: „Das lege ich auf ihn, daß er niemals genug zu haben wähnen soll". Óðin erwiderte: „Ich gebe ihm Sieg und Tapferkeit in jedem Kampfe". Þór sagte: „Ich lege auf ihn, daß er in jedem Kampfe eine Leibwunde davon tragen soll". Óðin erwiderte: „Ich gebe ihm Skáldschaft, daß er nicht langsamer zum Worte als zum Werke sein soll". Þór sagte: „Er soll sich keiner Tat erinnern". Óðin erwiderte: „Er soll den angesehensten und den besten Männern als der Höchste gelten". Þór sagte: „Allem niederen Volke soll er verhaßt sein". Da urteilten die Richter, daß dem Starkaðr alles das werden solle, was gesagt worden sei, und die Versammlung trennte sich. Hrosshársgrani aber und Starkaðr gingen zu ihrem Boote.*«

Hier wird dieses Gericht zwar über einen schon aufgewachsenen Mann verhängt, während es wohl ursprünglich um die Schaffung des Schicksals/ Karmas für noch nicht Geborene geht, doch ist ansonsten das Verfahren ähnlich. Þórr ist auf die Sippe des Starkaðr zornig; der Satz, der dort steht, ist zu interpretieren. Þórr wollte natürlich nicht als „Vater" erscheinen, hier ist mit der Hinwendung von Starkaðs Großmutter zu einem Jötun (Riesen) statt zu Þórr, wohl gemeint, daß sie dem Riesischmateriellen näher stand, als dem Göttlichen. Somit verursachte Alfhild bereits das negative Sippenkarma, welches durch Þórs Sprüche zugeteilt wird, wobei auch hier der Begriff „auf ihn legen" (vgl. „lög") verwendet wird.

Wenn wir die Situation astrologisch als Geburtshoroskop Starkaðs deuten, dann könnte Starkaðr vom Ascendenten her Waage sein, Jupiter (= Þórr) steht in seinem 4. Haus im Steinbock und damit im Fall, also seiner schlechtesten Stellung; das bedeutet, daß Starkaðr kein Land besitzen wird, weil das 4. Haus den Landbesitz regiert. Das 6. Haus liegt bei dieser Stellung in den Fischen, deren Herrscher Jupiter ist, der ja im Fall im Steinbock steht, was eben Verwundungen und das Verhaßtsein beim niederen Volk bewirkt, weil das 6. Haus Krankheiten anzeigt und auch für das niedere Volk steht. Wenn Jupiter stark geschwächt (im Fall) steht, ist man auch kinderlos. Merkur (= Óðinn) aber steht als stärkster Planet im 1. Haus; das bedeutet langes Leben, Ruhm und Reichtum. Merkur als Indikator für Wortgewandtheit und Dichtkunst ist durch seine Stellung im 1. Hause sehr stark und fördert dadurch die genannten Fähigkeiten. Er ist der Herrscher des 9. Hauses (hier in den Zwillingen), welches immer das beste Haus im ganzen Horoskop ist. Der Herrscher des 9. Hauses, egal, wo er steht, wirkt immer glücksbringend[29].

Gleichzeitig ist hier auch eine Anspielung auf ein Gericht beim Þing zu erkennen: Wie Ankläger (Þórr) und Verteidiger (Óðinn) erscheinen die Götter, und die im Kreise Sitzenden sind die Geschworenen.

In der Starkaðr-Episode sind es zusammen mit Óðinn insgesamt 12 Richter, in der Gylfaginning aber sind es insgesamt 13. Man könnte also vielleicht interpretieren, daß bei Starkaðr Baldur bereits zur Hel gegangen ist. Aber man darf solchen kleinen Unstimmigkeiten auch keine allzugroße Bedeutung zulegen. Auch scheinen die Göttinnen hier nicht zu sitzen; sie haben nämlich ein eigenes Gremium, das sog. „Mál".

Im Text finden wir die Begriffe Iðavöllur, das „glänzende Feld" oder „verjüngende Feld". Das Wort hängt sicher etymologisch mit „Eden"

(dem Paradies) zusammen. In der isländischen Trójumanna Saga die von den Trojanern handelt, berichtet Alexander der Große von einem Traum, den er im „Idawald" hatte. Glaðsheimr ist „Freudenheim", Vingólf ist „das freundliche Haus". Hörgur ist ein überdachter Altar, vielleicht auch eine Kulthalle.
Die gewissen Frauen, die aus Jötunheimr kamen, können Riesinnen aus dem Eisenwald sein, vielleicht auch Lokis Kinder (Hel, Miðgarðschlange, Fenriswolf). Auf die Nornen paßt die Deutung nicht.

»Danach setzten sich die Götter auf ihre Hochsitze und hielten Rat und Gericht, und gedachten, wie die Zwerge belebt würden im Staub und in der Erde gleich Maden im Fleisch. Die Zwerge waren zuerst erschaffen worden und hatten Leben erhalten in Ýmirs Fleisch und waren da Maden. Aber nun nach dem Ausspruch der Götter erhielten sie Menschenwitz und Menschengestalt und wohnten in der Erde und im Gestein. Móðsognir hieß einer dieser Zwerge und ein anderer Durinn, wie es in der Völuspá heißt:

Da gingen die Reginn zu den Richterstühlen,
Hochheilge Götter hielten Rat,
Wer der Zwerge Scharführer sollte erschaffen,
Aus Brimirs Blut und Bláins Gliedern.

Noch manche machten sie menschengleich
Der Zwerge aus Erde, wie Durinn angab.«

Die zitierten Strophen sind Völuspá 9 und 10 (Kommentar I, 47f) ohne Veränderung. Die Namen bedeuten: Móðsognir = Mutsauger, Durinn = Nebler, Brimir = Meer, Bláin = Blau. Brimir und Bláinn sind zwei Riesen, die nicht mit Ymir identisch sind.

»Und dieses, heißt es, sind die Namen dieser Zwerge:

Nýi und Niði, Norðri und Suðri,
Austri und Vestri, Alþjófr, Dvalinn,
Nár und Náinn, Nipingr, Dáinn,
Bifur, Báfur, Bömbur, Nori,

Óri, Ónar, Óinn, Mjöðvitnir,
Vigr und Gandálfr, Vindálfr, Þorinn,
Fili, Kili, Fundinn, Vali,
Þrór, Þróinn, Þekkr, Litr, Vitr,
Nýr, Nýráðr, Rekkr, Ráðsvinnr.«

Diese Strophen sind die Völuspástrophen 12 und 12, aber abweichend (Kommentar I, 48f). Hier in der Jüngeren Edda sind diese Zwerge als Zwerge des Elementes Erde bezeichnet. Die Namen bedeuten: Nýi = Neu, Niði = Nieder (die Mondphasen), Norðri = Norden, Suðri = Süden, Austri = Osten, Vestri = Westen (die vier den Himmel tragenden Zwerge, Himmelsrichtungen und besonderen Fixsterne), Alþjófr = Alldieb, Dvalinn = Nebler, Nár = Tot, Náinn = Toter, Nipingr = der Grämliche, Dáinn = Gestorben, Bifur = der Zitternde, Báfur = der Biberemsige, Bömbur = Dicker, Nori = Winzling, Óri = Urgroßvater, Ónar = der Andere, Óinn = Vornehmer, Freund, Mjöðvitnir = Metwolf. Vigr = der die Wiege (Met) Besitzende, Gandálfr = Zauberálbe, Vindálfr = Windálbe, Þorinn = der Bedrohliche, Fili = der Feiler, Kili = der Keiltreiber, Fundinn = der Findling, Vali = der Kämpfer, Þrór = der Gedeihliche, Þróinn = der Bedrohliche, Þekkr = der Willkommene, Beliebte, Litr = der Farbige, Vitr = der Wissende, Nýr = Neuer, Nýráðr = der Neuratende, Rekkr = Recke, Ráðsvinnr = der geschwinde Ratgeber.

»Und diese sind auch Zwerge und wohnen im Gestein wie jene in der Erde:

Draupnir, Dólgþvari, Háur,
Hugstari, Hleðjólfr, Glóinn, Dóri, Óri,
Dúfr, Andvari, Hefti-Fili,
Hár, Svíar.

Aber folgende kamen von Svarins Hügel gen Aurvanga auf Jöruvöllu, und von ihnen stammt Lofars Geschlecht. Dies sind ihre Namen:

Skirfir, Virfir, Skafiðr, Ái,
Álfr, Ingi, Eikinskjaldi,
Falr, Frosti, Fiðr, Ginnar".«

Abb. 8: Die Esche Yggdrasill. Edda Oblongata (1680).

Hier sind die Völuspástrophen 14-16 abweichend verwendet (Kommentar I, 49f). Nach den Zwergen der Erde kommen nun die des Gesteines sowie Zwerge, die vom Feuchtgefielde auf die Erde kommen, die also auch mit dem Wasserelement in Verbindung zu stehen scheinen.

Die Namen bedeuten: Draupnir = Tröpfler, Dólgtþvari = der Kampfeifrige, Háur = der Hohe, Hugstari = der Sture, Hleðjólfr = schützender Wolf, Glóinn = der Glühende, Dóri = der Schädiger oder der Narr, Óri = der Verrückte, Dúfr = der Schläfrige, Andvari = der Vorsichtige (er kommt auch in der Nibelungensage vor), Hefti-Fili = Heft-Feile, Hár = der Hohe, Svíar = der Schwede. Svarin = der Schwarze (die Übersetzung ist fraglich, da sie wiederum das V als U liest); „Svarins Hügel" wird auch in Helgaqviða Hundingsbána I, 32 und II, 12 erwähnt. Aurvanga = Taufeld, Feuchtfeld, Jöruvöllu = Erdenfeld, Lofar = der Lober, Lobenswerte, Skirfir = der Spucker, Virfir = Färber, Skafiðr = guter oder schiefer Baum, Ái = Stammvater, Urgroßvater, Álfr = der Álbe, Ingi = der Feurige oder der Nachkomme, Eikinskjaldi = Eichenschildträger, Falr = Verberger, Frosti = der Frostige, Fiðr = Finne, Zauberer, Ginnar = der Zauberer.

Diese Namen dienten wohl auch als Anrufung der Álfen beim Álfarblót, welches einst jede Familie im Haus feierte.

»15. Da fragte Gangleri: „Wo ist der Götter vornehmster und heiligster Aufenthalt?" Hárr antwortete: „Das ist bei der Esche Yggdrasils: da sollen die Götter täglich Gericht halten". Da fragte Gangleri: „Was ist von diesem Ort zu berichten?" Da antwortete Jafnhárr: „Diese Esche ist der größte und beste von allen Bäumen: seine Zweige breiten sich über die ganze Welt und reichen hinauf über den Himmel. Drei Wurzeln halten den Baum aufrecht, die sich weit ausdehnen: die eine zu den Ásen, die andere zu den Hrímþursen, wo vormals Ginnungagap war; die dritte steht über Niflheimr, und unter dieser Wurzel ist Hvergelmir und Niðhöggur nagt von unten an ihr. Bei der andern Wurzel hingegen, welche sich zu den Hrímþursen erstreckt, ist Mímirs Brunnen, worin Weisheit und Verstand verborgen sind. Der Eigner des Brunnens heißt Mímir, und ist voller Weisheit, weil er täglich von dem Brunnen aus dem Gjallarhorn trinkt. Einst kam Alföðr dahin und verlangte einen Trunk aus dem Brunnen, erhielt ihn aber nicht eher, bis er sein Auge zum Pfand setzte. So heißt es in der Völuspá:

*Alles weiß ich, Óðinn, wo du dein Auge bargst:
In des mächtigen Mímirs Brunnen.
Met trinkt Mímir allmorgendlich
Aus Valföðrs Pfand! Wißt ihr, was das bedeutet?«*

Die Weltesche (siehe Abb. 8) ist ein Symbol für die Belebtheit oder Lebenskraft im Kosmos, ihr Stamm ist – ähnlich wie die Irminsul – auch ein Symbol für die Weltachse, um die sich der Himmel dreht. Es ist gerade eine Esche und keine Eibe oder Eiche, weil Eschen hierzulande die höchsten Bäume sind. Unter dieser Esche (d. h. um den Stamm) sitzen die Götter und halten Gericht. Hier befinden sich also wohl auch die 12 Throne der Götter. Der Name der Esche, Yggdrasil, weist darauf hin, daß sich einst Óðinn an einem Ast aufhängte, um seine Initiation durchzumachen. Yggdrasil bedeutet „Träger (oder Roß als Träger) des Yggr", Yggr ist „der Schreckliche" ein Beiname Óðins.
Die Weltesche hat 9 Äste und drei Wurzeln. An jeder dieser Wurzeln befindet sich eine Quelle mit Quellteich (poetisch „Brunnen" genannt). Die Wurzeln gehen zu den Ásen bzw. den Menschen, da ja die Himmelsburg der Ásen mitten in Miðgarð, der Menschenwelt liegt, zu den Riesen und nach Niflheimr („Nebelwelt") in das Totenreich. Hier ist

der Brunnen Hvergelmir („Springkessel") und der Drache Niðhöggur („Neid- oder Dunkelhauer"). Mímir ist „der Erinnerer" und entspricht dem Zwerg Mime des deutschen Nibelungenliedes. Nach Mímir heißt die Weltesche auch Mímameiðr, als „Mimameide" kommt sie in einem deutschen Kindervers vor[30]. Das Gjallarhorn ist das „gellende Horn" des Gottes Heimdall und ein Bild für die Mondsichel, wie ja auch Mímir ein mondmythisches Wesen ist. Dieses Horn liegt unten am Fuße der Weltesche, wird aber einst von Heimdall geblasen werden, wenn Er die Wesen zum letzten Kampf rufen wird. Es ist also ein Horn, welches sowohl als Trinkhorn, als auch als Rufhorn benutzt werden kann. Óðinn als Himmelsgott beinhaltet sowohl Sonne wie Mond, Sein eines Auge, daß Er Mímir für einen Trunk aus dem Weisheitsbrunnen gibt, und welches nun auf dem Grunde des Brunnens liegt, symbolisiert den Mond. Die Völuspá-Strophe ist Strophe 28 (Kommentar I, 64).

»Unter der dritten Wurzel der Esche, die zum Himmel geht, ist ein Brunnen, der sehr heilig ist, Urðarbrunnur genannt: da haben die Götter ihre Gerichtsstätte; jeden Tag reiten die Ásen dahin über Bifröst, welche auch Ásbrú heißt. Die Pferde der Ásen haben diese Namen. Sleipnir, das beste, hat Óðinn; es hat acht Füße; das andere ist Glaður; das dritte Gyllir, das vierte Glenur, das fünfte Skeiðbrimir, das sechste Silfrintoppur, das siebente Sinir, das achte Gils, das neunte Falhófnir, das zehnte Gulltoppur, das elfte Lettféti. Baldurs Pferd ward mit ihm verbrannt. Þórr geht zu Fuß zum Gericht und watet über folgende Flüsse:

Körmt und Örmt und beide Kerlaugar
Watet Þórr täglich,
Wenn er hinfährt Gericht zu halten.
Bei der Esche Yggdrasil.
Denn die Ásbrú steht all in Lohe,
Heilige Wasser wallen".«

Es sind genau 11 Pferde, da Baldrs Pferd fehlt und Þórr zu Fuß geht, also beziehen sich diese Angaben auf den Kreis der 12 Ásen mit Óðinn als 13. Möglicherweise sind hier auch Kräfte der Tierkreiszeichen oder Monate symbolisiert, denn der Text nennt ja regelrechte Zahlen, so daß die Anzahl und Reihenfolge nicht willkürlich sein kann. Leider ist nicht mehr bekannt, welches Pferd zu welcher Gottheit gehört, lediglich Sleipnir als Óðins Roß und Gulltoppur als Pferd von Heimdall sind bekannt. Die Namen der Pferde bedeuten: Sleipnir = der schnell Dahingleitende, Glaður = der Glänzende (nach einer Stelle in den Skáldskaparmál mit dem Roß des Tages, Skinfaxi identisch), Gyllir = der Goldfarbene, Glenur = der Helle, Skeiðbrimir = der im Wettlauf Strahlende, Silfrintoppur = Silbermähne, Sinir = der Strahlende, Gils bzw. Gisl = der Speerstrahlende, Falhófnir = der mit falben Hufen, Gulltoppur = Goldmähne, Lettféti = der Leichtgängige. Diese Namen finden sich auch in der Strophe Grímnismál 30 (Kommentar I, 122).

Die Namen der Flüsse, durch die Þórr watet, bedeuten: Körmt = die Schützende, Örmt = die sich in Arme Teilende, Kerlaugar = Gefäßbäder. Diese Strophe ist die Strophe Grímnismál 29 unverändert (Kommentar I, 122).

»Da fragte Gangleri: „Brennt denn Feuer auf Bifröst?" Hárr antwortete: „Das Rote, das du im Regenbogen siehst, ist brennendes Feuer. Die Hrímþursen und Bergriesen würden den Himmel ersteigen, wenn ein jeder über Bifröst gehen könnte, der da wollte. Viel schöne Plätze gibt es im Himmel, die alle unter dem Schutz der Götter stehen. So steht ein schönes Gebäude unter der Esche bei dem Brunnen: aus dem kommen die drei Mädchen, die Urður, Verðandi, Skuld heißen. Diese Mädchen, welche aller Menschen Lebenszeit bestimmen, nennen wir Nornen. Es gibt noch andere Nornen, nämlich solche, die sich bei jedes Kindes Geburt einfinden, ihm seine Lebensdauer anzusagen. Einige sind von Göttergeschlecht, andere von Álfengeschlecht, noch andere vom Geschlecht der Zwerge, wie hier gesagt wird:

*Gar verschiednen Geschlechts scheinen mir die Nornen,
Und nicht eines Ursprungs.
Einige sind Ásen, andere Álfen,
Die dritten Töchter Dvalins".«*

Hier ist der Regenbogen feurig gedacht, und da Þórr als Gewittergott es ja regnen läßt, verträgt sich das nicht mit dem Feuer auf der Regenbogenbrücke, daher watet Þórr zu Fuß durch die Flüsse zur Gerichtsstätte der Götter. Unter der Weltesche am Brunnen der Urðr (südgermanisch: Wurt, altenglisch Wyrd) sitzen die drei Nornen, die der Menschen Lebenszeit bestimmen.

Es wird oft darüber spekuliert, ob die Nornen über den Göttern stehen, oder nicht. Aber nach Völuspá 20 verkünden die Nornen nur »allen Geborenen« das Schicksal, meist mit »allen Menschenkindern« übersetzt. Daß sie es den Göttern verkünden, steht da nicht. Und sie werfen Runenstäbe: Damit aber wendet man sich doch an höhere Wesen, die man befragt. Somit erfahren die Nornen das Schicksal von den Göttern und verkünden es dann erst den Menschen.

In der isländischen die Bretu Saga, eine altnordische Übersetzung von Geoffroi of Monmouth 1100-1155 Historia regum Britanniae heißt es [31]:

»Und sollten uns die Götter persönlich zur Sklaverei bestimmt haben ...«

»Gemäß dem Gang der Welt und dem Willen der Götter werden häufig diejenigen Freunde, die zuerst Widersacher waren«

»Heingest antwortete: Manche nennen ihn Odin, und unsere Vorfahren haben an ihn ebenso geglaubt wie an Thor und Tyr, Frigg und Freyja. Wir glauben, daß sie die Welt und die Geschicke der Menschen lenken.«

Die drei Hauptnornen, Urðr („Gewordenes"), Verðandi („Werdendes") und Skuld („Zukunft") sind ásischer Abstammung, sitzen in der Nähe der Gerichtsstätte der Götter, erfahren durch die Runen vom beschlossenen Schicksal und legen es den Menschen in die Wiege, tragen wohl auch dazu bei, daß es sich so erfüllt, wie wir z. B. im Märchen „Dornröschen" sehen können, wo die 13. Fee selbst den Todesschlaf des Dornröschens herbeiführt.

Wenn aber diese Nornen ásischer Abstammung sind, wer sind dann ihre Eltern? Das wissen wir nicht, doch im isländischen Märchen „Märþöll" sind die Nornen Töchter der Märþöll. Dieser Name aber ist identisch mit Freyjas Beiname „Marööll" („die Meererleuchtende"), somit ist danach Freyja Selbst die Mutter der drei Hauptnornen.

Die Nornen werden teils ásisch, teils albisch/ zwergisch benannt, denn es gibt nicht nur die drei Hauptnornen als Personifizierungen der Zeit und des Schicksals, es gibt auch Nornen als Geistwesen, die sich bei der Geburt, bei Geburtstagsfeiern, bei Hochzeiten oder Nornenopfern bei den Menschen einfinden. In den Nefnaþulur der Jüngeren Edda heißt es z. B. auch (siehe S. 273):

*»Nornen heißen diese, die Not schaffen:
Nipt und Dísi muß ich nennen.«*

„Nipt" („Nichte"), wohl „Neris Nipt" (Völundarqviða) und Dísi („Disen, Geistwesen") sind also z. B. Nornen, die nicht von göttlicher Abstammung sind.

Die im Text zitierte Strophe ist die Strophe 13 des eddischen Heldenliedes Fáfnismál, lediglich mit leichten Schreibvarianten.

»Da sprach Gangleri: „Wenn die Nornen über das Örlög der Menschen walten, so teilen sie ihnen schrecklich ungleich aus. Die einen leben in Macht und Überfluß, die anderen haben wenig Glück noch Ruhm; die einen leben lange, die andern kurze Zeit". Hárr antwortete: „Die guten Nornen und die von guter Herkunft sind, schaffen Glück, und geraten einige Menschen in Unglück, so sind die bösen Nornen schuld".«

Örlög ist – wie schon erwähnt – eine Bezeichnung für das Schicksal im Sinne des Karma-Begriffs. Wenn also Menschen ein schlechtes Schicksal haben, dann weil sie selbst sich im früheren Leben schlecht verhalten hatten und somit ein negatives Karma erwarben. Dann kommen böse Nornen und verhängen ein entsprechendes schlechtes Örlög. Und es wird hier die Bedeutung der Herkunft mit angesprochen. Der Gedanke herrscht, daß derjenige, der von guter Herkunft (edler Abstammung) ist, eigentlich nicht böse sein kann.

»16. Da fragte Gangleri: „Was ist weiter Merkwürdiges von der Esche zu sagen?" Hárr antwortete: „Gar viel ist davon zu sagen. Ein Adler sitzt in den Zweigen der Esche, der viel Dinge weiß, und zwischen seinen Augen sitzt ein Habicht, Veðurfölnir genannt. Ein Eichhörnchen, das Ratatoskur heißt, springt auf und nieder an der Esche und trägt

Zankworte hin und her zwischen dem Adler und Níðhögg. Und vier Hirsche laufen umher an den Zweigen der Esche, und beißen die Knospen ab. Sie heißen: Dáinn, Dvalinn, Duneyr, Duraþrór. Und so viel Schlangen sind in Hvergelmir bei Níðhögg, daß es keine Zunge zählen mag. So heißt es hier:«

Adler und Habicht im Weltbaum hat man auf Gestirne gedeutet. Der Habicht ist ein Symbol für das Königtum und – wie der Adler – Óðinn geweiht. Somit kann hier Óðinn als alles überblickender Himmelskönig (auch mit Bezug zur Sonne) gemeint sein. Veðurfölnir bedeutet „der Sturmbleiche, der Wetterbleiche", Ratatoskur bedeutet „Bohrer-Zahn", die Geschichte von einem Tier, daß zwischen dem Adler und den Schlangen Zankworte trägt, ist uralt. In der indischen Mythologie streiten sich auch ein Adler und Schlangen, in der griechischen Mythologie ist es nach einer Fabel von Phaedrus (20/15 v. Zt. – 50/60 n. Zt.) eine Katze, die an einem Baum Unfrieden stiftet zwischen dem Adler und einer Wildsau an den Wurzeln. Es ist der Streit zwischen den aufbauenden Kräften der Götter und den zerstörerischen der Riesen. Die vier Hirsche werden auf die vier Jahreszeiten bzw. die Sonnenpunkte im Jahreslauf (Tag- und Nachtgleichen, Sonnenwenden) gedeutet. Danach ist Dáinn („Gestorben") der Winter, Dvalinn („der Langsame" oder „Schlafende") der Frühling, Duneyr („der mit daunigen bzw. braunen Ohren") der Herbst sowie Duraþrór („Stille-Eber", „Gedeihlicher"?) der Sommer, wobei Þrór auch ein Name Óðins ist. Die Hirsche am Weltbaum sind uralt und finden sich z. B. auch bei den Iranern, wo zwei Hirsche den Baum umrahmen, so auf der Goldkrone von Novocherkassk. Auch in der christlichen Ikonographie finden wir vier Hirsche bei den Paradiesflüssen. Die Erzählung vom Eichhörnchen und den vier Hirschen findet sich auch in den Grimnismál 32f (Kommentar I, 123f). Níðhöggr bedeutet „Dunkelhauer" und ist mit den anderen Schlangen oder Würmern ein Repräsentant der Verwesung aber auch der Unterwelt.

»Die Esche Yggdrasil duldet Unbill
Mehr als Menschen wissen:
Der Hirsch weidet oben, hohl wird die Seite,
Unten nagt Níðhöggr.

Ferner heißt es:

Mehr Würmer liegen unter der Esche Yggdrasils
Als einer meint der unklugen Affen:
Góinn und Móinn, Grafvitnirs Söhne,
Grábakr und Grafvölluðr;
Ófnir und Sváfnir sollen ewig
Von des Baumes Zweigen zehren.«

Die beiden Strophen stammen aus den Grimnismál 35 und 34 (siehe Kommentar I, 124). Die Namen der Schlangen oder Würmer (beide Begriffe sind im Altnordischen identisch) lauten:

Góinn = Land-Tier?; Grafvitnir = Gruben-Wolf?; Grábakr = Graurükken; Grafvölluðr = der unter dem Feld Grabende; Ófnir = die sich Windende; Sváfnir = der in den Schlaf/ Tod versetzt.
Daß letztendlich auch das verwesende oder auflösende Prinzip von den Göttern geschaffen wurde, kann man dadurch sehen, daß hier unter den Schlangennamen auch zwei Namen Óðins erscheinen, nämlich Ófnir und Sváfnir.

»Auch wird erzählt, daß die Nornen, welche am Urðabrunn wohnen, täglich Wasser aus dem Brunnen nehmen und es zugleich mit dem Dünger, der um den Brunnen liegt, auf die Esche sprengen, damit ihre Zweige nicht dorren oder faulen. Dieses Wasser ist so heilig, daß alles, was in den Brunnen kommt, so weiß wird wie die Haut, die inwendig in der Eierschale liegt. So heißt es:

Eine Esche weiß ich begossen, heißt Yggdrasill,
Ein hoher heiliger Baum, mit weißem Naß,
Davon kommt der Tau, der in die Täler fällt,
Immergrün steht er über Urðs Brunnen.

Den Tau, der von ihr auf die Erde fällt, nennt man Hunangfall: davon ernähren sich die Bienen. Auch nähren sich zwei Vögel in Urðarbrunnr, die heißen Schwäne und von ihnen kommt das Vogelgeschlecht".«

In dieser Darstellung wird alles, was ins Wasser des Schicksalsbrunnens fällt, weiß; im Märchen vom Eisenhans wird dieser Brunnen erwähnt, und alles was dort hineinfällt, wird golden. Dort ist der Eisenhans, also Wodan, der Wächter des Brunnens[32]. Der Tau heißt hier Hunangfall, das bedeutet „Honig-Fall" oder übertragen „Honigtau".
Die zitierte Strophe stammt aus der Völuspá 19, unterscheidet sich aber leicht, statt „stehen" heißt es hier „begossen" und „heilig" wird der Baum in der Völuspástrophe nicht genannt (Kommentar I, 51f).

Schwäne sind zukunftskundige Tiere, Óðinn, Frigg und andern Gottheiten geweiht[33], noch heute sagt man, wenn man eine Ahnung hat: „Mir schwant etwas".

»17. Da sprach Gangleri: „Große Dinge weißt du vom Himmel zu berichten; aber was für andere Hauptgebäude gibt es noch außerdem an Urðabrunnr?" Hárr antwortete: „Da sind noch manche merkwürdige Stätten. So ist eine Wohnung, die Álfheimur heißt. Da haust das Volk, das man Ljósálfar nennt: aber die Dökkálfar wohnen unten in der Erde, und sind jenen ungleich von Angesicht, und noch viel ungleicher in ihren Verrichtungen. Die Ljósálfar sind schöner als die Sól von Angesicht; aber die Dökkálfar schwärzer als Pech. Da ist auch eine Wohnung, die Breiðablik heißt, und das ist die schönste von allen. Ein anderes Gebäude heißt Glitnir: dessen Wände, Säulen und Balken sind von rotem Gold und das Dach von Silber. Da ist auch ein Bau, der Himinbjörg heißt, der steht an des Himmels Ende, da wo die Brücke Bifröst an den Himmel reicht; da ist ferner ein großer Saal, der Valaskjálf heißt: das ist Óðins Stätte. Ihn schufen die Götter und deckten ihn mit schierem Silber. In diesem Saal ist der Hochsitz, der Hliðskiálf heißt, und wenn Alföður auf diesem Hochsitz sitzt, so übersieht er die ganze Welt. Am südlichen Ende des Himmels ist der Palast, der Gimlé heißt, und der schönste von allen ist und glänzender als die Sól. Er wird stehen bleiben, wenn sowohl Himmel als Erde vergehen, und alle guten und rechtschaffenen Menschen aller Zeitalter werden ihn bewohnen. So heißt es in der Völuspá:

*Einen Saal weiß ich stehen, schön wie Sól,
Mit Gold bedeckt auf Gimlé;*

Da sollen bewährte Dróttir wohnen
Und alle Tage des Glücks sich erfreuen".«

Álfheimur, „Albenheim" wird in den Grimnismál 5 als Welt des Gottes Freyr bezeichnet. Hier nun wird es als Welt der Ljósálfar, der „Lichtalben" erwähnt, so daß wir folgern können, daß Freyr als Herr von Álfheimur auch ein Herr der Ljósálfar sein muß. Die Lichtalben, die nur hier genannt werden, sind gute und lichte Wesen, schöner als die Göttin Sól („Sonne"), während die Dökkálfar („Dunkelalben"), die auch in Kap. 34 sowie Skáldskaparmál 35 und 39 erwähnt werden, als dunkle und eher böse Wesenheiten angesehen werden. Genaugenommen stehen die Dökkálfar zwischen den Ljósálfar und den Svartálfar, den „Schwarzalben". In einer Sage der Insel Rügen werden verschiedenfarbige Zwergenvölker erwähnt, denen auch unterschiedliche Eigenschaften zugewiesen werden. Álfheimur entspricht dem Tierkreiszeichen des Stieres.

Die weiteren aufgezählten Wohnungen sind die Himmelsburgen der Götter, die in den Grimnismál 4-17 der Reihe nach aufgezählt werden und die damit auch den Tierkreiszeichen entsprechen (siehe Kommentar I, 99ff). Breiðablik („breiter oder weiter Blick"), dem Zeichen Waage entsprechend, ist die Burg, wo der Gott Baldur wohnt, Glitnir („Glänzender"), dem Steinbock zugeordnet, ist die Himmelsburg von Baldurs Sohn Forseti, Himinbjörg („Himmelsberg"), ist die Himmelsburg des Gottes Heimdallr; da diese Himmelsburg dem Tierkreiszeichen des Skorpion entspricht, wo die Milchstraße den Tierkreis schneidet, endet hier auch die Himmelsbrücke, die ja auch durch die Milchstraße symbolisiert wird. Valaskjálfr („Valis Gerüst"), den Zwillingen zugeordnet, ist wohl des Gottes Valis Himmelsburg, in der auch Óðins Himmelsthron Hliðskjálfr („Gerüst über der Öffnung") steht. Es werden hier nur fünf von 12 bzw. 13 Himmelsburgen aufgezählt. Der Himmelsthron Óðins ist der Sonnenhöchststand am Himmel, und im Gegensatz zur biblischen Mythologie wird hier klar, warum Óðinn alles weiß: Weil Er alles von Seinem Himmelsthron aus sehen kann. Der germanische Allvater ist also aus nachvollziehbaren Gründen allwissend, während der christliche Gott allwissend ist, ohne daß wir wissen können, warum.

Der Palast Gimlé („Edelsteindach" oder „der vor Feuer geschützte Ort") am südlichen (d. h. warmen, sonnigen) Ende des Himmels ist für alle guten und rechtschaffenden Menschen, doch in der zitierten Völuspástrophe ist nur die Rede von den „bewährten Dróttir". Hier können zwar eventuell im übertragenen Sinne auch Kriegerscharen gemeint sein, doch es ist auch die Bezeichnung der Fürsten (Drott) und obersten Goden (dróttnar). Möglicherweise ist tatsächlich dieser Ort auch ein Ort der verdienten Goden, die sich ja mit dem regelmäßigen Kult für die Götter und einem Leben in Reinheit und Harmonie einen Platz in so einer hohen Sphäre erworben haben. Gimlé wird also vom Ragnarök, dem großen Weltkampf unversehrt bleiben, was gut zu der Übersetzung „vor Feuer (des Weltbrandes) geschützter Ort" paßt. Da Goden nicht kämpfen dürfen, ist es nur logisch, daß sie nach dem Tode an einen Ort kommen, wo sie auch nicht kämpfen müssen. Hingegen werden die guten Kämpfer ja in Valhöll benötigt. In christlicher Zeit hat sich die Bezeichnung Gimlé noch für das biblische Paradies erhalten. Die zitierte Strophe stammt aus der Völuspá 64 (Kommentar I, 85), mit leichten Abweichungen, unter Anderem hier in der Ich-Form, während die Völuspá die 3. Person Einzahl hat.

»Da fragte Gangleri: „Wer bewahrt diesen Palast, wenn Surtarlogi Himmel und Erde verbrennt?" Hárr antwortete: „Es wird gesagt, daß es einen zweiten Himmel südlich und oberhalb von diesem gebe, welcher Andlangur heiße. Und noch ein dritter Himmel sei über ihnen, welcher Víðbláinn heiße, und in diesen Himmel, glauben wir, sei der Palast gelegen und nur von den Ljósálfar glauben wir diesen Palast jetzt bewohnt".«

Gimlé ist also nicht der einzigste Himmel. Zwei weitere werden hier aufgezählt, nämlich Andlangur („Anlangender") und Víðbláinn („Weitblau") aber die Jüngere Edda nennt in den Nefnaþulur (Sksk. 75) insgesamt sogar neun Himmel:

»Neun sind Himmel zu Hauf zu zählen:
Ich weiß den nächsten, der ist Vindbláinn („Windblau"),
Der ist Heiðornir („Heiter")
Und Hreggmímir („Sturm-Mímir");

Der zweite heißt Andlangr Himmel („Anlangender"),
Das sollst du unterscheiden:
Der dritte Viðbláinn („Weitblau"),
Viðfeðmi („Weitarmender") nenne ich sei der vierte;
Hrjóðr („Röter"), und Hlýrni („Gestirner")
Wähn' ich den sechsten,
Gimir („Feuriger"), Vetmímir („Wasser-Mímir");
Nun habe ich acht Himmel aufgezählt;
Skattyrnir („Schatzgeweih") steht über den Wolken,
Er ist außerhalb aller Welten.«

Ob hier bestimmte himmlische Jenseitsorte gemeint sind, oder nur Luft- und Wolkenschichten, ist nicht bekannt. Zumindest die beiden im Text erwähnten Himmel Andlangur und Viðbláinn werden als von den Ljósálfur („Lichtálfen") bewohnt beschrieben.

»18. Da fragte Gangleri: „Woher kommt der Wind, der so stark ist, daß er das Weltmeer aufrührt und Feuer anfacht? Aber so stark er ist, kann ihn doch niemand sehen: wie ist das wunderlich beschaffen!" Da antwortete Hárr: „Das kann ich dir wohl sagen. Am nördlichen Ende des Himmels sitzt ein Jötun, der Hræsvelgur heißt. Er hat Adlergestalt und wenn er fliegt, so entsteht der Wind unter seinen Fittichen. Davon heißt es so:

Hræsvelgr heißt, der an Himmels Ende sitzt,
Im Adlerkleid ein Jötun.
Mit seinen Fittichen facht er den Wind
Über alle Völker".«

Hræsvelgur bedeutet „Leichen-Schwelger"; dieser Jötun in Adlergestalt entfacht den Wind. Warum heißt er Leichenschwelger? Weil nach altem heidnischen Glauben die Seelen der Toten im Winde umhergehen mit der „Wilden Jagd". Mit dem ersten Atemzug geht die Seele (Önd) in den Körper des Neugeborenen, mit dem letzten Atemzug haucht der Mensch sein Leben aus – der Atem (Önd) wird nun vom Winde fortgetragen. Hræsvelgar ist zwar als dämonische, also riesische Kraft beschrieben, letztendlich aber handelt es sich um einen Aspekt Óðins, der ja selbst Gott des Sturmes und Windes sowie der Toten ist. Denn zu jeder Götterkraft gibt es eine riesische, d. h. zerstörerische Entsprechung, so zum Meeresgott Njörðr den Meerriesen Ægir, zu Óðinn Hræsvelgar oder zu Þórr den Riesen Þrymr.

Die zitierte Strophe ist Vafþrúðnismál 37 unverändert (Kommentar I., 149), über den Wind berichtet auch Vafþrúðnismál 36 (Kommentar I, 149).

Kapitel 4:

Gylfaginning 19-27

»19. Da fragte Gangleri: „Wie kommt es, daß der Sumar heiß ist und der Vetur kalt?" Hárr antwortete: „Nicht soll ein kluger Mann also fragen, denn hiervon weiß ein jeder Kunde zu geben. Wenn du aber allein so unwissend bist, daß du dies nie gehört hast, so will ich dir lieber zulassen, daß du einmal unweise fragst, als daß du länger dessen unkundig bleibst, was ein jeder wissen sollte. Svásuður heißt der Vater des Sumars; der ist so wonnig, daß nach seinem Namen alles süß heißt, was milde ist. Aber der Vater des Vetur heißt bald Vindlóni oder Vindsvalur. Er ist ein Sohn des Vosaðr, und dieses Geschlecht ist grimmig und kaltherzig und Vetur artet ihm nach".«

Sumar und Vetur sind Sommer (indogermanisch *sem, „Halbjahr, Jahreszeit, Sommer") und Winter (indogermanisch *[a]ued-, „benetzen, befeuchten, fließen, feuchte Jahreszeit"), da sie hier personifiziert beschrieben werden, lasse ich die Namen unübersetzt.
Svásuðr bedeutet „der Liebenswerte", Vindlóni „der Windbringende" oder Vindsvalur „der Wind-Kühle", Vosaðr oder Vásaði „der Mühsal Schaffende".
Diese Angaben finden sich auch in Vafþrúðnismál 27 (Kommentar I, 145).

»20. Da fragte Gangleri: „Welches sind die Ásen, denen die Menschen es schuldig sind, an sie zu glauben?" Hárr antwortete: „Es gibt zwölf göttliche Ásen". Da sprach Jafnhárr: „Die Ásinnen sind nicht minder heilig und ihre Macht nicht geringer". Da sprach Þriði: „Óðinn ist der vornehmste und älteste der Ásen. Er waltet aller Dinge, und obwohl auch andere Götter Macht haben, so dienen ihm doch alle wie Kinder ihrem Vater. Seine Frau ist Frigg; sie weiß aller Menschen Örlög, obgleich sie es keinem vorhersagt. So wird berichtet, daß Óðinn selbst zu dem Ásen sagte, der Loki heißt:

Irr bist du, Loki, und aberwitzig,
Warum hörst du nicht auf, Loki;
Das Örlög weiß Frigg, so meine ich, von allen
Ob schon sie es nicht sagt.«

Zunächsteinmal der Anfangssatz, der oft abgeschwächt und damit falsch übersetzt wird. Meist heißt es: »Welches sind die Asen, an die die Menschen glauben sollen«, während H. Gering mit „müssen" übersetzt. Im Original steht aber: »Hverjir eru æsir þeir er mönnum er skylt að trúa á?«, das ich oben wörtlich übersetzte. Die Menschen sind es also schuldig, an diese Ásen zu glauben. Von diesem Satz wurde auch die moderne Bezeichnung „Ásatrú" („Ásengläubig") abgeleitet, wobei „trúar" oft falsch mit dem ähnlichklingenden „treu" identifiziert wird, statt richtig mit „glauben".

Dann wird wiederum auf die Zwölfzahl der „göttlichen Ásen" hingewiesen, die zweifelsohne einen Bezug zum Tierkreis hat. Auch hier finden wir die Unterscheidung von „göttlichen Ásen" (æsir guðkunnugir) und dem „Volk der Ásen" (ásafólk) des 2. Kapitels.

Es werden folgende Ásen aufgezählt (die Zahl wird nur beim 3. Ásen Njörðr genannt) wobei Óðinn und Frigg und die Ásinnen offenbar nicht mitgezählt werden:

Óðinn und Frigg, 1. Þórr, 2. Baldr, 3. Njörðr und Skaði, 4. Freyr und Freyja, 5. Týr, 6. Bragi und Iðunn, 7. Heimdallr, 8. Höðr, 9. Viðar und Váli, 10. Ullur, 11. Forseti, 12. Loki.

Mit Loki sind es 13 Gottheiten, doch zählen wohl die göttlichen Brüder Viðarr und Váli nur zusammen, zumal Viðarr laut Völuspá 32 „einnächtig" zum Kampfe gegen den Fenriswolf zieht, also erst kurz vor dem Ragnarök geboren wird.

Über Frigg („Frau, Geliebte, Gattin"), die höchste Göttin, wird hier gesagt – und mit einer Strophe der Lokasenna belegt – daß Sie aller Menschen Örlög (Karma) kenne, aber nicht verrate. Viele Interpreten glauben, dieses Wissen beziehe sich auch auf die Götter, aber klar wird im Text gesagt, daß Frigg „aller Menschen" Örlög weiß, nicht aber das der Götter. Ansonsten hätte Frigg ja gewußt, daß Ihre Maßnahmen zum

Schutze Baldrs erfolglos bleiben würden. Frigg ist Tochter des Týr, wie ich oben, S. 58 schon schrieb, und der Fjörgyn (Jörð). Die angeführte Strophe besteht aus der ersten Zeile von Lokasenna 21, die von Óðinn gesprochen wird, dann einer zweiten Zeile von Lokasenna 47, die dort von Heimdallr gesprochen wird, dann aber der 2. Hälfte der Strophe Lokasenna 29, die dort von Freyja gesagt wird (Kommentar II, 80f, 89, 101).

»*Óðinn heißt Alföður, weil er aller Götter Vater ist, und Valföður, weil alle seine Wunschsöhne sind, die auf dem Walplatz fallen. Sie werden in Valhöll und Vingólf aufgenommen und heißen da Einherjar. Er heißt auch Hangaguð und Haftaguð, Farmaguð und nannte sich noch mit vielen Namen mehr, als er zu König Geirröðar kam:*

Ich heiße Grímr und Gangleri,
Herjan, Hjálmberi,
Þekkr, Þriði, Þuðr, Uðr,
Helblindi, Hár.

Saðr, Svipall, Sanngetall,
Herteitr, Hnikar,
Bileygr, Báleygr, Bölverkr, Fjölnir,
Grímnir, Glapsviðr, Fjölsviðr.

Síðhöttr, Síðskeggr, Sigföðr, Hnikuðr,
Alföðr, Atríðr, Farmatýr,
Óski, Ómi, Jafnhárr, Biflindi,
Göndlir, Hárbarðr.

Sviður, Sviðrir, Jálkr, Kjalar, Viður,
Þrór, Yggr, Þundr,
Vakr, Skilvingr, Váfuðr, Hroftatýr,
Gautr, Veratýr".«

Die 54 Óðinsnamen bedeuten übersetzt: Alföður = Allvater, Valföður = Vater der Gefallenen, Vater der Toten, Hangaguð = Hänge-Gott, Gott der Gehängten, Haftaguð = Fesselgott, der (durch seine Gesetze) bin-

Abb. 9: Der Gott Óðinn auf Seinem achtbeinigen Roß Sleipnir. Auch hier kennzeichnet eine Sonne den Gott als lichten Gott des Himmels und der Sonne. Eddahandschrift des Jakob Sigurðsson von 1765.

dende Gott, Farmaguð = Lasten-Gott, Grímr = Verhüllter, Maskierter, Gangleri = Gangmüde (auch der Name König Gylfis), Herjan = Herrscher, Hjálmberi = Helmträger, Þekkr = der Beliebte, Þriði = der Dritte, Þuðr = der Bleiche (in den Grímnismál steht Þunðr = der Mächtige), Uðr = Gönner oder Welle, Helblindi = Der Blinde der Hel (oder: Herblindr = der das feindliche Heer Blendende), Hárr = der Hohe, Erhabene, Saðr = der Wahre, Svipall = der Veränderliche, Sanngetall = der die Wahrheit Erratende, Herteitr = der Heer-Heitere, Hnikar = Aufhetzer, Bileygr = der schlecht Sehende, Báleygr = der mit flammendem Auge, Bölverkr = Bösewirker, Fjölnir = der viel Wissende, Grímnir = der Verhüllende, Maskierende, Glapsviðr = geübter Verführer, Fjölsviðr = der sehr Weise, Síðhöttr = Langhut, Síðskeggr = Langbart, Sigföðr = Siegvater, Hnikuðr = Aufhetzender, Alföðr = Allvater, Atríðr = Anreiter, Farmatýr = Lasten-Týr, Óski = Wunscherfüller, Ómi = der Oberste, Jafnhárr = der Ebenhohe, Biflindi = der mit bemaltem Schild, Göndlir = Der den Gand (Zauberstab) trägt, Hárbarðr = Graubart, Sviður = Schweden- oder Speergott, Sviðrir = Schweden- oder Speergott, Jálkr = Wallach, Kjalar = Schlittenzieher, Viður = Töter, Þrór = Angreifer oder Gedeihenbringender, Yggr = der Schreckliche oder Schrecker, Þundr = der Mächtige, Vakr = der Wache, Skilvingr = der auf einem Berg Hausende, Váfuðr = Windgott, Hroftatýr = Sprecher der Götter oder Gott der Götter, Gautr = Gotengott, Veratýr = Týr der Menschen.
Die Strophen mit den Óðinsnamen sind ähnlich zu finden in den Grímnismál, aber verändert. Die erste Strophe ist fast ganz identisch mit Grímnismál 46 (Kommentar I, 130), die zweite Strophe entspricht Grímnismál 47, dort aber ein Name mehr (Kommentar I, 131), die dritte Strophe hat die erste Hälfte von Grímnismál 48 (Kommentar I, 131) und die zweite Hälfte sind die letzten zwei Zeilen von Grímnismál 49, etwas kürzer (Kommentar I, 132). Die vierte Strophe stellt verschiedene Namen und Zeilen aus den Grímnismál-Strophen 50, 54 und 49 zusammen, ein Name findet sich nur in Strophe 3 (Kommentar I, 132f, 97). Das „und" zwischen den aufgezählten Namen kommt in den Grímnismál überall vor, hier aber nur am Anfang.

Zweifellos ist diese Namensaufzählung aus einer alten Óðinsanrufung entstanden. In den Nefnaþulur der Jüngeren Edda werden gleichfalls Óðinsnamen in Skaldenstrophen aufgezählt, und zwar insgesamt 116.

Valhöll ist die Halle der Toten, später allein auf die Schlachttoten bezogen, Vingólf („das freundliche Haus") ist der Saal der Göttinnen und wird mit Gimlé gleichgesetzt. Die Einherjar sind die „allein Kämpfenden", nämlich die Seelen der Verstorbenen in Valhöll oder Vingólf.

»Da sprach Gangleri: „Erschrecklich viel Namen habt ihr ihm gegeben, und wohl glaube ich, daß der sehr klug sein müsse, der weiß und angeben kann, welche Begebenheiten einen jeden dieser Namen veranlaßt haben". Da antwortete Hárr: „Wohl gehört Klugheit dazu, das genau zu erörtern; aber doch ist davon in der Kürze zu sagen, daß zu den meisten dieser Benennungen Veranlassung gab, daß so vielerlei Sprachen in der Welt sind, denn alle Völker glaubten, seinen Namen nach ihrer Zunge einrichten zu müssen, um ihn damit anzurufen und anzubeten. Andere Veranlassungen zu diesen Namen müssen in seinen Fahrten gesucht werden, von denen erzählt wird, und du magst mitnichten ein kluger Mann heißen, wenn du nicht von diesen merkwürdigen Begebenheiten zu erzählen weißt".«

Óðinn wird hier als universalistischer Gott angedeutet, der also von allen Völkern verehrt wird und daher so viele Namen hat. So entspricht z. B. der Name „Ómi" dem indischen Om oder Aum. „Sviður" hat etwas mit Schweden, „Gautr" mit den Goten zu tun. Entsprechungen weiterer Namen zu andern Stämmen oder Völkern sind uns aber nicht bekannt. Ich vermute, daß das ursprüngliche, gedichtete Lied, welches die Vorlage der Gylfaginning war, von Óðinn als höchstem Gott der Welten handelte und in der uns vorliegenden Prosafassung dann mit den Namen aus den Grimnismál ergänzt wurde, die zur Anrufung wichtig waren, so daß die Erklärung der Namen auf die verschiedenen Völker und Sprachen nun nicht mehr so gut paßt.

»21. Da fragte Gangleri: „Wie heißen die Namen der anderen Ásen? Was tun sie und was haben sie Großes ausgerichtet?" Hárr antwortete: „Þórr ist der vornehmste von ihnen. Er heißt Ásaþórr oder Öküþórr, und ist der stärkste aller Götter und Menschen. Ihm gehört das Reich, das Þrúðvangar genannt wird, aber sein Palast heißt Bilskirnir. Dieser Palast hat fünfhundert und vierzig Gemächer und ist das größte Gebäude, das je gemacht worden ist. So heißt es in Grimnismál:

Fünfhundert Gemächer und viermal zehn
Weiß ich in Bilskirnirs Bau.
Von allen Häusern, die Dächer haben,
Glaub ich meines Sohns das größte.«

Þórr ist der Donnergott, Gott der Kraft und des Wetters, Sein Name bedeutet „Donner", Ásaþórr ist „Ásen-Þórr", Ökuþórr ist „Wagen-Þórr" – von diesem Namen wurde auch der finnische Name des Donnergottes, Ukko, abgeleitet. Þrúðvangar ist das „Kraftfeld", in den Grímnismál 4 heißt es Þrúðheimr („Kraftheim") (Kommentar I, 99). Bilskirnir wird verschieden gedeutet, als „der mit Lichtstrahlen Blitzende" oder „Augenblicks-Schein", vielleicht auch der „strahlende Mondessaal", was dann entweder die Blitze meint, oder den Himmel. Bilskirnir wurde in Deutschland zu „Bielstein" (im Teutoburger Wald). Der Ort ist ein Jenseitsort für den Nährstand und die Zahl der Gemächer ist analog zur Zahl der Türen Valhölls (nämlich auch 540) gebildet.
Die Strophe ist Grimnismál 24 (Kommentar I, 118). Für „Gemächer" steht im Original „gólfa", das sind die durch die Säulen eines Hauses abgeteilten Fächer, die sich an den Seiten im Gebäude befinden.

»Þórr hat zwei Böcke, sie heißen Tanngnjóstur und Tanngrisnir, und einen Wagen, worin er fährt. Die Böcke ziehen den Wagen: darum heißt er Ökuþórr. Er hat auch drei Kleinode: den Hammer Mjöllnir, den Hrímþursen und Bergriesen kennen, wenn er geschwungen wird; was nicht zu verwundern ist, denn er hat ihren Vätern und Freunden manchen Kopf damit zerschlagen. Sein anderes Kleinod ist der Kraftgürtel, Megingjarðir genannt: wenn er den um sich spannt, so wächst ihm die Ásenkraft noch um die Hälfte. Noch ein drittes Ding hat er, in dem großer Wert liegt, das sind seine Járnglófar: die kann er nicht missen, um den Schaft des Hammers zu fassen. Und niemand ist so klug, daß er alle seine Großtaten zu erzählen wüßte. Ich könnte so manche Nachricht von ihm berichten, daß der Tag vergehen würde, ehe alles gesagt wäre, was ich weiß".«

Hier wird Þórs Wagen genannt, nach dem Er ja auch Ökuþórr heißt. Das Sternbild des Großen Wagens am Nordhimmel zeigt diesen Wagen, der daher als vierrädriger Wagen vorgestellt wird, der von zwei

Ziegenböcken gezogen wird. Die Namen der Böcke finden sich nur hier und in den Nefnaþúlur: Tanngrisnir („Zähnefletscher") und Tanngnjóstur („Zähneknirscher"). Der Mythos ist uralt und findet sich ähnlich bereits im Rigveda, wo Pushan der Wagenlenker ist, dessen Wagen von Böcken gezogen wird. Einer der Böcke heißt dort Tarkshya. Indra entspricht wie Pushan dem Gott Þórr, und Indras Zugtiere „die Rotbraunen" schlachtet Er und belebt sie neu, wie es auch von Þórs Böcken überliefert ist, vgl. Rigveda I, 63, 2; I, 89, 5f; X, 16, 4; X 178.

Der Name von Þórs Hammer Mjöllnir bedeutet „Zermalmer", bei den Wenden ist „Molina" ein Blitzdämon, somit kann der Hammer Þórs als Symbol des Blitzes angesehen werden. Zahllose kleine Þórshammeramulette sind gefunden worden, wobei auffällig ist, daß meist der Stiel nicht länger ist, als das Hammerstück. Das Zeichen des Þórshammers ist die Svastika, also ein Hakenkreuz. Man hat sich den fliegenden Þórshammer also als Bumerang vorgestellt; archäologische Funde haben bestätigt, daß den Germanen der Bumerang als Waffe bekannt war.

Der Kraftgürtel Megingjarðir („Kraftgürtel") wird nur in der Jüngeren Edda erwähnt, genauso wie die Járnglófar („Eisenhandschuhe") die Þórr benötigt, um den Schaft des Hammers anzufassen. Der geworfene Hammer als Blitz ist also heiß bzw. feurig.

»22. Da sprach Gangleri: „Ich möchte auch von den anderen Ásen Kunde hören". Hárr sprach: „Óðins anderer Sohn ist Baldur. Von ihm ist nur Gutes zu sagen: es ist der beste und wird von allen gelobt. Er ist so schön von Antlitz und so glänzend, daß ein Schein von ihm ausgeht. Ein Gras ist so licht, daß es mit Baldurs Braue verglichen wird, es ist das weißeste aller Gräser: davon magst du auf die Schönheit seines Haars sowohl als seines Leibes schließen. Er ist der weiseste, am schönsten sprechende und barmherzigste von allen Ásen. Und solche Natur folgt ihm, daß keiner seine Urteile einhalten kann. Er bewohnt im Himmel die Stätte, welche Breiðablik heißt. Da wird nichts Unreines geduldet, wie hier gesagt wird:

*Breiðablik heißt es, da hat Baldr sich
Die Halle erhöht
In jenem Land, wo ich liegen weiß
Die wenigsten Unheilsstäbe.«*

Baldur ist der Gott des Lichtes und Tages, Sein Name kommt von indogerm. *bhel („weiß"), später mit „Herr, Fürst" oder „der Kühne" übersetzt. Das erwähnte Gras Baldersbraa („Baldurs Augenbraue") ist ein im Norden verbreiteter Blumenname, der besonders für die weiße Kamille (Anthemis carpatica), die stinkende Hundskamille (Anthemis cotula) und die falsche Kamille (Matricaria inodora) verwendet wird. Diese Pflanzen werden bei uns im Volke verwechselt und mit gleichen Namen benannt. Es scheint bei diesem Vergleich um die Form der Blüte zu gehen; eine Kamille hat um die gelben Staubgefäße weiße Blütenblätter, ähnelt also einer Sonne mit weißen Lichtstrahlen. Baldur ist Lichtgott, aber wohl kein Sonnengott; Seine Gemahlin Nanna aber wird zuweilen mit der Sonne identifiziert.

Unklar ist der Satz, daß niemand Baldurs Urteile einhalten könne. Das Original hat wörtlich: ».., að enginn má haldast dómur hans.« (»daß niemand mag halten Urteile von ihm«). Warum nicht? Weil sie zu gerecht sind, Baldur also beide Seiten eines Streites berücksichtigt? Oder weil sie zu streng sind, denn Baldur verlangt sehr viel? Sein Sohn ist der Gott des Rechtes, Forseti, daher erwartet man eher, daß auch Baldurs Urteile gerecht und einhaltbar sind.

Seine Himmelsburg heißt Breiðablik („weiter Blick") und deutet damit bereits eine Stätte hoch im Himmel an. Die angeführte Strophe ist in der ersten Halbzeile anders als in den Grimnismál 12 (Kommentar I, 107).

»23. Der dritte Áse ist Njörður genannt, er bewohnt im Himmel die Stätte, welche Nóatún heißt. Er beherrscht den Gang des Windes und stillt Meer und Feuer; ihn ruft man zur See und bei der Fischerei an. Er ist so reich und vermögend, daß er allen, welche ihn darum anrufen, Gut, liegendes sowohl als fahrendes, gewähren mag. Er wurde in Vanaheimur erzogen, und die Vanen gaben ihn den Göttern zum Geisel und nahmen dafür von den Ásen zum Geisel den Hænir: So verglichen sich durch ihn die Götter mit den Vanen. Njörðs Frau heißt Skaði und ist die Tochter des Riesen Þjassi. Skaði wollte wohnen, wo ihr Vater gewohnt hatte, nämlich auf den Felsen in Þrymheimur: aber Njörður wollte an der See sein. Da verglichen sie sich dahin, daß sie neun Nächte in Þrymheimur und dann andere neun in Nóatún sein wollten. Aber da Njörður von den Bergen nach Nóatún zurück kam, sprach er:«

Njörður ist Gott des Meeres, Sein Name ist unklar. Jacob Grimm übersetzt ihn mit „Norden", also „der Nördliche", doch scheint mir die Ähnlichkeit zu „Jörð" („Erde") auffällig, zumal auch die Ostgermanen „Nur" für „Erde" sagen. Passend ist auch der Sanskritbegriff „níra" („Wasser") und „níradhi" („Ozean"). Njörður gewährt „Fé" (Reichtum). Der Name der Himmelsburg Nóatún bedeutet „Schiffs-Stätte" (bzw. „Schiffs-Zaun") und bezeichnet somit das Meer. Njörðs Ehefrau wird in der Edda erwähnt, ohne Ihren Namen zu nennen, es dürfte sich um die Göttin Njörunn (Nerthus) handeln, die in den Nefnaþulur und in Skáldenstrophen erwähnt wird. In den Hrafnagaldr heißt Sie „Iörunn". Bei den Ásen war die Geschwisterehe verboten, so daß die Geschwister Njörður und Njörunn Ihre Ehe beenden mußten. Später heiratete Njörður Skaði („die Schattenhafte, die Schädigende"), die eine Göttin der Jagd und des Winters ist. Þjassi oder Þjazzi ist Ihr Vater, der Name ist ungedeutet, doch soll er den Wintersturm bedeuten, worauf auch der Name Þrymheimur („Lärmheim") hindeutet. Vanaheimur ist die Welt der Vanengötter, Hænir (zu hœna, „lieben") ist Bruder Óðins, er wird als Óðins Begleiter in der Jüngeren Edda und der Einleitung zu den Reginsmál genannt. In der Völuspá 18 (Kommentar I, 50f) wird er bei der Menschenschöpfung erwähnt, in Völuspá 63 (Kommentar I, 85) als Gottheit, die auch nach dem Weltuntergang überlebt. Über die Herkunft der Vanengötter wird in der Edda nichts gesagt, aber durch die antike Mythologie wissen wir, daß der dem Njörður entsprechende Meeresgott Neptun (Poseidon) Sohn des Saturns ist und Bruder des Jupiter, daher können wir annehmen, daß Njörður auch von Óðinn abstammt. Der Mythos vom Ásen-Vanenkrieg wird ausführlich in der Ynglinga Saga 4 erzählt. Zuweilen wurde vermutet, daß erst der Zusammensteller der Jüngeren Edda die Vanen als eigenes Göttergeschlecht frei erfunden habe und die ältere Mythologie Vanen nicht kennt. Der Begriff z. B. in der Völuspá würde allgemein nur für „Götter" stehen, wie etwa „Regin". Dann allerdings ergibt die Strophe Völuspá 24 keinen Sinn. Die germanische Mythologie kennt zwei Göttergeschlechter (Ásen und Vanen) sowie die Riesen (Jötnar, Þursar). Das entspricht auch der griechischen Mythologie, die zwei Göttergeschlechter (Olympische Götter und Titanen) sowie die den Riesen entsprechenden Giganten kennt. Somit gab es die zwei Göttergeschlechter bereits in indogermanischer Zeit, lange vor der Zusammenstellung der Jüngeren Edda.

»*Leid sind mir die Berge; nicht lange war ich dort,*
Nur neun Nächte.
Der Wölfe Heulen dauchte mich widrig
Gegen der Schwäne Singen.

Aber Skaði sang:

Nicht schlafen könnt ich am Ufer der See
Vor der Vögel Lärm;
Da weckte mich vom Wasser kommend
Jeden Morgen die Möwe.

Da zog Skaði nach den Bergen und wohnte in Þrymheimur. Da jagt sie oft auf Schneeschuhen mit ihrem Bogen nach Tieren. Sie heißt Öndurguð oder Öndurdís. Von ihr heißt es:

Þrymheimr heißt es, wo Þjassi hauste,
Jener mächtige Jötun;
Nun bewohnt Skaði, die strahlende Götterbraut,
Des Vaters alte Veste.«

Die beiden Strophen von Njörður und Skaði sind nur hier überliefert; es handelt sich also um ein altes Eddalied, das uns nur in diesen zwei Strophen vorliegt. In der Zeit, als die Gylfaginning aus einem gedichteten Vorläufer zusammengestellt und mit Liedstrophen ergänzt wurde, waren also noch Lieder vorhanden, die heute verloren sind.

Die andere Strophe ist in der ersten Halbzeile abgewandelt die Strophe Grimnismál 11 (Kommentar I, 106). Die Abweichung bezieht sich auf die Aufzählung (»Þrymheimur heißt die sechste ...«), da hier die Himmelsburgen aber nicht der Reihe nach aufgezählt werden, ließ der Zusammensteller des Textes die Hinweise auf die Reihenfolge der Himmelsburgen weg. Die Geschichte von Njörður und Skaði findet sich im Liede Bragarœður 3 in der Jüngeren Edda (siehe Kapitel 8).

»*24. Njörður in Nóatún zeugte seitdem zwei Kinder. Der Sohn hieß Freyr und die Tochter Freyja. Sie waren schön von Antlitz und mächtig. Freyr ist der berühmteste unter den Ásen. Er herrscht über Regen* und Sonnenschein und das Wachstum der Erde und ihn soll man anrufen um gutes Erntejahr und Frieden. Er herrscht auch über das Reichtumsglück der Menschen. Freyja ist die berühmteste der Ásinnen. Sie hat die Wohnung im Himmel, die Fólkvangur heißt, und wenn sie zum Kampfe zieht, gehört die Hälfte der Gefallenen ihr und die Hälfte Óðinn, wie hier gesagt ist:

Fólkvangr heißt es, da hat Freyja Gewalt
Die Sitze zu ordnen im Saal.
Der Valstatt Hälfte wählt sie täglich;
Óðinn hat die andre Hälfte.

Ihr Saal Sessrúmnir ist groß und schön. Wenn sie ausfährt, sind zwei Katzen vor ihren Wagen gespannt. Sie ist denen gewogen, welche sie anrufen, und von ihr hat der Ehrenname den Ursprung, daß man vornehme Weiber Fróvur nennt. Sie liebt den Minnesang und es ist gut, sie in Liebessachen anzurufen".«

Hier ist die Angabe, daß Njörður „seitdem" in Nóatún zwei Kinder zeugte, ungenau, denn Freyr und Freyja waren schon in Vanaheimr geboren, bevor Njörður als Geisel zu den Ásen kam. Die Mutter beider Kinder ist Njörunn. Der ähnliche Name legt es nahe, daß Njörunn Njörðs Frau war, auch wird in der Ynglinga Saga 4 erwähnt, daß Njörður mit Seiner Schwester vermählt war:

»Solange Njörður bei den Vanen war, hatte er seine Schwester zur Frau gehabt, denn dort war dies so rechtens, und ihre Kinder hießen Freyr und Freyja. Aber unter den Ásen war es verboten, in so nahe Verwandtschaft zu heiraten.«

Auch Lokasenna 36 sagt, daß Njörður den Sohn mit der eigenen Schwester erzeugte. Die Annahme liegt nahe, daß Freyr und Freyja bei den Vanen für eine Geschwisterehe vorgesehen waren (ähnlicher Name), doch da sie unter die Ásen kamen, war das nicht möglich und beide heirateten andere Partner: Freyr die Gerðr, Freyja den Óðr. Von einer bestehenden ersten Ehe der beiden kann nicht ausgegangen werden. Die Namen allerdings sind Anredenamen mit der Bedeutung

„Herr" und „Herrin", nicht die richtigen Namen dieser Gotrtheiten. Freyr heißt richtig Ing oder Yng (Ingwaz), Freyja vielleicht Gefjón oder Ostara. Freyr ist der Gott der Fruchtbarkeit, Freyja die Göttin der Liebe. Sie hat auch eine Himmelsburg, die zugleich ein Reich ist für diejenigen Menschen, die unvermählt sterben, Fólkvangur („Völkerfeld"). Einer Ehe ist hierbei aber eine feste und mindestens siebenjährige Partnerschaft eines Mannes und einer Frau gleichgesetzt. Die Hälfte der Gefallenen sind also unvermählte Menschen. In der zitierten Grimnismál-Strophe 14, die auch wieder ohne die Aufzählung ist (Kommentar I, 109), findet sich erneut der Begriff „val" der ursprünglich nicht allein die im Kampfe Gefallenen bedeutete, sondern allgemein die Verstorbenen. In der Egils Saga erklärt Egils Tochter, daß sie nichts mehr essen wird, bis sie bei Freyja ist – sie wollte sich selbst töten und geht wie selbstverständlich davon aus, daß sie als unvermählte Frau zu Freyja kommen wird, obwohl sie bei einer Selbsttötung gar nicht im Kampfe sterben würde. Die Verstorbenen kommen dann natürlich in den Saal Sessrúmnir („der Sitzgeräumige"). Die Namen der Kater Freyjas sind nicht überliefert, mittlerweile kursieren frei erfundene Namen im Internet. Wahrscheinlich sind hier tatsächlich Kater gemeint, und zwar die Kater der Wildkatze oder der norwegischen Waldkatze. Aber auch Marderarten tragen die Bezeichnung „fressa" (z. B. „Vielfraß", eigentlich: „Fjölfressa", „Felsenkatze"). Hier in der Gylfaginning steht zwar im Original „köttum" („Katzen"), doch in Skáldskaparmál 20 steht „fressa" („Kater, Marder").

Frówur bedeutet „Frauen", denn damals nannte man weibliche Menschen „Weiber" und nur vornehme Weiber nannte man „Frauen" – es ist ein alter Adelstitel des niederen Adels.

Zu Freyr ist noch zu sagen, daß die Formulierung „gutes Erntejahr und Frieden" („árs og friðar") den Namen der ár-Rune (*jeran) hat und eine feste rituelle Formulierung ist, die beim Julfest gesprochen wurde. Auch das „Reichtumsglück" („fé-sælu") besteht aus dem Namen einer Rune, und zwar der ersten Rune Fé (*fehu), die in der Víkingerzeit mit Freyr in Verbindung gebracht wurde wegen des gleichen Anlautes, ursprünglich hatte Freyr die Rune Ingwaz, die im Norden aber fortgefallen war.

»25. Da sprach Gangleri: „Groß scheint mir die Macht dieser Ásen und nicht zu verwundern ist es, daß so viel Gewalt euch beiwohnt, da ihr so gute Kunde habt von den Göttern und wißt, wen von ihnen man in jedem Falle anzurufen hat. Sind aber nicht noch mehr Götter?" Hárr versetzte: „Da ist noch ein Áse, der Týr heißt. Er ist sehr kühn und mutig und herrscht über den Sieg im Kriege: darum ist es gut, daß Kriegsmänner ihn anrufen. Wer kühner ist als andere und vor nichts sich scheut, von dem sagt man sprichwörtlich, er sei tapfer wie Týr. Er ist auch so weise, daß man von Klugen sagt, sie seien weise wie Týr. Ein Beweis seiner Kühnheit ist dies: Als die Ásen den Fenriswolf überredeten, sich mit dem Bande Gleipnir binden zu lassen, traute er ihnen nicht, daß sie ihn wieder lösen würden, bis sie zum Unterpfand Týrs Hand in seinen Mund legten. Und als die Ásen ihn nicht wieder lösen wollten, biß er ihm die Hand an der Stelle ab, die nun Wolfsglied heißt. Seitdem ist Týr einhändig, gilt aber den Menschen nicht für einen Friedensstifter.«

Das „Wolfsglied" ist das Handgelenk. Týr, der Name hängt mit dem altindischen *deiwoz („Leuchten, Glanz, Ehre") zusammen, ist der Gott des Krieges und wird seit alten Zeiten mit Mars gleichgesetzt und in dieser Weise auch hier beschrieben. Er ist Sohn Óðins mit der Göttin Sól, doch dies ist nur in Eddastrophen (Hymisqviða 5, 8 und 9, Hárbarðzljóð 30) angedeutet. Die Sól ward von einem Riesen geraubt und gebar dort den Týr; Týr nennt den Riesen, Seinen Ziehvater, daher „Vater". Mythologen hatten spekuliert, daß Týr einst der höchste Gott gewesen sei, da sein Name etymologisch mit dem griechischen Göttervater Zeus verwandt ist. Diese Annahme ist aber unzutreffend, schon Tacitus erwähnt Merkur (Óðinn) als höchsten Gott, und nicht Mars (Týr). Auch hat Apollon (der in vielen Zügen Óðinn entspricht) bei den Griechen einen besonderen Stellenwert, zumal der Name mit dem ersten griechischen Buchstaben, Alpha, beginnt. Es gab in Griechenland also eine Tendenz, den Apollon als höchsten Gott anzusehen. Der Mythos von Týr und dem Fenriswolf wird noch im Kapitel 34 der Gylfaginning ausführlich erzählt.
Im Text am Anfang wird angedeutet, daß derjenige große Gewalt oder Macht hat, der die Namen aller Götter kennt und Sie damit anrufen kann.

»26. Ein anderer Áse heißt Bragi. Er ist wegen seiner Weisheit berühmt, besonders aber für seine Redegewandtheit und seine Wortkunst; er weiß am meisten von der Dichtung, und nach ihm wird die Dichtkunst benannt, und nach ihm wird jemand Dichter oder Dichterin genannt, wenn er mit Worten geschickter ist als andere. Seine Frau heißt Iðunn: sie verwahrt in einem Gefäße die Äpfel, welche die Götter genießen sollen, wenn sie altern; denn sie werden alle jung davon, und das mag währen bis zum Ragnarökkur".
Da sprach Gangleri: „Mich dünkt, die Götter haben der Treue und Sorgsamkeit Iðuns große Dinge anvertraut".
Da sprach Hárr und lächelte: „Beinahe wäre es einstmals schlimm damit ergangen: ich könnte dir davon wohl erzählen; aber du sollst erst die Namen der anderen Ásen hören.«

Abb. 10: Gunnlöð, die Hüterin des Odrœrir-Mets. Edda Oblongata, 1680.

Die im Text angedeutete Erzählung findet sich im Liede Bragarœður 2 (siehe Kap. 8).
Der Name Bragi bedeutet „Dichtkunst, Haupt, Häuptling", und nach dem Namen des Gottes wird die Dichtkunst „bragr" benannt. Man hat versucht, den Gott Bragi als Vergöttlichung des Skalden Bragi des Alten anzusehen, doch das ist unglaubwürdig. Vielmehr scheint der Skálde Bragi den Namen des Gottes als Ehrennamen getragen zu haben, wie es unser Text ja ausführt, daß man guten Dichtern gestattete, sich »bragr karla« („Bragi-Kerl") oder »bragr kvenna« („Bragi-Frau") zu nennen. Bragi ist ein Sohn Óðins, es wurde vermutet, daß Bragi von Óðinn mit Gunnlöð gezeugt wurde, als Óðinn den Óðrœrir-Met erwarb. Dann wurde Bragi vom grimmen Suttungur in einem Schiff dem Meere übergeben, um den Nachkommen des verhaßten Ásenkönigs aus dem Leben zu tilgen. Ein altes, dunkles Skáldenlied erzählt, daß Bragi auf einem Zwergenschiff schlafend im großen Meere lag. Als das Schiff an der Schwelle des Zwerges Náinn („Tod") vorüberglitt, da erwachte Bragi und sang ein Lied, daß durch die neun Welten schallte. Als der Gott an Land stieg, erblickte er die Tochter des Zwergenvaters Ívaldis, Iðunn, die er mit diesem Liede für sich gewann und mit der er gen Ásgarð zog.
Grundlage dieser Erzählung sind zwei Strophen des Egill Skallagrimsson, nämlich Str. 2 und 3 aus dem Liede Sónatorrek (Klagelied über das Ertrinken der beiden Söhne Egils). Sie lauten:

»Nicht leicht strömt – Kummer macht dies,
schwer Lastenden – aus des Denkens Stätte
willkommener Fund von Friggs Gesippen,
voreinst gebracht aus Jötunheim.

Ohne Fehl war Nachens Bragi,
draußen blieb er auf nacktem Fels
Riesenhalses Wunden rauschen
vor der Verwandten Náins Bootshaustoren.«

Des „Denkens Stätte" ist das Haupt des Dichters, der Fund von Friggs Gesippen, nämlich Óðins, ist der Raub des Óðrœrirmetes (Dichtermets) durch den Gott. In den Strophen ist vom Raub des Dichtermets durch

Óðinn die Rede, wobei der fehllose Bragi auflebte. Soll damit die Geburt Bragis an dieses Ereignis (Raub des Mets) geknüpft werden? Strophe 3 beginnt im Original:

»lastalauss es lifnaþe á nockvers nökkva Brage«.

Statt des Begriffes „nockvers" vermutet Sophus Bugge ein verderbtes „nóttvers" (Nachtaufenthalt) und die Zeile »a nóttvers nökkva« wäre dann ein Kenningar mit der Bedeutung „im Bett". Daß in dreinächtiger Liebesvereinigung von Óðinn mit Gunnlöð, der Wächterin des Dichtermets, kein Nachkomme erzeugt worden sein sollte, wäre höchst unwahrscheinlich, da Óðinn auch für Fruchtbarkeit zuständig ist. In den Hávamál 110 heißt es, daß Óðinn Gunnlöð »sich grämen« ließ, dies ist ein versteckter Hinweis auf ein Kind, und ein solches Kind der Hüterin des Dichtermets und des Gewinners dieses Mets muß natürlich selbst ein begabter Dichter sein. Und selbstverständlich wird der Sohn des Gottes Óðinn, Bragi, von Suttung, dem unrechtmäßigen Besitzer des Metes, verstoßen worden sein.

Wäre Bragi nur ein vergöttlichter Skalde, dann könnte es auch Seine Gemahlin Iðunn nicht geben; Iðunn („Erneuerung, Verjüngung") wird aber bereits in einer Runeninschrift des Schnallenrahmens von Weimar, Thüringen (Ende des 5. bis Anfang des 6. Jh.) als »leob-idun« („Liebes-Iðunn") erwähnt[34]. Als Göttin der Jugend paßt Iðunn gut zum Gott der Dichtkunst Bragi, denn auch die Dichtkunst ist unsterblich.
Ragnarökkur bedeutet „Gericht der Götter" (über die Welt) und ist in einer fernen Zukunft gedacht. Der Begriff kann also auch allgemein für „Ewigkeit" oder „Weltende" stehen.

»27. Heimdallur heißt einer, der auch der weiße Áse genannt wird. Er ist groß und hehr und von neun Mädchen, die Schwestern waren, geboren. Er heißt auch Hallinskíði und Gullintanni, weil seine Zähne von Gold sind. Sein Pferd heißt Gulltoppur. Er wohnt auf Himinbjörg bei Bifröst. Er ist der Wächter der Götter und wohnt dort an des Himmels Ende, um die Brücke vor den Bergriesen zu bewahren. Er bedarf weniger Schlaf als ein Vogel und sieht sowohl bei Nacht als bei Tag hundert Rasten weit; er hört auch das Gras in der Erde und die Wolle auf den

Schafen wachsen, mithin auch alles, was einen stärkern Laut gibt. Er hat ein Horn, das Gjallarhorn heißt, und bläst er hinein, so wird es in allen Welten gehört. Heimdallars Schwert wird Höfuð genannt. Von ihm heißt es:

*Himinbjörg heißt es, wo Heimdall soll
Der Weihestatt walten.
Der Wächter der Götter trinkt in wonnigen Hause
Glücklich den guten Met.*

Auch sagt er selbst in ‚Heimdallargaldur':

*Ich bin der Nachkomme von neun Müttern
Und ich bin der Sohn von neun Schwestern.«*

Heimdallr („Weltglanz") ist der Gott des Mondes und der Ahnen. Für Seinen Mondbezug sprechen verschiedene Einzelheiten, so wird Er hier der „weiße Ase"; genannt, das ist die weiße Mondgestalt, besitzt das Gjallarhorn, ein Mondsichelsymbol, hört das Gras wachsen, was den Wachstumsaspekt des Mondes bedeutet, wacht an der Götterbrücke, wie auch in Lokasenna 48 gesagt wird (Kommentar II, 101), das ist der Mondgott als Wächter des Totenreichs, hat einen feuchten Rücken, das ist der Mond-Wasser Aspekt und Mondtau, erzeugt Nachkommen, weil der Mond (in der Astrologie) über das Volk herrscht, hat neun Mütter, der Mond-Mutter Aspekt, diese Mütter sind die Wellen, Er ist in Seehundsgestalt, was den Mond-Meer-Aspekt unterstreicht, ist Lokis Feind weil der wäßrige Mond Feind des Wildfeuers ist und trinkt Met, weil der Mond auch Herr des Rausches ist. Er wird von einem Schwert namens Höfuð („Haupt") entzweigehauen, was den Halbmond bedeutet, genau wie der baltische Mondgott Meness, dem er entspricht.
Heimdallr ist Sohn Óðins mit den neun Wellenschwestern, das weist auf den Zusammenhang von Mond und Meer – der Mond erzeugt Ebbe und Flut – hin. Der Beiname „Hallinskíði" ist unklar, er wird ganz unterschiedlich gedeutet („der mit schiefen Hörnern" oder „der schräge Stab" oder „Weltachse"), kommt aber schon im Skáldengedicht Gráfeldardrápa des Skálden Glúmr Geirason (um 970) vor. In den Nefnaþulur der Jüngeren Edda ist es ein Name für den „Widder", so daß

die Deutung „der mit schiefen Hörnern" am glaubwürdigsten erscheint. Gullintanni („Gold-Zahn") und Gulltoppur („Goldzopf") sind Namen, die im Zusammenhang mit einem Mondgott nicht recht zu passen scheinen. Oder sollte hier an den Mond im Abend- oder Morgenrot gedacht sein? Das Gjallarhorn ist das „gellende Horn" und erinnert in seinem Namen an den Fluß, der das Reich der Lebenden von dem der Toten trennt, den Gjöllfluß mit der Gjöllbrücke. Das Horn wird auch in der Völuspá 46 erwähnt (Kommentar I, 76), die Strophe wird unten in Gylfaginning Kap. 51 auch angeführt.

Heimdallur entspricht dem bei Tacitus erwähnten Gott Mannus. Bei den Indern ist es der Gottkönig Manu(s). Er ist der Stammvater der Menschen und erzeugt die drei Kasten, die Kastengesetze finden sich in ihm zugeschriebenen „Gesetzbuch des Manu". Der indische Manu(s) entspricht dem biblischen Noah. Auch Noah hat drei Söhne, von denen die Völker stammen, Sem, Ham und Japheth (Genesis 10, 1f). Von Sem stammen die Semiten (Orientalen), von Ham die Hamiten (Afrikaner) und von Japheth die Japhethiten (Indogermanen) – so deuten es noch heute die Moslems. In der Bibel ist auch eine unterschiedliche Stellung dieser drei Stammväter festgelegt (Gen. 9, 25-27), und zwar sollen Sems Nachkommen das Land besitzen, Japheths Nachkommen sollen dort wohnen, Hams Nachkommen aber Knechte sein.
Noah selbst ist übrigens ein Weinbauer, seine „Arche Noah" ist das gebogenes Mondschiff am Himmel.

Bei den Germanen trägt der göttliche Stammvater den Namen Mannus, Mannus hat drei Söhne, die schon Tacitus auf drei Stämme deutete, aber sie bedeuten zugleich auch drei Stände, die Ingväonen, Istävonen und Herminonen. Die gleiche Situation finden wir nun in der Rigsþula vor, wo Heimdallr drei Söhne erzeugt, die den drei Söhnen des Mannus entsprechen.

Bei den Celten heißt der Mondgott, dessen Mondbezug schon verlorengegangen scheint, Manannán mac Lir, das wäre germanisch: Mannus, Mage (Sohn) von Hlér, da Hlér (Ægir) und Lir sich entsprechen. Bei den Balten gilt Meness übrigens als erster Wissenschaftler, weil er als Mondgott seine Kinder, die Sterne, zählen muß.

Die angeführte Strophe stammt aus den Grímnismál 13 (Kommentar I, 108), wiederum leicht verändert. Das Lied „Heimdallargaldur", welches auch in den Skáldskaparmál 8 erwähnt wird, ist leider nicht erhalten, ich habe dessen Fragmente an anderer Stelle ausführlich behandelt (Kommentar III, 161-171). Die Namen der neun Mütter Heimdalls werden in den Hyndluljóð 36 (Völuspá in skamma) gleichfalls genannt (Kommentar III, 147).

Kapitel 5:

Gylfaginning 28-36

»28. Höður heißt einer der Ásen. Er ist blind, aber sehr stark, und die Götter möchten wohl wünschen, daß sie seinen Namen nicht nennen bräuchten, denn nur allzulange wird seiner Hände Werk Göttern und Menschen im Gedächtnis bleiben.«

Der Gott Höður wird bei Saxo Grammaticus als „Hother(us)" erwähnt, ist dort aber nur ein Mensch (siehe das Zitat ab S. 182ff). Der Name „Hother" in den Runen der älteren Reihe geschrieben ergibt „haþeR" und damit (vor dem 5. Jh.) „haþez"; der Name ist also mit dem Namen des griechischen Unterweltsgottes Hades (griech. Ἀιδης) etymologisch verwandt. Deswegen ist Höður auch blind, denn in der Dunkelheit kann man das Augenlicht nicht nutzen. Sein Name wird mit „der Hadernde", also der „Kämpfende" übersetzt, doch bedeutet „Hades" vielleicht „un - sichtbar". Er ist ein Dunkelgott und als solcher tötet Er den Lichtgott Baldur; hier ist der Wechsel der Jahreszeiten Sommer-Winter gemeint. Höður entspricht Hœnir ähnlich wie Loki dem Loðurr. Ich vermute auch, daß dem Höðr der Gott Óðr entspricht; ob in den Eddas jeweils derselbe Gott gemeint ist, ist aus den Texten nicht ersichtlich.

»29. Víðar heißt einer, der auch der schweigende Áse genannt wird. Er hat einen dicken Schuh, und ist der stärkste nach Þórr. Auf ihn vertrauen die Götter in allen Gefahren.

30. Áli oder Váli heißt einer der Ásen, Óðins Sohn und der Rindar. Er ist kühn in der Schlacht und ein guter Schütze.«

Daß Víðarr und Váli hier nacheinander aufgezählt werden, zeigt, daß Sie irgendwie zusammengehören. Sie sind die göttlichen Brüder, die Tacitus (Germania 43) als „Alcen" („Hirsche" oder „Heiligtum, ge - schützter Ort") erwähnt, auch in den skáldischen Umschreibungen (sie -

111

he S. 270) werden beide jeweils »Bruder der Ásen« genannt. Váli wird bei Saxo Grammaticus auch „Bous" (boi = Bruder) genannt, womit die Identität von Váli als einer der Götterbrüder (Dioskuren) bestätigt wird. Víðarr bedeutet „der weithin Herrschende", Váli („Áli" ist nur eine Schreibvariante) „der Strahlende" oder „der Streitbare", wobei auch ein Bezug zu „Val" („Tod, Schlachttod") denkbar wäre. Von den Zuständigkeiten dieser Götter erfahren wir hier nichts, aber sicherlich wurden die Götterbrüder beim Umzug in ein neues Haus angerufen, wie es im Brauchtum überliefert ist, da Sie ja auch das neue Heiligtum der Götter nach dem Weltuntergang errichten. Ob Váli mit dem gleichnamigen Sohn Lokis identisch ist, ist unwahrscheinlich, zumal die Götterbrüder im griechischen Mythos, Castor und Pollux, auch Söhne des Zeus sind, nicht unterschiedlicher Gottheiten. Rindar oder Rinda „Rinde, Bast" ist eine Personifikation der Erde. Váli rächt den Tod Baldurs und ist zu diesem Zeitpunkt nur eine Nacht (gemeint: Einen Ganztag) alt. Das ist im Naturmythos die Nacht oder der Winter. Er wird auch in Vegtamsqviða 15 (Kommentar I, 176) und Hyndluljóð 28 (Kommentar III, 142) erwähnt.

»31. Ullur heißt ein Áse, Sohn der Sif und Þórs Stiefsohn. Er ist ein so guter Bogenschütze und Schneeschuhläufer, daß niemand sich mit ihm messen kann. Er ist schön von Angesicht und kriegerisch von Gestalt. Bei Zweikämpfen soll man ihn anrufen.«

Ullur („Glanz, göttliche Herrlichkeit") ist ein Gott des Winters und als Solcher in einem Mythos bei Saxo Grammaticus[35] Gegenspieler Óðins (der hier den Sommer bedeutet). Óðinn wurde dabei zeitweilig abgesetzt und Ullur wurde stattdessen König in Ásgarð. Das erklärt, warum man Ullur in Zweikämpfen anrufen soll, denn wer es wagt, sich sogar dem Göttervater entgegenzustellen, der kann auch in jedem anderen Zweikampf helfen. Und Ullur ist auch ein Gott des Winters und der Jagd sowie (noch heute) Patron der Skiläufer. Sein Vater wird hier zwar nicht genannt, Miniaturen in Eddahandschriften des 16. Jh. nennen Ihn aber „Sohn Óðins". Ullr ist übrigens nicht mit Skaði vermählt oder liiert. Die Gemahlin Þórs, Sif („Sippe, die angeheiratete Frau") wird hier nun auch erwähnt. Bei den Wenden (Wandalen) wurde Sie „Siva" genannt und – wie in den Nefnaþulur – als Göttin der Erde bezeichnet.

Abb. 11: Váli, Höður, Ullur, Týr, Forseti, Víðar. Edda Oblongata, 1680.

»32. Forseti heißt der Sohn Baldurs und der Nanna, der Tochter Neps. Er hat im Himmel den Saal, der Glitnir heißt, und alle, die sich in Rechtsstreitigkeiten an ihn wenden, gehen verglichen nach Hause. Das ist der beste Richterstuhl für Götter und Menschen. Es heißt von ihm:

Glitnir heißt der Saal: auf goldnen Säulen ruht
Des Saales Silberdach.
Da thront Forseti den langen Tag
Und schlichtet allen Streit.«

Forseti („Vorsitzer") ist der friesische Fosite, Gott des Rechtes und des Gerichts. Baldurs Gemahlin, Forsetis Mutter Nanna („die Kühne, Kampfesfrohe, Wagemutige") entspricht der phrygischen Nana, Mutter des Attis. Im Naturmythos hat Sie Bezüge zur Morgen- und Abendröte sowie zur Sonne. Möglicherweise ist Nanna die Göttin, die als Menglöð im Eddalied Fjollsvinnzmál erscheint. Der Name von Nannas Vater „Nepr" oder „Nefr" bedeutet „Neffe" (also wohl „Verwandter"), Er ist nach den Nefnaþulur ein Sohn Óðins. Glitnir bedeutet „Glänzender". Die angeführte Strophe ist Grimnismál 15 (Kommentar I, 111), mit Abänderung der Aufzählzeile.

»33. Noch zählt man einen zu den Ásen, den einige den Verlästerer der Götter, den Anstifter alles Betrugs, und die Schande der Götter und Menschen nennen. Sein Name ist Loki oder Loftur, und sein Vater der Riese Fárbauti; seine Mutter heißt Laufey oder Nál; seine Brüder sind Býleistur und Helblindi. Loki ist schmuck und schön von Gestalt, aber böse von Gemüt und sehr unbeständig. Er übertrifft alle anderen in Schlauheit und jeder Art von Betrug. Er brachte die Ásen in manche Verlegenheit; doch half er ihnen oft auch durch seine Klugheit wieder heraus. Seine Frau heißt Sigyn, und deren Sohn Nari oder Narfi.«

Der Name „Loki" ist auch nicht überzeugend gedeutet. Er wurde als Kurzform für „Loptr" oder „Loðurr" angesehen, kann aber auch „Abschließer" bedeuten. Loftur bzw. Loptr bedeutet entweder „der Luftige" oder „der Blitzer". Wenn man bedenkt, daß dem Loki im Naturmythos das Wildfeuer zugeordnet wird – der noch im Mittelalter rotleuchtende Stern Sirius wird im Norden „Lokkabrenna" („Lokis Brand") genannt –

dann passen beide Deutungen, da das Feuer Luft benötigt und durch den Blitz erzeugt wird. Gerade die Verbindung zum Blitz erklärt auch, warum Loki oft mit Þórr zusammen unterwegs ist oder als Þórs Diener bezeichnet wird (im Volkslied vom Raub des Hammers [36]). Der Name des Vaters von Loki, Fárbauti bedeutet „der gefährlich Schlagende" und kann auch auf den Blitz oder Sturm gedeutet werden. Wenn Loki mit Loðurr identisch ist, was die entsprechenden Dreiheiten „Óðinn, Hœnir, Loðurr" und „Óðinn, Höðr, Loki" nahelegen, dann wäre Fárbauti ein Name von Burr, dem Vater Óðins. Die Mythen aber unterscheiden, denn Fárbauti wird in der Dichtung als Riese bezeichnet, Burr aber ist ein „Mann". Ich denke, hier ist an eine Wandlung der drei Schöpfergötter zu denken. Immerhin erwähnt der Text auch zwei Brüder Lokis, nämlich Býleistur und Helblindi. Helblindi bedeutet „der Blinde des Totenreichs" und könnte ein alter Name für den blinden Höður sein, dessen Name ich ja schon mit dem Namen des griechischen Totenreichs und Totengottes Hades in Beziehung gesetzt habe. Somit müßte „Býleistur" dann ein Name Óðins sein. „bylr" bedeutet „Wind", was auf Óðinn als Windgott gut paßt, „leiptr" ist Name eines mythischen Flusses in den Grimnismál 28 und bedeutet „Blitz". In der Schöpfungsurzeit haben wir also drei Götterbrüder Óðinn, Hœnir und Loðurr oder Óðinn, Vili, Vé, die sich in späteren Zeiten zu eigenständigen Göttern mit anderen Mythen entwickelten: Óðinn, Höður, Loki. Aber auch im späteren Mythos sind Sie Blutsbrüder. Auch die Vorstellungen der Götter haben Sich also in irgendeiner Art entwickelt. In der Schöpfungsurzeit mußte auch noch nichts umgewandelt oder abgeschlossen werden, daher war ein Gott der Umwandlung wie Loki noch nicht nötig. Auch eine Unterwelt, ein Totenreich gab es noch nicht, daher war ein Höður-Hades noch nicht vorhanden. Loðurr ist als Bruder Óðins und Schöpfer sicher ein Gott, Loki als Sohn eines Riesen ist kein Gott, zählt aber wegen Seiner Blutsbrüderschaft mit Óðinn (die in der Lokasenna 9 erwähnt wird) auch als Áse, sonst würde Er hier gar nicht aufgezählt werden. Eine ähnliche Dreiheit von Schöpfergöttern finden wir schon im vedischen Indien mit Dyaush, Indra und Rudra oder Brahma, Vishnu und Shiva, wobei Shiva auch das zerstörerisch-umwandelnde Prinzip verkörpert.

Über Lokis Eltern berichtet der Sörla-Þáttr in der Ásmundarsaga Kappabana[37]:

»Ein Mann hieß Fárbauti. Er war ein alleinstehender Mann und nahm sich eine einfache Frau zur Ehe, die Laufey genannt wurde. Sie war sowohl schmächtig, wie auch sehr dünn, und deshalb nannte man sie Nál. Sie hatten einen Sohn unter den Kindern, der Loki genannt wurde. Er war nicht groß an Wuchs. Er war bald scharfsinnig und flink im Auftreten. Er hatte andern Menschen eine Klugheit voraus, die Verschlagenheit heißt. Er war schon in jungen Jahren sehr zauberkundig, deshalb wurde er Loki der Hinterlistige genannt. Er ritt zu Óðinn auf Ásgarð und wurde einer seiner Männer. Óðinn hielt in allem Möglichen zu ihm, was auch immer er unternahm. Außerdem legte er ihm oft große Aufgaben auf, und er führte diese besser als erwartet aus. Er wurde auch fast alles gewahr, was sich tat. Er sagte Óðinn auch alles, was er wußte.«

Laufey („Laubinsel" oder „die Laubreiche") ist Lokis Mutter. Nál bedeutet „Nadel". Man hat die Namen von Lokis Mutter auf das herabgefallene Herbstlaub bzw. die Nadeln (der Lärchen) gedeutet, doch ist auch eine Verbindung zu „nár" („Leiche") denkbar.
Der Name von Lokis Ehefrau Sigyn taucht in den Nefnaþulur als Ásin auf und bedeutet „Siegfreundin". Er findet sich in Wolfram von Eschenbachs Dichtung „Parzival" als „Sigune".
Lokis Sohn trägt hier den Namen Nari oder Narfi, er wird schon in der Skáldendichtung des 9. Jh. erwähnt. Er ist wahrscheinlich mit dem Riesen Narfi, Nörfi oder Nörr, dem Vater der Nacht, identisch (siehe oben zu Kap. 10). Die Namen bedeuten „Leiche" (altnord. nár, gotisch naus).

»34. Loki hatte noch andere Kinder. Angurboða hieß eine Gygja in Jötunheim: mit der zeugte Loki drei Kinder: das erste war der Fenriswolf, das andere Jörmungandur, die Miðgarðschlange, das dritte war Hel. Als aber die Götter erfuhren, daß diese drei Geschwister in Jötunheim erzogen würden, und durch Weissagung erkannten, daß ihnen von diesen Geschwistern Verrat und großes Unheil bevorstehe, indem sie Böses von Mutter, aber noch Schlimmeres von Vaterswegen von ihnen erwarten zu müssen glaubten, schickte Alföður die Götter, daß sie diese Kinder nähmen und zu ihm brächten. Als sie aber zu ihm kamen, warf er die Schlange in die tiefe See, welche alle Länder umgibt, wo die

Schlange zu solcher Größe erwuchs, daß sie mitten im Meer um alle Länder liegt und sich in den Schwanz beißt. Die Hel aber warf er hinab nach Niflheim und gab ihr Gewalt über neun Welten, daß sie denen Wohnungen anwiese, die zu ihr gesendet würden: solchen nämlich, die vor Alter oder an Krankheiten starben. Sie hat da eine große Wohnstätte; das Gehege umher ist außerordentlich hoch und mit mächtigen Gittern verwahrt. Ihr Saal heißt Élúðnir, Hungur ihre Schüssel, Sultur ihr Messer, Ganglat ihr Knecht, Ganglöt ihre Magd, Fallandaforað ihre Schwelle, ihr Bett Kör und ihr Vorhang Blíkjandaböl. Sie ist halb blau, halb hautfarben, also kenntlich genug durch grimmiges, furchtbares Aussehen.«

Angurboða („Kummer-Bereiterin") ist eine Gygja (Riesin, Unholdin). Der Mythos von ihr wird in der Edda nur angedeutet. Loki war ja ein Dienstmann der Götter und speziell Þórs, er half den Göttern und stand auf Ihrer Seite. Doch dann erscheint Loki plötzlich als Verräter und Gegner der Götter. Was hat diesen Sinneswandel herbeigeführt? Es war offenbar ein mißglückter Zauber Lokis. Loki aß ein Herz, vielleicht um die Kräfte des Wesens aufzunehmen, von dem das Herz stammte, doch war dieses Herz verzaubert von der Gygja Angurboða und Loki wurde dadurch gewandelt und gebahr die drei Ungetüme Hel, Fenriswolf und Miðgarðschlange. Siehe hierzu die Strophen Hyndluljóð 38 und 39 (Kommentar III, 149f). Die Gygja Angurboða steckt nach meiner Deutung auch hinter der toten Völva des Eddaliedes Vegtamsqviða (siehe Kommentar I, 179). Sie hat sich vielleicht in einer andern Gestalt gezeigt oder Loki wollte von ihr als Völva etwas wissen und aß ihr Herz, welches mit einem „Sinnstein" (hugsteinn, „Gedankenstein") präpariert war und so den Loki zum Bösen wandelte.
Der Fenriswolf („Sumpfbewohner") heißt auch Freki und ist mit dem gleichnamigen Wolf Óðins sowie mit dem die Sonne verfolgenden Wolf Skoll und dem Wolf Gifr identisch. Jörmungandur („gewaltiges Ungeheuer" oder „gewaltiger [Zauber-]stab") ist die Miðgarðschlange, nach der Menschenwelt Miðgarð („Mittelgarten, Mittelwelt") benannt, die sie im Weltmeer umgürtet. Damit kann das Meer selbst gemeint sein, oder auch das himmlische Meer, der Raum um die Erde, der Weltraum. Hel („die Verhüllende") ist eine Riesin und beherrscht das Totenreich. Man sieht in ihr einen riesischen Aspekt, im Gegensatz zum gött-

lichen Aspekt der Göttin Holle. Immerhin deuten die zwei Farben der Hel, blau und menschenfarbig noch ihre unterschiedlichen Eigenschaften (Tot-Leben oder Böse-Gut) an. Gute Seelen erleben sie menschenfarbig, böse hingegen blau (blauschwarz).
Der Text macht übrigens deutlich, daß Alföður (Allvater Óðinn) auch über die Hel Macht hat. Er hätte ihr diese Macht nehmen können, um z. B. Baldur zurückzubekommen, tut es aber nicht. Von Hels Reich wird hier der negative Bereich beschrieben, daß Hel auch gute Säle hat, sehen wir, wenn wir den Baldur-Mythos betrachten (s. unten Gylf. 49). Ursprünglich war Hel wohl mit Holle/ Hellia völlig identisch und eine Bezeichnung für das Totenreich der Frau Holle, daher hat Hel hier auch Gewalt über alle neun Welten, wie Frau Holle als Himmelskönigin. Da nun aber auch böse Menschen sterben und es der Vorstellung einer göttlichen Gerechtigkeit widerspricht, daß sie im gleichen Jenseits leben sollten, wie gute Menschen, wurden die Vorstellungen eines Totenreiches differenziert. Durch Offenbarungen wußte man ja, daß es im Jenseits Straforte gibt und Zwischenstufen.
Die Namen im Reiche der Hel bedeuten: Élúðnir = Elend, Hungur = Hunger, Sultur = Not, Ganglat = Träg, Ganglöt = Langsam, Fallandaforað = Fallgefahr, Kör = Kümmernis, Blíkjandaböl = blinkendes Unheil.

»Den Wolf erzogen die Götter bei sich und Týr allein hatte den Mut, zu ihm zu gehen und ihm zu Essen zu geben. Und als die Götter sahen, wie sehr er jeden Tag wuchs, und alle Vorhersagen meldeten, daß er zu ihrem Verderben bestimmt sei, da faßten die Ásen den Beschluß, eine sehr starke Fessel zu machen, welche sie Læðing hießen. Die brachten sie dem Wolf und baten ihn, seine Kraft an der Kette zu versuchen. Der Wolf hielt das Band nicht für überstark und ließ sie damit machen, was sie wollten. Aber das erstemal, daß der Wolf sich streckte, brach das Band und er war frei von Læðing. Darauf machten die Ásen eine andere noch halbmal stärkere Fessel, die sie Dróma nannten. Sie baten den Wolf, auch diese Kette zu versuchen, und sagten, er würde seiner Kraft wegen sehr berühmt werden, wenn ein so starkes Geschmeide ihn nicht halten könnte. Der Wolf bedachte, daß dieses Band viel stärker sei, daß aber auch seine Kraft gewachsen sei, seit er das Band Læðing gebrochen hatte; zugleich erwog er, daß er sich entschließen müsse, einige Gefahr zu bestehen, wenn er berühmt werden wolle. Er ließ sich also

das Band anlegen. Als die Ásen damit fertig waren, schüttelte sich der Wolf und reckte sich und schlug das Band an den Boden, so daß die Stücke weit davon flogen. So brach er sich los von Dróma. Das ward danach sprichwörtlich, sich aus Læðing zu lösen, oder aus Dróma zu befreien, wenn von einer schwierigen Sache die Rede ist. Danach fürchteten die Ásen, daß sie den Wolf nicht würden binden können. Da schickte Alföðr den, der Skírnir heißt (und Freys Sendbote war), zu einigen Zwergen in Svartálfaheimr, und ließ das Band Gleipnir verfertigen. Dieses war aus sechserlei Dingen gemacht: aus dem Schall des Katzentritts, dem Bart der Weiber, den Wurzeln der Berge, den Sehnen der Bären, dem Atem der Fische und dem Speichel der Vögel. Hast du auch diese Geschichte nie gehört, so magst du doch bald finden, daß sie wahr ist und wir dir nicht lügen, denn da du wohl bemerkt hast, daß die Frauen keinen Bart, die Berge keine Wurzeln haben und der Katzentritt keinen Schall gibt, so magst du mir wohl glauben, daß das übrige ebenso wahr ist, was ich dir gesagt habe, wenn du auch von einigen dieser Dinge keine Erfahrung hast". Da sprach Gangleri: „An den Dingen, die du zum Beispiel anführst, kann ich allerdings die Wahrheit erkennen; aber wie war das Band beschaffen?" Hárr antwortete: „Das kann ich dir wohl sagen: das Band war schlicht und weich wie ein Seidenband und so stark und fest, wie du sogleich hören sollst. Als das Band den Ásen gebracht wurde, dankten sie dem Boten für das wohl verrichtete Geschäft und fuhren dann auf die Insel Lyngvi im See Ámsvartnir, riefen den Wolf herbei, zeigten ihm das Seidenband und baten ihn, es zu zerreißen. Sie sagten, es wäre wohl etwas stärker, als es nach seiner Dicke das Aussehen habe.«

Der eingeklammerte Zusatz fehlt in der Handschrift von Upsala. Der Fenriswolf symbolisiert das Dunkel der Nacht und des Winters. Es gibt sogar ein Sternbild mit Namen „Großer Wolfsrachen", das im Winter halbkreisförmig hoch am Nordhimmel zu sehen ist; es umfaßt die antiken Sternbilder Schwan, Pegasus und Andromeda und stellt natürlich den Rachen des nach dem Sitz der Götter schnappenden Fenriswolfes dar. Der Name der Fessel Læðing ist unklar, vielleicht „Unheilvoll" oder „Einladung", Dróma „Fessel" und Gleipnir „die Offene". Die Schwarzálfen sind zauberkundig und schaffen die letzte Fessel aus Dingen, die es eigentlich nicht gibt, weswegen diese Fessel so leicht und

Abb. 12: Links steht Óðinn mit dem Speer Gungnir und einem Krummschwert in der Hand, rechts Týr mit dem Schwert; Seine rechte Hand hat Ihm gerade der gebundene Fenriswolf abgebissen. Eddahandschrift des Jakob Sigurðsson von 1765.

dünn erscheint. Daß Óðinn gerade Skírnir („der Strahlende") schickt, ist kein Zufall, denn Skírnir symbolisiert den Sonnenstrahl und das Dunkel (der Wolf) wird vom Licht der Sonne überwunden. Der Name der Insel Lyngvi bedeutet „Heidekraut-Ort" (lyng = Heidekraut), könnte aber auch aus „lund" und „vé" entstanden sein, also „Waldheiligtum" bedeuten. In den Nefnaþulur trägt auch ein Seekönig diesen Namen. Ámsvartnir bedeutet der „ganz Schwarze" oder der „Rot-Schwarze".

»Sie gaben es einer dem anderen und versuchten ihre Stärke daran, allein es riß nicht. Doch sagten sie, der Wolf werde es wohl zerreißen mögen. Der Wolf antwortete: Um dieses Band dünkt es mich so, als wenn ich wenig Ehre damit einlegen möchte, wenn ich auch eine solche Fessel entzweireiße; falls es aber mit List und Betrug gemacht ist, obgleich es so schwach scheint, so kommt es nicht an meine Füße. Da sagten die Ásen, er möge leicht ein dünnes Seidenband zerreißen, da er zuvor die schweren Eisenfesseln zerbrochen habe. Wenn du aber dieses Band nicht zerreißen kannst, so haben die Götter sich nicht vor dir zu fürchten und wir werden dich dann lösen. Der Wolf antwortete: Wenn ihr mich so fest bindet, daß ich mich selbst nicht lösen kann, so spottet ihr meiner, und es wird mir spät werden, Hilfe von euch zu erlangen: Darum bin ich nicht gesonnen, mir dieses Band anlegen zu lassen. Ehe ihr mich aber der Feigheit zeiht, so lege einer von euch seine Hand in meinen Mund zum Unterpfand, daß es ohne Falsch hergeht. Da sah ein Áse den andern an, die Gefahr däuchte sie doppelt groß und keiner wollte seine Hand herleihen, bis Týr zuletzt seine Rechte darbot und sie dem Wolfe in den Mund legte. Und da der Wolf sich reckte, da erhärtete das Band, und je mehr er sich anstrengte, desto stärker ward es. Da lachten alle außer Týr, denn er verlor seine Hand.«

Es wurde die Frage aufgeworfen, ob die Götter nicht gelogen haben und eine Zusage nicht einhielten. Denn Sie sagten ja ganz klar zu, die Fessel selbst zu lösen, wenn der Wolf es nicht vermag. Diese Zusage wurde aber am Ende nicht eingehalten. In Wahrheit ist es aber nur ein Verhandlungsangebot der Götter; wäre der Wolf darauf eingegangen, hätten Sie es sicher auch so eingehalten. Der Wolf aber glaubt Ihnen nicht und lehnt dieses Angebot ab. Damit ist dieses Angebot hinfällig und die Götter sind nicht daran gebunden – unabhängig davon, daß Sie keinen

Eid geschworen haben. Der Wolf vermutet, daß es mit Zauberei und List zugeht. Deswegen will er als Unterpfand die Hand Týrs. Er macht nun also ein eigenes Angebot, das das vorherige ersetzt. In diesem Augenblick gibt es weder ein gegebenes Wort, noch einen Eid. Der Wolf macht den entscheidenden Fehler, er kann sich nicht vorstellen, daß irgendein Gott bereit ist, für das Wohl der Allgemeinheit seine eigene Hand zu opfern. Bei einem Pfand ist es so, daß das Pfand dem Wert der Gegenleistung entspricht. Wenn man auf einem Stadtfest ein Bier kauft, muß man oft ein oder zwei Euro als Glaspfand geben. Mit diesem Pfandgeschäft ist es nun möglich, daß man das Bierglas behält und auf die Rückerstattung des Pfandes verzichtet (deswegen sollte die Pfandhöhe immer in der Höhe des Zeitwertes des Glases sein), denn der Bierverkäufer kann sich mit dem dann einbehaltenen Pfand ein neues Bierglas kaufen. Ein Pfandgeschäft ist also wie eine Waage, auf der beide Seiten gleichschwer sind. Die Hand Týrs und die Bindung des Wolfes. Der Wolf aber hielt die Hand Týrs für wertvoller, konnte sich nicht vorstellen, daß Týr sie aufgeben würde, deswegen ging er auf den Handel ein. Hier wurde also weder ein falscher Eid geschworen (es wurde gar nicht geschworen), noch der Wolf betrogen, denn er wußte ja von Anfang an, daß die Götter ihn eigentlich gerne binden wollen. Der Wolf lehnte ein Angebot der Götter ab, machte stattdessen ein eigenes Angebot, auf das die Götter eingingen. Eine Verpflichtung aus dem ersten, abgelehnten Angebot bestand nun nicht mehr. Deswegen kann hier weder von einer Lüge, noch einem Wort- oder Eidbruch der Götter die Rede sein.

Der Mythos von Týrs verlorener Hand ist uralt und schon bei den Celten zu finden. Hier ist es der Gott Nuadu Argatlám („Nuadu mit der silbernen Hand"), der als König der Tuatha Dé Danann in der Schlacht gegen die Fir Bolg den rechten Arm verlor. Der Arzt Dian Cécht schuf ihm daraufhin einen Arm aus Silber. Zeitweilig mußte Nuadu wegen der fehlenden Hand auf das Königsamt verzichten, denn nur ein an Körper und Geist gesunder Mensch durfte König sein, und gerade die rechte Hand ist zur Entgegennahme von Gefolgschaftseiden oder zur Erhebung bei Schwüren nötig. Hinter Nuadu verbirgt sich der celtische Gott Nodons („Fischer, Jäger, Fänger"), den die Römer mit Mars gleichsetzten, wie ja auch Týr mit Mars gleichgesetzt wurde.

Man hat also gefolgert, daß Týr einst höchster Gott war und wegen des Verlustes Seiner Hand dies nicht mehr sein konnte, und Óðinn an Seine Stelle trat. Das ist aber eine Spekulation, die unwahrscheinlich ist; Wodan (Óðinn) erscheint als Speergott bereits auf einem frühbronzezeitlichen schwedischen Felsbild (Litsleby Krs. Tanumshede) offenbar als höchster Gott. Daß Týr einst höchster Gott gewesen sei, dafür gibt es keine einzige Quelle. Zuweilen wird zwar „Mars" als höchster Gott genannt, aber damit ist unzweifelhaft Óðinn als Schlachtenlenker gemeint. Immerhin können wir dem celtischen Mythos entnehmen, daß die Götter dem Týr eine neue Hand aus Silber schufen – was in der Edda nicht erwähnt wird.

»Als die Ásen sahen, daß der Wolf völlig gebunden sei, nahmen sie den Strick am Ende der Kette, der Gelgja hieß, und zogen ihn durch einen großen Felsen, Gjöll genannt, und festigten den Felsen tief im Grund der Erde. Auch nahmen sie noch ein anderes Felsenstück, Þviti genannt, das sie noch tiefer in die Erde versenkten und das ihnen als Widerhalt diente. Der Wolf riß den Rachen furchtbar auf, schnappte nach ihnen und wollte sie beißen; aber sie steckten ihm ein Schwert in den Gaumen, daß das Heft wider den Unterkiefer, und die Spitze gegen den Oberkiefer stand: damit ist ihm das Maul gesperrt. Er heult entsetzlich, und Geifer rinnt aus seinem Maul und wird zu dem Fluß, den man Vón nennt. Also liegt er bis zum Ragnarökkur". Da sprach Gangleri: „Wahrlich, üble Kinder zeugte Loki, und dieses ganze Geschlecht ist furchtbar. Aber warum töteten die Ásen den Wolf nicht, da sie doch Übles von ihm erwarteten?" Hárr antwortete: „Die Ásen halten ihre Heiligtümer und Freistätten so sehr in Ehren, daß sie sie mit dem Blut des Wolfs nicht beflecken wollten, obgleich Weissagungen verkündeten, daß er Óðins Töter werden solle".«

Die Namen bedeuten: Gelgja = Pfahl, Fessel, Gjöll = Lärm, Þviti = Schläger, Vón oder Ván = Hoffnung. Gjöll ist eine Bezeichnung beim Totenreich, wo es ja den Gjöllfluß und die Gjöllbrücke gibt, Vón ist einer der Flüsse, die in den Grimnismál 28 aufgezählt werden.
Der Mythos von der Gaumensperre des Wolfes ist auch ein Bild für die Himmelsachse, die vom Erdnordpol zum Himmelsnordpol (Polarstern) verläuft. Darum herum befindet sich halbkreisförmig das erwähnte

Sternbild „Großer Wolfsrachen", das den Rachen des Fenriswolfes symbolisiert. Die Geschichte vom gefesselten Wolf findet sich auch in Lokasenna 39 und 41 angedeutet (Kommentar II, 96f).

»35. Da fragte Gangleri: „Welches sind die Ásinnen?" Hárr antwortete: „Frigg ist die vornehmste: Ihr gehört der Palast, der Fensalir heißt, und überaus schön ist.«

Es beginnt nun die Aufzählung der Ásinnen, aber nicht alle davon sind Göttinnen. Dies geschieht in einem einzigen Kapitel und ist kürzer. Aber einige Göttinnen wurden auch schon in den vorherigen Kapiteln beschrieben. Frigg (Fria) ist die Hauptgöttin und wurde von den Germanen als „Himmelskönigin" verehrt, sie wird in den Skáldskaparmál auch „Dróttin" („Fürstin") der Ásen und Ásinnen genannt. Auch die der Frigg entsprechende römische Juno galt als Götterkönigin (Juno Regina). Fensalir bedeutet „Fennsaal", denn Frigg ist nicht allein Himmelskönigin, sondern auch Göttin der Erde und der Zugang in die Unterwelt erfolgt durch Seen und Moore. Im Märchen von „Frau Holle" sind beide Vorstellungen vereint, der Zugang in Ihr unterirdisches Reich erfolgt durch den Brunnen, aber wenn Frau Holles Betten geschüttelt werden, fällt Schnee vom Himmel auf die Erde.

»Eine andere heißt Sága, die Sökkvabekk bewohnt, das auch eine große Halle ist.«

Von dieser Göttin wissen wir fast nichts. Sie ist Göttin der Sagen und Überlieferungen und wird nur in den Grimnismál 7 erwähnt und bei den Skálden. Ihr Name bedeutet „Sagen" und es wurde viel spekuliert. Man hielt Saga für einen Namen der Frigg, da man die Ähnlichkeit von Sökkvabekk („Sinkebach, Schatzbach") zu Friggs Wohnort Fensalir („Fennsaal") sehen wollte, auch daß Saga die Geschichte kennt, schien zu Frigg zu passen. Saga wird hier aber eindeutig von Frigg unterschieden. Dann hat man auch einen Schreibfehler vermutet. Im Heldenlied Helgaqviða Hundingsbána I 39 wird ein Ort »á nesi Ságo« (»in Ságas Gebirge«) erwähnt, in der Völsunga Saga heißt dieser Ort aber »á Laganesi« (»in Lagas Gebirge«) so daß die Göttin vielleicht eher Laga („Tröpfeln, Sickern") heißen müßte und als Göttin der Quellen anzusehen wäre. Saga kann aber schon wegen Ihres Palastes auch als Göttin der Quellen angesehen werden, dazu aber auch als Göttin der Sagen und Geschichten. Sie ist vermutlich eine Tochter Óðins und Friggs.

»*Die dritte ist Eir, die beste der Ärztinnen.*«

Eir („Hilfe, Gnade") finden wir in der Älteren Edda nur als eine der Heil-Dísen, die vor Menglöðs Burg auf dem Lyfjaberg sitzen, und zwar in den Fjöllsvinnzmál 38. Sie ist demnach also keine Göttin, sondern eher eine Díse oder Valkyre und wird in den Nefnaþulur unter den Valkyren angeführt (siehe S. 273). Aber hier wird Sie als dritte Göttin gleich nach Frigg und Sága aufgezählt; der Grund ist wohl, daß Eir mit der celtischen Göttin Eire oder Eriu, Tochter von Delbath und Mutter des Bres identisch ist. Nach Eire wurde auch Irland („Eire") benannt. Eir und Eire entsprechen dann auch der griechischen Hore (Göttin der Jahreszeiten) „Eirene" (neugriechisch Irini), einer Göttin des Friedens, die schon im 5. Jh. v. u. Zt. verehrt wurde. Ihr Name bedeutet „die Friedliche" (εἰρήνη = Frieden).

»*Die vierte Gefjun: sie ist unvermählt und ihr gehören alle, die unvermählt sterben.*«

Gefjun oder Gefjon hatte ich schon oben zu Gylfaginning 1 behandelt. Vermutlich ist Gefjun ein Beiname der Göttin Freyja, der besonders in Dänemark verwendet wurde. Denn „Freyja" („Herrin") ist ja nur ein Anredename. Im griechischen Mythos vom Urteil des Paris streiten drei Göttinnen darüber, welche die Schönste ist: Aphrodite, Athena oder Hera. In der isländischen Tróamanna Saga wurde diese Geschichte nacherzählt und hier sind es die Göttinnen Freyja, Sif und Gefjon, doch bleibt der Text nicht einheitlich, denn ein Kapitel später sind es die drei Göttinnen Sif, Freyja und Frigg, die als Kriegsgöttin bezeichnet wird. Freyja gewinnt den Wettstreit und entspricht somit der Aphrodite, Hera als Gemahlin des Zeus entspricht hier der Sif, denn Zeus wurde mit Þórr gleichgesetzt, so daß Frigg oder Gefjon der Athena entsprechen muß[38]. Athena („Herrin Atana" oder „Mädchen aus Athen") ist die Göttin der Weisheit, der Strategie und des Kampfes, der Kunst, des Handwerks und der Handarbeit. Diese Zuständigkeiten passen eher auf

Gefjon, der Sagaschreiber mißdeutete Frigg als Kriegsgöttin und verwendete daher auch Ihren Namen für die kriegerische Athena. Da in der Egils Saga Skallagrímssonar die Þorgerðr, Egils unvermählte Tochter erklärt, daß sie zu Freyja kommen werde (sie will sich töten), aber es hier in der Jüngeren Edda heißt, daß Unvermählte zu Gefjon kommen, muß Gefjon ursprünglich der Freyja entsprechen, wie ja auch Athena eigentlich der Freyja entspricht. Schon auf Votivsteinen finden wir aber Namen, die mit dem Namen Gefjon („die Gebende") zusammenpassen, etwa „Garmangabis" („germanische Geberin" oder „reiche Geberin") auf einer Weiheinschrift von Lancester bei Durham, Nordengland zwischen 238 und 244 u. Zt., oder den häufigen Namen „Gabiae" („die Gebenden") auf über 10 Weihesteinen. Dabei erscheint „Gabiae" als „Matronis" („Mutter") oder auch als „Iunones", also als der Göttin Juno (Hera), der Frigg entsprechend, zugeordnet.

»Fulla, die fünfte, ist auch Jungfrau, und trägt loses Haar und ein Goldband ums Haupt. Sie trägt Friggs Schmuckkästchen, wartet ihrer Fußbekleidung und weiß ihre Geheimnisse mit ihr.«

Fulla („Fülle, Überfluß") ist Dienerin der Frigg und zugleich Ihre Schwester, denn Fulla entspricht zweifellos der im 2. Merseburger Zauberspruch genannten „Volla", „Frija" aber ist Frigg. Es heißt in dem Spruch:

»thubiguolen friia uolla era suister.«
»Da besprach Frija, Volla ihre Schwester.«

Fulla wird auch bei den Skálden sowie in den Bragarœður 1 unter den Ásinnen genannt. Es ist kein Widerspruch, daß die Schwester der Frigg zugleich auch Ihre Dienerin sein kann. Auch beim Adel war es früher so, daß hohe Adelige Diener der Könige waren. Das Schmuckkästchen sollen die Schätze der Erde sein, also die in der Erde verborgene Saat; der Hinweis auf die Fußbekleidung hängt mit der Fruchtbarkeit zusammen; der Schuh ist auch Symbol des weiblichen Geschlechts und kommt in vielen Märchen (z. B. Aschenputtel) vor. Vielleicht auf Grund der Wortähnlichkeit von „Fos" (ahd. fuoz, „Fuß") mit „fas" (frühnhd. faseln, „gedeihen, fruchtbar sein").

»Freyja ist die vornehmste nach Frigg; sie ist einem Manne vermählt, der Óður heißt. Deren Tochter heißt Hnoss: die ist so schön, daß nach ihrem Namen alles hnossir genannt wird, was schön und kostbar ist. Óður zog fort auf ferne Wege, und Freyja weint ihm nach und ihre Zähren sind rotes Gold. Freyja hat viele Namen: die Ursache ist, daß sie sich oft andere Namen gab, als sie Óður zu suchen zu unbekannten Völkern fuhr. Sie heißt Mardöll, Hörn, Gefn und Sýr. Freyja besitzt den Halsschmuck, Brísingamen genannt. Sie heißt auch Vanadís.«

Warum Freyja hier erst als 6. Ásin aufgezählt wird, ist unklar, denn als vornehmste Göttin nach Frigg hätte Sie doch an zweiter Stelle genannt werden müssen. Vielleicht hat hier die Symbolik der Zahl Sechs, die auch für den Menschen und die Sexualität steht, mit hineingespielt. Der Name Óður oder Óðr ähnelt sehr dem Namen von Óðinn, so daß man gefolgert hatte, beide Gottheiten seien identisch. Aber Óðr wird schon in der Völuspá 25 (Kommentar I, 61) sowie in den Hyndluljóð 45 (Kommentar III, 154) erwähnt und kann daher nicht mit Óðinn identisch sein. Ich gehe von einem Schwund des anlautenden „H" aus und setze Óðr mit Hǫðr gleich. Aber auch das ist eine durchaus unsichere Interpretation. Schon Bei Saxo Grammaticus kommt Óðr als Ottarus vor und dort wird geschildert, wie Óðr und Freyja zusammenkamen. Der Mythos ist in meinem Kommentar Band III, S. 133f abgedruckt. Freyjas Tochter Hnoss (hnossir, „Kleinod") kommt auch in den Skáldskaparmál vor, sowie in den Nefnaþulur (siehe S. 273). Dort wird aber noch eine weitere Tochter der Freyja genannt, nämlich Gørsemi oder Gersemi („Kostbarkeit"); schon dies zeigt, daß die Nefnaþulur von einem anderen Dichter zusammengestellt wurden, als die anderen Teile der Jüngeren Edda. Nach der Sage war das Sæmundur, während Snorri dessen Vorarbeit mit in das Werk einbezog.

Den Mythos, wonach Óðr fortzieht und Freyja Ihm nachreist und Ihn sucht, hat man auch mit dem griechischen Attis-Mythos in Verbindung gebracht, sowie mit Adonis.
Höðr/ Óðr kommt in das Totenreich, wo Er als blinder Gott und Entsprechung zu Hades zeitweilig lebt und Seine Geliebte oder Gattin sucht Ihn derweilen. Dieser Mythos kann hier der Geschichte von Óðr und Freyja zugrunde liegen.

Die goldenen Tränen hat man als Bernstein gedeutet; eine Orchidee heißt „Frauenträn" (Orchis Mascula) und in ihr findet sich immer ein Tautropfen, der auch mit Freyjas (Frovas) Tränen in Verbindung gebracht wird.

Die Namen der Freyja bedeuten: Marðöll = Meererleuchtend – Freyja ist Tochter des Meeresgottes Njörðr und auch für das Meeresleuchten zuständig, Hörn = Flachs? vielleicht eher „Horn", nämlich das Mondhorn, da Freyja auch als Mondgöttin angesehen wird. Gefn = die Gebende (siehe oben zu Gefjon), Sýr = Sau, wohl Verkürzung des „Sýriðr" (Syritha) bei Saxo Grammaticus, was „Saureiterin" bedeutet. Aber dieser Name könnte mit dem Namen der celtischen Göttin Sirona („Stern") verwandt sein. Diese Göttin hat als Attribute eine Traube und eine Ähre sowie eine Schlange und wurde wohl als Heil- und Quellgöttin verehrt. Daß hier nur vier Namen der Freyja erwähnt werden, und weitere (Skjálfr, Þrungva) fehlen, hat man auf die Mondphasen gedeutet.

»Die siebente heißt Sjöfn; sie sucht die Gemüter der Menschen, der Männer wie der Frauen, zur Zärtlichkeit zu wenden, und nach ihrem Namen ist die Liebe Sjafni genannt.

Die achte, Lofn, ist den Anrufenden so mild und gütig, daß sie von Alföður oder Frigg Erlaubnis hat, Männer und Frauen zu verbinden, was auch sonst für Hindernis oder Schwierigkeit entgegenstehe. Daher ist nach ihrem Namen die Erlaubnis genannt, so wie alles, was Menschen sehr loben.«

Sjöfn (sjafni = Liebe) ist als eine Göttin der Liebe sicher eine der Dienerinnen der Freyja. Ihren Namen hat man auch mit sefi („Sinn" oder „Verwandter") übersetzen wollen.
Lofn („die Tröstliche, Milde") ist entsprechend auch eine Dienerin der Freyja oder sogar Freyja selbst. Ihr Name ist auch tatsächlich mit dem altnordischen lof = Erlaubnis verwandt, wie es der Text sagt. Aber dieses Wort „lof" ist mit althochdeutsch lobon, germ. *lubon („loben, geloben") verwandt und damit auch mit der wendischen Liebesgöttin Liuba oder Lupa (lioba = Liebe).

Mittlerweile mußte ich feststellen, daß dieser Abschnitt über Lofn zur Rechtfertigung der Homosexualität mißbraucht wird. Hier sind aber eindeutig menschliche Hindernisse gemeint, etwa die fehlende Ebenbürtigkeit der Partner oder wenn die Partner aus verfeindeten Sippen oder Stämmen stammen usw., es gibt hier keine Rechtfertigung der Homosexualität, die nach den Werten der Götter als „argr" (arg, schlecht, pervers) gilt.

»Die neunte ist Vár; sie hört die Eide und Verträge, welche Männer und Frauen zusammen schließen und straft diejenigen, welche sie brechen.

Die zehnte ist Vör, sie ist weise und erforscht alles, so daß ihr nichts verborgen bleibt; daher kommt die Redensart, daß man eines Dinges gewahr werde, wenn man es in Erfahrung bringt.«

Hier werden klar zwei Asinnen aufgezählt, doch fügen manche Ausgaben beide zusammen zu einer einzigen, denn beide Namen, Vár und Vör sind in Runen geschrieben identisch: ᚢᚨᚱ (uar). Und inhaltlich passen beide auch zusammen. Vár bedeutet nach den Forschern „Geliebte"; sie weisen hier z. B. auf Skáldenstrophen hin wie eine vom Skálden Eyvindr, der die Jörð als „Svölnis Vár" („Svölnirs Geliebte") bezeichnet. Aber hier steht „Vár" wohl eher für Göttin und Frau, wie ja oft in Skáldenstrophen Frauen so umschrieben werden. Somit bedeutet es dann „Svölnirs Frau". Also kann „Vár" noch etwas anderes bedeuten. Die Víkinger in Rußland nannten sich „Varäger", d. h. durch einen Eid zusammengeschworene Leute. Altnordisch „várar" bedeutet nämlich „Eide, Verträge" und davon geht hier der Text aus. Auch die Bezeichnung für den Frühling und das Frühlingsthing, „Várþing" kann von diesem Wort stammen und eigentlich „Þing, wo Verträge geschlossen werden" bedeuten. Vara bedeutet auch „ahnen, vermuten" (vördr = Wächter, Warter) und erklärt den Namen der Vör.
Die Göttin Vár wird schon in den Þrymsqviða 30 als Göttin, die den Eheeid überwacht, erwähnt (Kommentar II 128ff).

»Die elfte ist Syn, welche die Türen der Halle bewacht und denen verschließt, welche nicht eingehen sollen; ihr ist auch der Schutz derer be-

fohlen, die beim Þing eine Sache in Abrede stellen, daher die Redensart: Abwehr ist vorgeschoben, wenn man die Schuld leugnet.«

Syn (syn = Verweigerung, Abwehr) kommt auch in der Älteren Edda vor und zwar in den Hávamál 68, wo es heißt (Kommentar I, 198f):

»Feuer ist das Beste den Erdgebornen,
Und der Sól Syn [sólar sýn].«

Hier bedeutet der Name den „Schein" der Sonne bzw. des Feuers. Und natürlich ist Syn auch mit der im zweiten Merseburger Zauberspruch genannten „Sinhtgunt" identisch. Der Name lautet richtig „Sinthgunt" und ist im Norden zu Syn verkürzt worden. In dem Merseburger Spruch ist Sinthgunt nun aber gerade auch die Schwester der Sunna (Sonne):

»thu biguloen sinhtgunt sunna era suister.«
»Da besprach Sinthgunt, Sunna ihre Schwester.«

Im Naturmythos ist also Syn der Schein der Sonne oder des Feuers, dann wohl auch das Herdfeuer, das zugleich den Schutz des Hauses (Hausfrieden) symbolisiert, daher schützt Syn die Türen des Hauses und dann – erweitert – auch die Menschen des Hauses selbst, z. B. beim Þing (Gericht).
Die Christen haben eine Heilige namens „Synagoge" in den Vorraum ihrer Kathedralen gestellt, die in Erinnerung an Syns Schutzfunktion gedacht war. Sie wird mit verbundenen Augen und gebrochenem Speer dargestellt, was auf Syns Zuständigkeit in Gerichtssachen hinweist. Christlich wird die personifizierte Synagoge aber (im Gegensatz zur gleichfalls personifizierten Ecclesia, „Kirche") als blind und unwissend sowie ihrer Herrschaft beraubt, gedeutet.

»Die zwölfte ist Hlín, die solchen zum Schutz bestellt ist, welche Frigg vor einer Gefahr behüten will. Daher das Sprichwort: Wer sich in Nöten retten will, lehnt sich an.

Die dreizehnte ist Snotra; sie ist weise und feinsinnig: nach ihr heißen alle snotur, sowohl Männer als Frauen, die klug und feinsinnig sind.«

Hlín („Schützerin", „Stützerin", altnord. hleinir = anlehnen) kommt häufig in der Skáldendichtung vor, in der Älteren Edda nur in der Völuspá 53, wo sich Hlín über Óðinn sorgt (Kommentar I, 80f). Man hat gefolgert, Hlín wäre ein Name der Frigg, denn Frigg sorgt sich ja zuerst um Ihren Gemahl, und der Zusammensteller der Jüngeren Edda hätte Hlín hier als eigene Göttin mißverstanden. Davon gehe ich nicht aus, denn natürlich kann sich auch Friggs Dienerin Hlín sorgen; daß Frigg Sich sorgt, ist selbstverständlich, daß Hlín sich sorgt, wird eigens erwähnt, da es ja Hlíns Aufgabe ist, diejengen zu schützen, die Frigg schützen will, natürlich auch Óðinn. Hlín sorgt sich also, weil Sie die Aufgabe, Óðinn zu schützen, nicht bewältigen kann, nachdem Ihr ja auch schon der Schutz Baldurs mißlang. Hlín ist also eine Art Personenschützerin der Götter.

Auch Snotra („die Kluge") kommt in der Älteren Edda nur indirekt vor, so in den Hávamál 24-27 und 79, wo »ósnotr maðr« (unkluge Männer) erwähnt werden, also Männer, die nichts von Snotra haben. Auch in der Verbindung »al-snotr« (sehr klug) finden wir den Namen dieser Ásin, so in Hávamál 55 sowie Þrymsqviða 26 und 28, auch »meðal-snotr« (mittelklug) kommt in den Hávamál 54-56 vor, sowie »ráð-snotr« (ratklug) in den Hávamál 64. Die Göttin Snotra hieß bei den Goten Snutra, bei den Angelsachsen Snottor.

»Die vierzehnte ist Gná, welche Frigg in ihren Geschäften nach allen Weltteilen schickt. Sie hat ein Pferd, das durch Luft und Flut rennt und Hófvarpnir heißt. Einst geschah es, daß sie von etlichen Vanen gesehen ward, als sie durch die Luft ritt. Da sprach einer:

Was fliegt da, was fährt da,
Was lenkt durch die Luft?

Sie antwortete:

Ich fliege nicht, ich fahre nicht,
Ich lenke durch die Luft
Auf Hófvarpnir, den Hamskerpir
Zeugte mit Garðrofu.

Nach Gnás Namen gebraucht man den Ausdruck gnæfir von allem Hochragenden.

Auch Sól und Bil zählen zu den Ásinnen. Ihres Ursprungs ist zuvor gedacht.«

Auch Gná („die Erhabene", altnord. gnæfa = hochaufragend) ist eine Dienerin der Frigg. Die Namen der Pferde bedeuten: Hófvarpnir = der Hufwerfer, Hamskerpir = der mit runzeligem Fell, Garðrofu = die Zaundurchbrecherin. Die hier angeführten Strophen sind unbekannter Herkunft. Es muß sich also neben Heimdallargaldr um ein weiteres, heute verlorenes Eddalied handeln, dessen Strophen hier zitiert werden. Aus derartigen Liedern können viele weitere Angaben stammen, die man heute gern als Erfindungen Snorris (bzw. des Zusammenstellers der Jüngeren Edda) betrachten will. Vielleicht stammen diese Strophen aus einem verlorenen Lied über Baldurs Tod, wo die Götter ja Sendboten aussandten, die allen Wesen geboten, Baldur aus der Hel zu weinen. Dann wäre Gná eine dieser Sendboten.
Sól und Bil hatte ich bereits zu Kap. 11 behandelt.

»36. Noch andere sind, die in Valhöll dienen, das Trinken bringen und das Tischzeug und die Älschalen verwahren sollen. In Grímnismál wird ihrer so gedacht:

Hrist und Mist sollen das Horn mir reichen;
Skeggjöld und Skögul,
Hildr und Þrúðr, Hlökk und Herfjötur,
Göll und Geirahöð,
Randgríð und Ráðgríð und Reginleif
Schenken den Einherjern Äl.

Diese heißen Valkyrjur. Óðinn sendet sie zu jeder Schlacht. Sie wählen die Fallenden und walten des Sieges. Gunnur und Rota und die jüngste der Nornen, welche Skuld heißt, reiten beständig, den Val zu kiesen und des Kampfes zu walten.
Auch Jörð, die Mutter Þórs, und Rindur, Válís Mutter, zählen zu den Ásinnen.«

Die Valkyren zählen auch zu den Ásinnen. Sie sind die ursprünglichen „Toten-Erkürerinnen" also Geistwesen (Dísen), die für die Führung der Seelen der Verstorbenen in das Totenreich zuständig sind, ja, sie bewirken überhaupt auch erst den Tod der Betreffenden. Deswegen wird hier auch die dritte Norne, Skuld, die Todesnorne genannt. Wenn ein Mensch in irgendeiner Form gewaltsam, also nicht durch Krankheit oder Altersschwäche stirbt, so sind es die Valkyren, die diesen Tod im Auftrage der Götter herbeigeführt haben.

Ihre Namen bedeuten: Hrist = die (Speer-) Erschütternde, Mist = Wolke, Nebel, Skeggjöld = Axtzeit, Skögul = Kampf, Hildr = Kampf, Þrúðr = Kraft (Þórs Tochter), Hlökk = Lärm, Kampf, Herfjötur = Heerfessel (der gefürchtete lähmende Schrecken), Göll = Gellend, Geirahöð = Speerhader, Randgríð = die Schildzerstörerin, Ráðgríð = die Herrschsüchtige, Reginleif = Tochter der Reginn (Götter), Gunnur = Kampf, Rota, Rosta = Getümmel (vergl. den Óðinsnamen Rosterus bei Saxo Grammaticus), Skuld = Schuld, Zukunft, Gesolltes (eine der Nornen), Jörð = Erde, Rindur, Rind = Rinde (der Erde)? Den Mythos von Rind behandelt Saxo Grammaticus ausführlich.

Interessant ist, daß eine der Valkyren einen Namen mit der Bedeutung Wolke, Neben, trägt, was die Zuordnung der Valkyren im Naturmythos unterstreich, die durch die Wolken symbolisiert werden. Auch finden wir die dritte Norne Skuld (die Todesnorne) hier, sowie die Tochter Þórs, Þrúðr. Auch Freyja reitet zuweilen als Valkyre.

Die angeführte Strophe ist Grimnismál 36 (Kommentar I, 125) unverändert, nur statt „Geirölul" oder „Geirrömul" („die mit dem Ger Vorwärtsstürmende") finden wir hier „Geirahöð". Eine Verbindung zum Óðinsnamen Geirölnir oder dem Sohn Óðins, „Ölnir" (Óðinn selbst oder Þórr) liegt nahe und „Geir-ölul" enthält in Runen geschrieben die magische Formel „alu".

Kapitel 6

Gylfaginning 37-45

»*37. Gymir hieß ein Mann, und seine Frau Aurboða; sie war Bergriesengeschlechtes. Deren Tochter ist Gerður, die schönste aller Frauen. Eines Tages war Freyr auf Hliðskiálf gegangen und sah über alle Welten. Als er nach Norden blickte, sah er in einem Gehege ein großes und schönes Haus. Zu diesem Hause ging ein Mädchen, und als sie die Hände erhob, um die Türe zu öffnen, da leuchteten von ihren Händen Luft und Wasser, und alle Welten strahlten von ihr wieder. Und so rächte sich seine Vermessenheit an ihm, sich an diese heilige Stätte zu setzen, daß er harmvoll hinwegging. Und als er heim kam, sprach er nicht, auch mochte er weder schlafen noch trinken und niemand wagte es, das Wort an ihn zu richten. Da ließ Njörður den Skírnir, Freyrs Diener, zu sich rufen und bat ihn, zu Freyr zu gehen, mit ihm zu reden und zu fragen, warum er so zornig sei, daß er mit niemand reden wolle. Skírnir sagte, er wolle gehen, aber ungern, denn er versehe sich übler Antwort von ihm. Und als er zu Freyr kam, fragte er, warum Freyr so finster sei und mit niemand rede. Da antwortete Freyr und sagte, er habe ein schönes Weib gesehen und um ihretwillen sei er so harmvoll, daß er nicht länger leben möge, wenn er sie nicht haben solle:* ‚*Und nun sollst du fahren und für mich um sie bitten, und sie mit dir heimführen, ob ihr Vater wolle oder nicht, und ich will dir das wohl lohnen.*‘ *Da antwortete Skírnir und sagte, er wolle die Botschaft werben, wenn ihm Freyr sein Schwert gebe. Das war ein so gutes Schwert, daß es von selbst focht. Und Freyr ließ es ihm daran nicht mangeln und gab ihm das Schwert. Da fuhr Skírnir und warb um das Mädchen für ihn und erhielt die Verheißung, nach neun Nächten wolle sie an den Ort kommen, der Barrey heiße, und mit Freyr Hochzeit halten. Und als Skírnir dem Freyr sagte, was er ausgerichtet habe, da sprach er so:*

‚*Lang ist eine Nacht, länger sind zwei,*
Wie mag ich dreie dauern?

Oft daucht ein Monat mich minder lang
Als eine halbe Nacht des Harrens'.

Das ist die Ursache, warum Freyr kein Schwert hatte, als er mit Beli stritt und ihn mit einem Hirschhorn erschlug".
Da sprach Gangleri: „Es ist sehr zu verwundern, daß ein solcher Häuptling, wie Freyr ist, sein Schwert hingab, ohne ein gleich gutes zu behalten. Ein erschrecklicher Schaden war ihm das, als er mit jenem Beli kämpfte, und ich glaube gewiß, daß ihn da seiner Gabe gereute".
Da antwortete Hárr: „Es lag wenig daran, als er dem Beli begegnete, denn Freyr hätte ihn mit der Hand töten können; aber es kann geschehen, daß es den Freyr übler dünkt, sein Schwert zu missen, wenn Múspells Söhne zu streiten kommen".«

In diesem Kapitel wird das Eddalied Skírnisför nacherzählt (Kommentar III, 3-33). Allerdings finden wir hier noch das Detail, daß es eine große Anmaßung war, daß sich Freyr auf den Thron Óðins, Hliðskjálfr gesetzt hatte. Dieser Thron steht nur Óðinn und Frigg zu. In den Skírnisför ist dieser Gedanke nur indirekt enthalten, denn Freyr schweigt und erzählt zunächst niemandem, was geschehen war. Der Grund könnte darin liegen, daß Ihm das Betreten des Thrones verboten war und Er deswegen nichts erzählt. Der Mythos wird auch in der Lokasenna 42 (Kommentar II, 97), Hyndluljóð 29 (Kommentar III, 143), sowie Ynglinga Saga 10 erwähnt.

Der Mythos ist auch bei den Celten erhalten im Liede „Aislinge Óengusso" („Das Traumgesicht von Óengus"), nach Sprache und Inhalt im 8./9. Jh. aufgeschrieben. Ich habe den Text schon im Kommentar III (S. 5ff) abgedruckt. Die Namen entsprechen sich völlig: Óengus = Ingwaz, Freyr; Cáer = Gerðr.

Gymir („Meer") ist der winterliche Meerriese, Gerð ist dessen Tochter oder Gefangene, ihre Mutter ist Aurboða („Feuchtigkeitsbotin" oder „Sand-, Schlammbotin"). Gerðr kommt bei Saxo Grammaticus als „Lathgertha" (Lað-Gerðr) in abweichendem Zusammenhang vor[39], ihr Name bedeutet „die durch eine Einzäunung Geschützte" (garðr = Garten, Gatter, umzäuntes Feld); sie ist sicher eine Vertreterin der Erde. Skírnir = der Strahlende, ist der Sonnenstrahl, der im Auftrage des Sonnenfeuer- und Fruchtbarkeitsgottes Freyr um die Vertreterin der Erde

wirbt, Beli = Beller ist ein wolfsartiger Vertreter des Winters; Freyr tötet ihn mit einem Hirschhorn, denn der Winter endet in der Zeit, wo die Hirsche ihre Geweihe abwerfen, im „Hornung" (Februar); hier ist auch das alte Freysfest „Fröblót" gefeiert worden, das König Fróði eingeführt hatte. Barrey bedeutet „Nadelwald" (oder „Kornfeld") und ist mit dem Namen der Hebrideninsel Barrey identisch.
Die angefügte Strophe ist Skírnisför 37 (Kommentar III, 32f) mit geringen Abweichungen.

»38. Da sprach Gangleri: „Du sagtest, daß alle die Männer, die im Kampf gefallen sind von Anbeginn der Welt, zu Óðinn nach Valhöll gekommen seien. Was hat er ihnen zum Unterhalt zu geben? Denn mich dünkt, das muß eine gewaltige Menge sein". Da antwortete Hárr: „Es ist wahr, was du sagst: eine gewaltige Menge ist da, und noch viel mehr müssen ihrer werden; aber doch wird es scheinen, ihrer seien viel zu wenig, wenn der Wolf kommt. Und niemals ist die Volksmenge in Valhöll so groß, daß ihr das Fleisch des Ebers nicht genügen möchte, der Sæhrímnir heißt. Jeglichen Tag wird er gesotten und ist am Abend wieder heil. Doch dünkt mich wahrscheinlich, daß dir wenige auf die Frage, die du jetzt gefragt hast, richtig Bescheid sagen werden. Andhrímnir heißt der Koch und der Kessel Eldhrímnir, wie hier gesagt ist:

Andhrímnir läßt in Eldhrímnir
Sæhrímnir sieden,
Das beste Fleisch; doch erfahren wenige,
Was die Einherjar essen".«

Daß Sæhrímnir ein Eber ist, erfahren wir nur hier, die angeführte Grímnismál-Strophe 18 (Kommentar I, 114f) sagt das nicht und läßt es offen, deutet vielleicht sogar an, daß nur wenige wissen, was für Fleisch, also welches Tier die Einherjer essen würden. Daß es hier aber gerade ein Eber ist, liegt daran, daß Schweinefleisch als das edelste Fleisch galt. So heißt es in einem deutschen Volkslied über den Himmel:

»Fette Swainia waen wer broeta
Jounge Hihnla waen wer soeta.«

In der Sage jagen die Geister der verstorbenen Helden zur Nachtzeit Eber[40].

Der Mythologe Karl Simrock deutete diesen Mythos als Sonnenmythos, denn der Eber ist ja ein Sonnensymbol, wie auch Freys Eber Gullinbursti. Er schrieb dazu 1878[41]:

»... und schwerlich würde sich der Germane so freudig in den Kampf gestürzt haben, wenn man ihm gesagt hätte, daß der Eber Saehrimnir, das Bild der Sonne, nichts als das Licht des Tages sei, das sich täglich erneut, und Heidruns Milch nichts als die klare Aetherflut, der reinste Lichtstrohm, der unsterblichen Lungen allein zuträglich ihnen zur Quelle des ewigen Lebens wird. Gleichwohl treffen diese Deutungen den ursprünglichen Sinn des Mythos, und selbst die überlieferten Namen in Grimnismál Str. 18 lassen sich damit in Übereinstimmung bringen.«

Und auch Hans v. Wolzogen hatte das schon in seiner Eddaausgabe erkannt und zu der Grimnismál-Strophe geschrieben[42]:

»Andhrímnir, der himmlische Koch; der sich stets wieder erneuernde Eber ist die Sonne. Die Asen nähren sich als Lichtalben vom Lichte.«

Er übersetzte „Andhrímnir" mit „Luftkocher".

Bei Ludwig Ettmüller findet sich folgende Deutung[43]:

»Der Name des Koches, Andhrimnir, des Kessels, Eldhrimnir und des Ebers Sährimnir hat zum zweiten Theile -hrimnir (hrímnir). Hrimnir kommt her von hrím, Reif, Eis, Kälte, und bedeutet den Reifenden, Dunstverdickenden. And (andi) bedeutet Hauch, Geist. Andhrimnir wäre demnach Hauch, der Dünste verdickt. Eld ist Feuer, Eldhrimnir sagte demnach so viel als Feuerdunstverdickender (Rußmacher) (...) Uebrigens gebieten auch And und Eld hier an das dritte Element sœr, See, zu denken. Der Sinn der Mythe dürfte demnach wohl nur der sein: das Luft, Feuer und Wasser die Erhalter des physischn Lebens sind. Die Erde brauchte nicht erwähnt zu werden, da diese nach altnordi-

scher Mythologie selbst aus der Zusammenwirkung von Feuer und Wasser entsteht.«

Wir haben also drei Namen, die sich auf den Koch, den Kessel und den Eber beziehen sollen. Um das Geheimnis dieses mythischen Bildes zu entschlüsseln, helfen uns die üblichen Übersetzungen dieser Namen nicht weiter. Danach soll Andhrímnir „der dem Ruß Ausgesetzte" bedeuten, Eldhrímnir „der durch Feuer Berußte" und Sæhrímnir „rußiges Seetier??", doch setzt Prof. Simek an diese Übersetzung gleich zwei Fragezeichen und bringt auch noch die Möglichkeit, daß es vielleicht zu seyðir „Kochgrube" gestellt werden könnte[44].

Da der Name Andhrímnir in den Nefnaþulur der Jüngeren Edda unter den Namen des Adlers genannt wird, muß dieser Koch Andhrímnir als Adler oder adlergestaltig vorgestellt werden. Der Adler aber ist im Mythos meist ein Bild für den Wind; der Sturm wird z. B. von einem adlergestaltigen Riesen Hræsvelgar („Leichenschwelger") verursacht, Óðinn als ursprünglicher Windgott hat den Adler als heiliges Tier.

Andhrímnir ist also auch der Wind, was gut zu der Deutung Wolzogens paßt, der Andhrímnir mit „Luftkocher" übersetzte. Die Vorsilbe „and" bedeutet im Altnordischen „Atem" und ist mit önd („Atem, Seele" auch „Lufthauch") identisch. Wir finden in der Edda z. B. »and-lát« mit der Bedeutung „atemlos, atemlassen" also „tot". Das altnordische „hrím" entspricht dem englischen „rime" und kann „Reif" oder „Ruß" bedeuten; die Hrímþursen sind die „Reifriesen", der Name ist wahrscheinlich doppeldeutig und es können auch die „Rußþursen" gemeint sein. Winterkälte und Nachtdunkel gehören beide zu den Riesen. Schon unsere Vorfahren haben wahrscheinlich beide Begriffe auf die Riesen bezogen. Prof. Simek führt bei dem Namen des Riesen Hrímnir daher auch beide Bedeutungen an: „Der Bereifte" oder „der Berußte"[45]. Die ursprüngliche Bedeutung des Wortes hrím bezieht sich auf etwas, das abgestreift werden kann, so wie Reif oder Ruß. „-hrímnir" könnte hier aber auch einfach nur „riesisch" und „groß" bedeuten. Da wir nun aber bei Andhrímnir sicher eher nicht an einen Reifriesen oder überhaupt an Reif denken können, kommt wohl nur die Deutung „der Berußte" in Frage, die aber auch Umschreibung für eine Kochstelle oder einen Topf sein kann, denn Kochstelle oder Topf sind natürlich auch berußt. Deswegen ist die Übersetzung von Andhrímnir mit „Luftkocher" sehr passend. Ein Adler, der mit seinen Fittichen Luft zum Feuer fächelt, um es anzublasen. Denn daß „eldr" das Feuer bezeichnet, darüber gibt es keinen Zweifel, so daß Eldhrímnir „Feuerkocher" (wörtlich: „Feuerberußter") bedeutet. Gemeint ist also das Feuer, welches Andhrímnir anfacht. In der Gylfaginningstelle ist Eldhrimnir der Kessel selbst, der im Feuer (eldr) steht. Auch der Name Sæhrímnir ist eigentlich leicht zu deuten, denn sær bedeutet im Altnordischen einfach „See" oder „Meer", wir finden in der Edda z. B. »sæ-dauðr« („seetot, auf der See geblieben") in Sigrdrifumál 33, oder »sæ-fang« („Seefang, gefangener Fisch") in Guðrúnarqviða II, 43. Sær ist mit germanisch *saiwa, indogerm. Seiku („gießen, seihen, rinnen, tröpfeln, feucht") verwandt. Somit bedeutet Sæhrímnir „Seekocher" (wörtlich „Seeberußter") oder „Wasserkocher". Nach der Gylfaginning ist damit nicht der Kessel gemeint, sondern der Inhalt, ein Eber.

Das Bild mit der Sonne trifft meiner Meinung nach nur teilweise zu. Sicher, der Sonnenuntergang im Abendrot könnte mit dem Sonneneber (Gullinbursti) im Feuer mythologisch beschrieben werden, und da schon Otto Sigfrid Reuter Valhöll als Luft- und Himmelsraum gedeutet hatte, den am Abend die Sonne verläßt, könnte es so aussehen, als wenn die Einherjar, die Seelen der Verstorbenen in Valhöll quasi die Sonne gegessen hätten. Sie würden sich also vom Lichte ernähren. Am nächsten Tag geht die Sonne wieder auf und der Eber ist wieder lebendig, um am Abend erneut die Einherjar zu ernähren.

Mir schwebt aber eine andere Deutung vor, die besser zu dem Wort „Seekocher" (Sæhrímnir) paßt. Denn die Deutung als Sonneneber paßt nicht zu dem Bezug zum Meer oder Wasser, der im Namen ja enthalten ist, auch das Verspeisen der Sonne durch die Einherjar ist ein Gedanke, mit dem ich mich nicht so recht anfreunden kann. Nur Dunkelwesen wie der Wolf Skoll würden die Sonne verspeisen, nicht aber Einherjer. Ich denke, daß der Eber Sæhrímnir einfach das Wasser bedeutet. Dieses Wasser in einem Feuerkessel (Eldhrímnir) wird durch den Windadler (Andhrímnir) zum Verdunsten gebracht. Dadurch entsteht Nebel, entstehen Wolken, wir befinden uns ja in Valhöll und damit im Himmel.

Seit ältesten Zeiten aber gelten Nebel oder Wolken als Orte der Verstorbenen. Darum heißt eine der Unterwelten „Niflheimr" („Nebelwelt"), es gibt eine „Niflhel" („Nebelhölle") und das Volk der Nibelungen bildeten einst die Seelen der Verstorbenen. In den Novembernebeln sah der Volksglaube die Geisterheere der Verstorbenen, die in der Zeit der Nebel (Herbst bis Winter) auf die Erde gelangen. Der Nebel bildet also sozusagen das Element der Geister, ist ihr feinstofflicher Körper, wie auch der der Valkyren. Unsere Strophe besagt nun aber, daß Sæhrímnir das „Fleisch" ist, was die Seelen essen. Das was wir essen, bildet unseren Körper; Seelen aber haben keinen materiellen Körper, sind feinstofflich, eben Geister. Das einzigste, was man ihnen an Körperlichkeit zubilligt, sind eben die Nebelschwaden, in denen wir sie wahrnehmen. Mediale Menschen sehen Geister als von Nebel oder Hauch umgebene Wesen. Dieser Nebel ist also der einzigste „Körper", den die Seelen haben und daher ist seine Erzeugung und das Aufnehmen desselben durch die Seelen deren feinstoffliches „Essen".
Unser germanisches Wort Díse (altnordisch dísir, althochdeutsch idisi, baltisch Dusin) bedeutet „Geistwesen", das Wort ist aber mit unserem Begriff „Dunst" identisch (vgl. auch „diesig"). Dísen sind eigentlich die „Dunstwesen", eben Geistwesen mit entsprechendem Nebel. Der Nebel bildet ihre Substanz, und um diese Seelensubstanz zu erhalten, nährt sich die Seele von Dunst, vom Nebel.

Das ist es, was dieser Mythos von Sæhrímnir aussagt: Wenn wir im Totenreich von Valhöll als Seelen sein werden, sind wir Dunstwesen und stärken unsere Substanz durch den Dunst oder Nebel.

Óðinn nennt in der Strophe „das beste Fleisch" – daß aber spirituelle Wesen tatsächlich „Fleisch" essen sollten, erscheint sehr unlogisch, zumal Óðinn Selbst ja bei den Geten die fleischliche Ernährung abgeschafft hatte (siehe die Überlieferungen zu Zamolxis). Wenn wir die oben wiedergegebene Strophe aber einmal genauer lesen, dann finden wir darin einen eigenartigen Widerspruch in dem Nachsatz: »Doch erfahren wenige, was die Einherjar essen«. Eben hieß es doch noch, der Eber liefere das beste Fleisch, logischerweise essen die Einherjar dieses Fleisch und alle wissen, was sie essen. Nun aber wird gesagt, daß nur wenige wissen, was die Einherjar essen. Da wird also angedeutet, daß mit diesem „Fleisch" offenbar etwas anderes gemeint ist, was nur wenige erfahren. Die Strophe selbst also besagt, daß sie gedeutet werden muß und nicht wörtlich genommen werden kann.

Der Eber Sæhrímnir kommt neben Grímnismál 18 nur noch ein weiteres Mal in der Edda vor, nämlich in den Hrafnagaldr 19 (Kommentar I, 165):

»Nach Bölverks Rat auf die Bänke verteilt,
Von Sæhrímnir speisend saßen die Reginn,
Skögul schenkte in Hnikars Schalen
Den Met und maß ihn aus Mímirs Horn.«

Hier speisen die Reginn, also die Götter, doch sind damit wohl eher die Einherjar gemeint, denn in den Hrafnagaldr stehen oft absichtlich falsche Bezeichnungen, z. B. Urðr für Iðunn usw. Jedenfalls wissen wir nun, was dieses Speisen von Sæhrímnir bedeutet: Daß Nebel und Wolken erzeugt werden, in denen sich die Einherjar aufhalten, die ihre Substanz symbolisieren. Auch die Valkyren gelten im Naturmythos als Wesen, die durch die Wolken symbolisiert werden, und Valkyren gehören ja auch zu der Gruppe der Dísen.
Zwischen unserm Sæhrímnir und „See" sowie „Seele" („zum See gehörig") scheint außerdem auch eine mythologische Verbindung zu bestehen.

Nun ist die Frage: Wer kocht da in Valhöll? Der Mythos nennt Andhrímnir als Koch, also ein Adlerwesen, das sicher keine Gottheit ist. Wir wissen, daß über Valhöll ein Adler sitzt, der vielleicht auch als Koch Andhrímnir tätig wird. Óðinn selbst erwähnt diesen Adler in den Grímnismál 10.

Óðinn ist „Ásgarðs König" und „Valhölls Weiser" also der Hausherr dort. Seine Gemahlin, die »Königin der Ásen und Ásinnen« ist natürlich auch dort, die Göttin Frigg. Sie ist hier die Hausfrau und beauftragt dementsprechend die dienenden Wesen, für die Bewirtung der Gäste zu sorgen. Frigg selbst ist also eigentlich die Köchin. Sie sorgt für die Bereitstellung der Substanz, die die Geistwesen nährt. In späteren Zeiten wurde aus „Friga-Holda" unsere „Frau Holle" der Sagen. Der Name „Holle" hängt mit „Hölle" zusammen und bezeichnet die Göttin auch als Herrin über die Toten. Daß die Vorstellung eines Totenreiches der Frau Holle, das wir auch in dem bekannten Märchen „Frau Holle" finden[46], ursprünglich identisch war mit Valhöll, das hatte bereits O. S. Reuter herausgefunden[47]. In der älteren Zeit glaubte man nur an ein Totenreich für die Guten, in welchem Óðinn und Frigg herrschen, für die Bösen gibt es die Unterwelten. Später stellte man sich Valhöll als spezielles Totenreich der Krieger vor.

Jedenfalls ist Frigg/ Frau Holle die Herrin im Totenreich und somit schafft Sie die Substanz, die die Seelen benötigen, „essen". In diesem Zusammenhang ist eine hessische Sage vom Hohen Meisnerberg von Interesse, deren Anfang ich hier einmal zitiere[48]:

»Auf dem Meisner wohnt die Frau Holle. Wenn sie ihr Bett macht, fliegen die Federn umher, und dann schneit es. Kocht sie in ihrer großen Küche, dann steigen viele Wasserdämpfe in die Höhe, einzelne Wolken ziehen am Meisner hin, und bald ist der ganze Berg in Wolken gehüllt.«

Die Frage stellt sich nun: Wofür kocht Frau Holle, da Sie doch als spirituelles Wesen gar kein Essen braucht? Natürlich für die Geistwesen in Ihrem und Wodans Gefolge. Dieses Kochen der Frau Holle ist also die in unseren Überlieferungen erhaltene Geschichte, die wir hier in der Gylfaginning auch finden.

Noch ein anderer Gedanke kann in dem Sæhrímnir-Mythos enthalten sein. Auf einem der Innenbleche des Kessels von Gundestrup (Dänemark, 2. Jh. v. u. Zt.) sieht man links eine Figur, die wegen ihrer Größe im Vergleich zu den anderen Figuren wohl eine Gottheit darstellt, vor einem Kessel stehen. Da die Gestalt Hosen trägt, muß es eine männliche Gottheit sein, und vor allem ist vor ihm ein Wolf oder Hund dargestellt. Somit könnte es sich um den Gott Wodan in thracischer Auffassung (der Kessel soll auf dem Balkan angefertigt worden sein) handeln. Vor Ihm, Ihm zugewandt, steht eine Reihe von 10 Personen, drei mit Kriegstrompeten (Karnyx), sieben unter einer waagerechten Bildteilung die offenbar Krieger sind. Sie gehen auf die Gottheit zu, die Gottheit

Abb. 13: Bild vom silbernen Kessel von Gundestrup, 2./1. Jh. v. u. Zeit.

scheint sie in den vor Ihr stehenden Kessel einzutauchen um sie dann auf Pferden fortreiten zu lassen. Man hat dieses Bild als ein Wiedergeburtsmotiv gedeutet. Die Krieger im unteren Teil scheinen in einer Art Unterwelt zu sein, daher die Bildteilung als Symbol der Erdoberfläche, und werden als Reiter in die Oberwelt entlassen. Somit könnte unser Kessel Eldhrímnir genau dieser Kessel sein, Andhrímnir aber wäre diese Gottheit nämlich Wodan. Und Sæhrímnir wäre das „Fleisch", welches die Seelen der Toten hier bekommen, um sich nun neu zu verkörpern, und zwar in besseren Umständen, denn zuvor waren sie nur Fußvolk, nun werden sie zu Reitern (Rittern). Die Gottheit verschafft den körperlosen Seelen also das Fleisch für einen neuen Körper. Und daß Sæhrímnir ein Eber ist, paßt schon deswegen, weil Krieger im Norden auch „Eber" genannt wurden und auch Eberhelme tragen konnten – einer ist auf dem Kesselblech sogar zu sehen (der 4. von rechts). In den Nefnaþulur erscheint der Name Sæhrímnir unter den Namen von Ebern. Wenn man dieser Deutung folgt, dann ist Andhrímnir ein Beiname Wodans, also würde „Hrímnir" in der Nachsilbe dann nicht „Ruß" oder „Reif" bedeuten, sondern allgemein für eine große und mächtige Wesenheit stehen. Man deutet die große Figur gerne als Ceridwyn (Ceres), doch wäre es ganz undenkbar, daß eine Göttin Männerkleidung trägt. Deswegen kann diese Deutung nicht richtig sein. Auch würde der Wolf als Attribut nicht passen.

Auch nach indischem Glauben leben die Seelen in den Wolken oder im Nebel. Wenn es nun regnet, gelangen die Seelen auf die Erde in Flüsse und Teiche. Von hier aus verkörpern sie sich wieder, indem sie in menschliche Körper als Neugeborene eintreten. Die Seelen, die zur Verkörperung bereitstehen, halten sich also in Teichen auf. Deswegen bedeutet das Wort „Seele" „zum See gehörig". Wir denken hier auch an Frau-Holle-Teiche, zu denen die unfruchtbaren Frauen pilgerten, um um Kindersegen zu bitten. Insofern kann der Sæhrímnir-Mythos sich auch auf diesen Seelenweg (von der Wolke in den See) beziehen.

»Da fragte Gangleri: „Genießt Óðinn von derselben Speise wie die Einherjar?" Hárr antwortete: „Die Speise, die auf seinem Tische steht, gibt er seinen beiden Wölfen, welche Geri und Freki heißen, und keiner Kost bedarf er; Wein ist ihm Trank und Speise, wie es heißt:

Geri und Freki füttert der krieggewohnte
Herrliche Herjaföðr,
Da nur von Wein der waffenhehre
Óðinn ewig lebt.«

Viele Chronisten, darunter Herodot, Hellanikos, Platon, Strabon und Jordanis, erwähnten einen getisch-thracischen Gott Zamolxis. Forscher setzten diesen Zamolxis aufgrund der erhaltenen Mythen mit Wodan gleich, griechische Chronisten versuchten, aus Zamolxis einen Schüler des Pythargoras zu machen, er wird aber auch als Lehrer für die Druiden und als Priester beschrieben. Bei Mnases von Patrae wird Zamolxis mit Chronos gleichgesetzt.

In den Überlieferungen kommen die Namensformen Ζάλμοξις (Zalmoxis), Ζάμολξις (Zamolxis), Ζάλμολξις (Zalmolxis) sowie Σάλμοξις (Salmoxis) und Σάμολξις (Samolxis) vor. Herodot nennt ihn auch Γεβελειξιυ (Gebeleixin), das auf Grund der eigentümlichen Wiedergabe thracischer Wörter als *Ζεμελειξιν (Zemeleixin) gelesen werden darf und das auffällig zum baltischen Götternamen Zemeluks stimmt. Der Name hängt mit baltisch *gh(e)m *ghð(e)m, griech. χθών „Erde" zusammen, vgl. ostwandalisch zemlja „Erde". Somit ist Zamolxis offenbar eine Erdgottheit. Das paßt zu Wodan, den bereits Tacitus in der

Germania als „erdentsprossenen Gott Tuisco" erwähnt. Tuisco ist Wodan, und zwar entspricht der Name bei Tacitus, Tuisco, dem späteren eddischen Namen Tveggi („der Zwiefache", Óðinn). Es ist durchaus möglich, daß die Geten Wodan gerade unter diesem Erd- und Totenaspekt verehrt haben. J. Grimm übersetzte den Namen Zalmoxis aus den Begriffen „Zalm" (Salm, Hialm = Helm) und axis (Alkis, Schützer). Schon dieser Name ist also ein Óðinsname: Hialmberi, und bedeutet „Helmträger" oder „Helmschützer".

Der Gott Zamolxis hat die heidnische Religion der Geten (Unterstamm der Goten) reformiert. Strabon schreibt in seiner im Jahre 18 u. Zt. entstandenen „Geographia"[49]:

»Man erzählt nämlich, daß ein Gote namens Zamolxis bei Pythagoras gedient und sowohl von ihm als von den Ägyptern, bis zu denen er auf seinen Wanderungen auch geraten war, manches aus der Himmelskunde gelernt habe. In die Heimat zurückgekehrt aber habe er als Ausleger der Vorbedeutungen bei den Fürsten und dem Volk in großem Ansehen gestanden und zuletzt den König beredet, ihn als einen Mann, der geschickt sei, den Willen der Götter zu verkünden, zum Teilnehmer an der Regierung zu machen. Anfangs nun, sagt man, wurde er zum Priester des bei ihnen verehrtesten Gottes bestellt, später aber selbst für einen Gott erklärt, und nun wählte er sich eine allen anderen unzugängliche Höhlengegend und hielt sich daselbst auf, selten mit der Außenwelt verkehrend, außer mit dem König und dessen Dienern. Der König aber unterstützte ihn, weil er sah, daß ihm die Leute jetzt viel mehr gehorchten als früher, in der Meinung, daß er seine Befehle nach dem Rat der Götter erlasse. Diese Sitte nun hat bis auf unsere Zeit herab bestanden, indem sich immer ein Mann von solcher Eigenschaft vorfand, der dem König als Ratgeber diente, von den Goten aber ein Gott genannt wurde. Auch der Berg wurde für heilig gehalten und der Heilige genannt. Sein eigentlicher Name aber war gleich dem des vorbeifließenden Flusses Kogäonum. Selbst als Byrebistas die Goten beherrschte, gegen den der göttliche Caesar schon einen Feldzug vorbereitete, hatte Decäneus noch diese Würde, und vielleicht hat sich auch die pythagoreische Sitte, sich alles Lebendigen zu enthalten, als eine vom Zamolxis eingeführte erhalten.«

Auch andernorts ist überliefert, daß der Gott Zamolxis das Essen von Fleisch abschaffte. Somit finden wir in dieser Lehre des Zamolxis einen Bezug zur Gylfaginning und den Grímnismál, wonach Óðinn keines Essens bedarf und nur Wein (möglicherweise Honigwein, Met) trinkt. Es ist daher gut vorstellbar, daß der Gott, als Er Sich einst auf der Erde bei den Thraco-Geten (Goten) inkarnierte, den Fleischverzehr abschaffte oder durch einen Seiner Priester abschaffen ließ.

Die angeführte Strophe stammt unverändert aus den Grímnismál 19 (Kommentar I, 115). Herjaföðr bedeutet „Heervater" und bezeichnet Óðinn als Lenker des Schlachtenschicksals.

Die Wölfe Geri und Freki hatte ich schon oben zu Kap. 12 behandelt.

»Zwei Raben sitzen auf seinen Schultern und sagen ihm ins Ohr alle Zeitungen, die sie hören und sehen; sie heißen Huginn und Muninn. Er sendet sie morgens aus, alle Welten zu überfliegen, und mittags kehren sie zurück und so wird er mancher Zeitungen gewahr. Die Menschen nennen ihn darum Hrafnaguð. Davon wird gesagt:

Huginn und Muninn müssen jeden Tag
Über die Erde fliegen.
Ich fürchte, daß Huginn nicht nach Hause kehrt;
Doch sorg ich mehr um Muninn".«

Hrafnaguð bedeutet „Rabengott" und ist ein Beiname Óðins. Über Óðins Raben schreibt die Ynglinga Saga[50]:

»Auch hatte er zwei Raben, die er gezähmt hatte, so daß sie sprachen. Die flogen weit über die Lande und erzählten ihm manche Botschaft.«

Die Namen bedeuten: Huginn = Gedanke, Sinn, Gemüt; Muninn = Erinnerung, Gedächtnis, Interesse, Wille. Somit symbolisieren sie die Gedanken Allvaters. Die angeführte Strophe ist Grímnismál 20 unverändert (Kommentar I, 116).

»39. Da fragte Gangleri: „Was haben die Einherjar zu trinken, das ihnen so genügen mag als ihre Speise? Oder wird da Wasser getrunken?" Da antwortete Hárr: „Wunderlich fragst du nun, als ob

Abb. 14: Die Ziege Heiðrún über Valhöll frißt von den Zweigen der Weltesche. Valhöll ist mit zwei Sonnensymbolen gekennzeichnet. Edda-handschrift des Jakob Sigurðsson von 1765.

Alföður Könige, Jarle und andere herrliche Männer zu sich entbieten würde und gäbe ihnen Wasser zu trinken. Ich weiß gewiß, daß manche nach Valhöll kommen, die meinen sollten, einen Trunk Wassers teuer erkauft zu haben, wenn ihnen da nichts Besseres geboten würde, nachdem sie Wunden und tödliche Schmerzen erduldet haben. Aber viel anderes kann ich dir davon berichten. Die Ziege, die Heiðrún heißt, steht über Valhöll und weidet an den Zweigen des vielberühmten Baumes, der Léraður genannt wird, und von ihrem Euter fließt so viel Met; daß sie täglich ein Gefäß füllt, das so groß ist, daß alle Einherjar davon vollauf zu trinken haben".

Da sprach Gangleri: „Das ist eine gewaltig treffliche Ziege und ein ausbündig guter Baum muß das sein, an dem sie weidet". Da versetzte Hárr: „Noch merkwürdiger jedoch ist der Hirsch Eikþyrnir, der in Valhöll steht und an den Zweigen desselben Baumes nagt; und von seinem Gehörn fallen so viel Tropfen herab, daß sie nach Hvergelmir fließen, und daraus folgende Ströme entspringen: Síð, Víð, Sekin, Ekin, Svöl, Gunnþró, Fjörm, Fimbulþul, Gipul, Göpul, Gömul, Geirvimul; diese umfließen der Ásen Gebiet. Aber noch diese werden genannt: Þyn, Vin, Þöll, Böll, Gráð, Gunnþráin, Nyt, Naut, Nönn, Hrönn, Vína, Vegsvinn, Þjóðnuma".«

Der Name der Himmelsziege „Heiðrún" bedeutet „Opfermetspenderin" und wurde in der Naturmythologie als Symbol des Nachttaues oder Regens gedeutet. Bei den Griechen ernährt die Götterziege Amaltheia den Göttervater Zeus in der Idäischen Höhle. Die Angaben in diesem Kapitel finden sich auch in Grimnismál 25 bis 28 (Kommentar I, 118-122). Der Name der Weltesche, Léraður bedeutet „Schutz-" oder „Feuchtigkeitsspender", der Name Eikþyrnir bedeutet „der mit eichen - artigem Geweih" und scheint ein Bild für die Sonne oder den Mond zu sein. Da aber sein Geweih Wasser in den Hvergelmir („der brausende Kessel") tropfen läßt, kann man auch an die Wolke vor der Sonne denken. In den Grimnismál 27f werden 40 Flüsse genannt, hier aber sind es nur 25. Was diese Jenseitsflüsse genau bedeuten, ist unklar. Die Namen lauten übersetzt: Síð = Langsam, Víð = Breit, Sekin = Vorwärtsströhmend, Ekin = Wütend, Svöl = Kühl (dt. schwül), Gunnþró = Kampfrinne, Fjörm = Eilig, Fimbulþul = gewaltiger Thul (der Zwergriese Mímir), Gipul = Kluft, Göpul = Klaffend, Geirvimul = Speersprudelnd,

Þyn = Brausend, Vin = Freundlich, Þöll = Föhre, Böll (in der Grimnismál- Strophe steht Höll) = Böses oder Krug, Gráð = Gierige, Gunnþráin (in den Grimnismál: Gunnþorin) = Kampfbedrohliche, Nyt = Nutzen, Naut (in den Grimnismál: Nöt) = Rind, Nönn = Starke, Hrönn = Welle, Vína = Freundin, Vegsvinn = Reisende, Þjóðnuma = Volksverschlingend.

»40. Da sprach Gangleri: „Dies sind wunderliche Dinge, die du mir da sagst. Ein furchtbar großes Haus muß Valhöll sein und ein großes Gedränge mag da oft an den Türen entstehen". Da versetzte Hárr: „Warum fragst du nicht, wie viel Türen an Valhöll seien und von welcher Größe? Wenn du das sagen hörst, wirst du gestehen, daß es wunderlich wäre, wenn nicht ein jeder aus- und eingehen könnte wie er wollte. Auch das mag mit Wahrheit gesagt werden, daß es nicht schwerer ist, Platz darin zu finden als hineinzukommen. Hier magst zu hören, wie es in Grímnismál heißt:

Fünfhundert Türen und viermal zehn
Wähn ich in Valhöll.
Achthundert Einherjar gehn aus je einer,
Wenn es dem Wolf zu wehren gilt".«

Es handelt sich um die Strophe Grimnismál 23 (Kommentar I, 117) mit geringen Abweichungen. Gemeint sind echte Hundert, nicht germanische Großhunderte von je 120. Also 800 Einherjar („die allein Kämpfenden", das sind die Seelen der Verstorbenen in Valhöll) je Türe, von denen es 540 gibt. 800 x 540 = 432.000, die kosmische Zahl des Einklanges von Sonnenlauf und Mondlauf, Sonnenjahr von 360 Tagen (36) und Sternenmonat von 27 Tagen (27). 432 ist durch 36 und auch durch 27 jeweils restlos teilbar. Valhöll umfaßt somit die ganze Himmelskuppel und das paßt auch zu dem deutschen Volksglauben, daß wenn ein Mensch stirbt, ein neuer Stern am Himmel erscheint. Auf diese Zahl gehe ich ausführlicher im Kommentar I, S. 117 ein.

»41. Da sprach Gangleri: „Eine gewaltige Menge ist in Valhöll und ich muß wohl glauben, daß Óðinn ein gewaltiger Häuptling ist, wenn er so großem Heere gebeut. Aber was ist der Einherjer Kurzweil, wenn sie

nicht zechen?" Hárr antwortete: "Jeden Morgen, wenn sie angekleidet sind, wappnen sie sich und gehen in den Hof und kämpfen und fällen einander. Das ist ihr Zeitvertreib. Und wenn es Zeit ist zum Mittagsmahl, reiten sie heim gen Valhöll und setzen sich an den Trinktisch, wie hier gesagt ist:

Die Einherjar alle in Óðins Saal
Streiten jeden Tag;
Sie kiesen den Val und reiten vom Kampf heim
Und sitzen friedlich beisammen.«

Diese Strophe stammt aus den Vafþrúðnismál 41 (Kommentar I, 150) und ist damit völlig identisch. Nach dieser Schilderung des Gottes Hárr (Óðinn) betreiben die Einherjer täglich Kampfspiele wie ein Training, da sie ja zum Weltuntergang gut kämpfen können müssen. Der dänische Chronist Saxo Grammaticus hingegen schilderte in seiner Gesta Danorum eine Unterweltsfahrt des Königs Hadding, der auf seinem Wege in Begleitung der Hel in deren Reich an kämpfenden Kriegern vorbeikommt. Diese Schilderung beweist, daß Valhöll und Helheim einst identisch waren. Es heißt über diese Krieger[51]:

»Während Hading bei ihr [Regnilda] verweilte, ereignete sich ein wunderbarer, seltsamer Vorgang: Als er bei Tische saß, sah man, wie eine Frau [Hel] die Schierling trug, neben dem Herdfeuer ihr Haupt aus dem Boden erhob und mit ausgebreitetem Kleiderschoße fragte, wo in der Welt so frisches Gras zur Winterzeit entsprossen sei. Der König sprach den Wunsch aus, das zu erkunden; da umhüllte sie ihn mit ihrem Mantel und nahm zurückgleitend ihn mit sich unter die Erde; ich denke, weil die unterirdischen Götter es so bestimmten, daß er lebend an den Ort geführt werde, zu dem er im Tode fahren sollte. Zuerst durchschritten sie ein mit Dampf erfülltes Halbdunkel [Niflheim, Nebelheim], und einherschreitend auf einem durch lange Benutzung abgetretenen Steige erblickten sie eine Anzahl vornehmer Männer in prächtigen purpurnen Gewändern; als sie an denen vorbei waren, betraten sie endlich die sonnigen Gefilde, welche die von der Frau gebrachten Gräser hervorbrachten. Auf ihrem weiteren Wege trafen sie auf einen Fluß mit jähem Falle und bleigrauem Wasser, der Waffen verschie-

densten Art in seiner reißenden Stömung dahinwälzte, und den man auf einer Brücke überschreiten konnte. Als sie über diese Brücke gegangen waren, sahen sie zwei Schlachtreihen miteinander kämpfen; als Hading die Frau fragte, was das solle, antwortete sie: „Das sind die, welche im Kampfe gefallen sind und nun beständig im Bilde ihre Todesart bekunden und mit dem jetzigen Schauspiel das Tun des vergangenen Lebens nachahmen". Als sie weiter schritten, fanden sie ihren Weg gesperrt mit einer Mauer, schwer zu besteigen [Helgitter]; die Frau versuchte darüber zu springen, jedoch vergebens, auch ihr kleiner, eingetrockneter Leib schaffte nichts; da riß sie einem Hahn, den sie mit heruntergebracht hatte, den Kopf ab und warf ihn über das Gehege der Mauer; sogleich wurde der Vogel wieder lebendig und bekundete durch lautes Krähen, daß er den Atem wiederbekommen hatte.«

Der Fluß mit den Waffen ist der Gjöllfluß, der vor dem Reiche der Hel fließt; er findet sich als Geirvimul („Speersprudelnd") auch in Gylfaginning 39. Die Brücke ist die Gjöllbrücke (siehe Abb. 7, Seite 71). Hier aber sind nun die Krieger nicht die geehrten Kämpfer in Valhöll, sondern eher Seelen, die durch fortwährendes Sterben für ihr vergangenes Leben gepeinigt werden.

»(Aber wahr ist, was du sagtest, Óðinn ist ein großer Häuptling: dafür gibt es Beweise genug. So heißt es hier mit der Ásen eigenen Worten:)

Die Esche Yggdrasil ist der Bäume erster,
Skiðblaðnir der Schiffe,
Óðinn der Ásen, aller Rosse, Sleipnir,
Bifröst der Brücken, Bragi der Skalden,
Hábrók der Habichte, der Hunde Garmr".«

Sehr aufschlußreich ist hier vor allem die Einleitung zur angeführten Strophe: »So heißt es hier mit der Ásen eigenen Worten« (»Svo er hér sagt í orðum sjálfra ásanna«). Wer auch immer den Text zusammengestellt hat, der sah die Strophen der Grimnismál, die ja Óðinn spricht, als „der Ásen eigene Worte" an. Und auch hier in der Gylfaginning ist es ja Óðinn, der diesen Satz sagt. Es ist zwar die einzigste Stelle in der Jüngeren Edda, die diese Vorstellung bezeugt – möglicherweise haben

Überlieferer andere derartige Stellen entfernt, wie in der Handschrift von Upsala, wo der Satz fortgelassen wurde – aber es ist deswegen ein umso wertvolleres Zeugnis darüber, wie gläubige Heiden damals die Eddalieder betrachteten. Ein Abschreiber der Upsala-Handschrift ließ den Satz weg, weil er Óðinn zu sehr verherrlicht und die zitierten Strophen als Götteroffenbarungen ansieht.
Die angeführte Strophe stammt aus den Grimnismál 44 (Kommentar I, 129), der einzigste Unterschied ist, daß in den Grimnismál die Brücke „Bilröst" („lichte Wegstrecke") und nicht „Bifröst" („bebende Wegstrecke") heißt, beide Namen treffen zu.
Óðinn wird hier als „Erster der Ásen" bezeichnet, und noch heute berdeutet im Russischen „odin" (один) die Zahl Eins. Sleipnir hatte ich schon zu Kap. 15 behandelt, die Brücke werde ich unten (zu Kap. 49) noch behandeln. Was der Habicht Hábrók („Hoch-Hose") bedeutet, ist unklar, Garmr ist der Hund vor dem Totenreich, siehe zu Kap. 12.

»42. Da fragte Gangleri: „Wem gehört das Roß Sleipnir? Oder was ist von ihm zu sagen?" Hárr antwortete: „Nicht magst du von Sleipnir Kunde haben, wenn du nicht weißt, bei welcher Veranlassung er erzeugt wurde, und das wird dich wohl der Erzählung wert dünken. Es geschah früh bei der ersten Niederlassung der Götter, als sie Miðgarð erschaffen und Valhöll gebaut hatten, daß ein Baumeister kam und sich erbot, eine Burg zu bauen in drei Halbjahren, die den Göttern zum Schutz und Schirm wäre wider Bergriesen und Hrímþursen, wenn sie gleich über Miðgarð eindrängen. Aber er bedingte sich das zum Lohn, daß er Freyja haben sollte und dazu Sól und Máni. Da traten die Ásen zusammen und rieten Rat und gingen den Kauf ein mit dem Baumeister, daß er haben sollte was er anspräche, wenn er in einem Winter die Burg fertig brächte; wenn aber am ersten Sommertag noch irgend ein Ding an der Burg unvollendet wäre, so sollte er des Lohnes entraten; auch dürfte er von niemanden bei dem Werke Hilfe empfangen. Als sie ihm diese Bedingung sagten, da verlangte er von ihnen, daß sie ihm erlauben sollten, sich der Hilfe seines Pferdes Svadilfari zu bedienen, und Loki riet dazu, daß ihm dies zugesagt wurde. Da griff er am ersten Wintertag dazu, die Burg zu bauen und führte in der Nacht die Steine mit dem Pferde herbei. Die Ásen dauchte es ein großes Wunder, wie gewaltige Felsen das Pferd herbeizog; und doppelt so viel Arbeit ver-

richtete das Pferd als der Baumeister. Der Kauf aber war mit vielen Zeugen und starken Eiden bekräftigt worden, denn ohne solchen Frieden hätten sich die Jöten bei den Åsen nicht sicher geglaubt, wenn Þórr heimkäme, der damals nach Osten gezogen war, Unholde zu schlagen. Als der Winter zu Ende ging, ward der Bau der Burg sehr beschleunigt, und schon war sie hoch und stark, daß ihr kein Angriff mehr schaden konnte. Und als noch drei Tage blieben bis zum Sommer, war es schon bis zum Burgtor gekommen. Da setzten sich die Götter auf ihre Richterstühle und hielten Rat und einer fragte den andern, wer dazu geraten hätte, Freyja nach Jötunheim zu vergeben und Luft und Himmel so zu verderben, daß Sól und das Gestirn hinweggenommen und den Jöten gegeben werden sollten. Da kamen sie alle überein, daß der dazu geraten haben werde, der zu allen Übeln rate: Loki, Laufeyjas Sohn, und sagten, er solle eines üblen Todes sein, wenn er nicht Rat fände, den Baumeister um seinen Lohn zu bringen. Und als sie dem Loki zusetzten, ward er bange vor ihnen und schwur Eide, er wolle es so einrichten, daß der Baumeister um seinen Lohn käme, was es ihm auch kosten möchte. Und denselben Abend, als der Baumeister nach Steinen ausfuhr mit seinem Hengste Svadilfari, da lief eine Stute aus dem Wald dem Hengst entgegen und wieherte ihm zu. Und als der Hengst merkte, was Rosses das war, da ward er wild, zerriß die Stricke und lief der Mähre nach, und die Mähre voran zum Walde und der Baumeister dem Hengste nach, ihn zu fangen. Und diese Rosse liefen die ganze Nacht umher, und diese Nacht ward das Werk versäumt und am Tage darauf wurde dann nicht gearbeitet, wie sonst geschehen war. Und als der Meister sah, daß das Werk nicht zu Ende kommen möge, da geriet er in Jötunzorn. Die Åsen aber, die nun für gewiß erkannten, daß es ein Bergriese war, der zu ihnen gekommen war, achteten ihre Eide nicht mehr und riefen zu Þórr, und im Augenblick kam er und hub auch gleich seinen Hammer Mjöllnir und bezahlte mit ihm den Baulohn, nicht mit Sól und dem Gestirn; vielmehr verwehrte er ihm das Bauen auch in Jötunheim, denn mit dem ersten Steich zerschmetterte er ihm den Hirnschädel in kleine Stücke und sandte ihn hinab gen Niflhel. Loki selbst war als Stute dem Svadilfari begegnet und einige Zeit nachher gebar er ein Füllen, das war grau und hatte acht Füße, und dies ist der Pferde bestes bei Göttern und Menschen. So heißt es in der Völuspá:«

Von Sleipnirs Herkunft erzählt auch Hyndluljóð 38 (Kommentar III, 149). In diesem Gylfaginning-Kapitel ist die bekannte Baumeister-Sage in ihrer heidnischen Urfassung enthalten. Wir finden sie in allen germanischen Ländern, dann aber ist es meist ein Dämon oder der Teufel selbst, der irgendein Bauwerk in einer bestimmten Zeit errichten muß. Eine Sage aus Deutschland will ich hier einmal anfügen [52]:

»Die Eggester Steine. Die alten Heiden, welche einst unser Vaterland bewohnten, waren beinahe alle vom starken Kaiser Karl besiegt und gezwungen worden, sich taufen zu lassen. Herzog Wittekind war mit den Seinen allein noch übrig. Aber auch er konnte sich nicht lange mehr halten, und seine Macht wurde alle Tage schwächer. Da erschien ihm einmal bei Nacht der Teufel und versprach ihm, einen Heidentempel zu bauen, der so gewaltig sein solle, daß ihn der starke Karl wohl müßte stehen lassen. Um dieses Heiligtum sollten sich dann alle, die noch den alten Göttern treu wären, in fester Einigkeit scharen. Selbst viele, ja die meisten der Neubekehrten würden wieder umkehren, da in ihrem Herzen der christliche Glaube nur erst schwache Wurzel getrieben habe. Und dafür, versicherte der Teufel, wolle er nichts anderes, als daß nur Wittekind und die Seinen dem väterlichen Glauben nimmer entsagten! Mit Freuden willigte der Herzog ein, und der Teufel versprach dagegen, den Bau in der nächsten Vollmondnacht zu vollenden. Von dieser Zeit an waren Wittekinds Waffen gegen Kaiser Karl wunderbarerweise glücklich, und sein Anhang vermehrte sich von Tag zu Tag. So kam die Zeit des Vollmonds, und der Teufel begann sein Werk. Ungeheure Felsen schleppte er aus aller Welt Enden zusammen und türmte sie zu Gewölben und Hallen von ungeheuerem Umfange übereinander. Aber als nun der Riesentempel beinahe ganz vollendet dastand, da hat es Gott dem Wittekind plötzlich ins Herz gegeben, daß er seinen argen Wahn erkannte. Eiligst ging er hin in des starken Karls Lager und ließ sich reumütig taufen. Da das der Teufel gewahr wurde, fuhr er in großer Wut über den Tempel her und riß Säulen und Wände und Giebel mit entsetzlicher Kraft auseinander, die Felsen hierhin und dorthin zerstreuend. Das sind die Eggester Steine, die noch jetzt, grau und verwittert, am Eingange in den Teutoburger Wald zu sehen sind. Auf der Höhe des einen findet sich ein Gemach mit einem Opfersteine, welches der Teufel zu zerstören wohl vergessen haben muß. In viel spä-

terer Zeit hat einmal ein christlicher Einsiedler in den Höhlen der Felsen gewohnt und in die rauhen Wände erbauliche Heiligenbilder gehauen, welche ebenfalls noch deutlich genug zu sehen sind.«

Hier ist zwar der Baumeister der Teufel, aber ursprünglich eine Gottheit, die Zerstörung des Heiligums erfolgte historisch richtig wohl durch Karl, nicht eine Gottheit oder dem Teufel. Die Frist des Vollmondes hat hier keinen nachvollziehbaren Grund, warum der Teufel sich selbst einschränkt, ist unlogisch.

In der Edda ist es ein Baumeister, der ein Riese ist, was aber den Göttern nicht bekannt war. Zuweilen wird behauptet, die Götter hätten ihre Eide gebrochen. Die Götter hatten dem Baumeister zwar Eide geschworen, es wird aber eindeutig gesagt (und zwar da, wo es um die Eide geht), daß Þórr nicht zugegen war. Man muß das germanische Recht kennen, um diese Stellen richtig zu verstehen. Danach gilt ein Eid immer nur im genauen Wortlaut und nur für den, der ihn auch geschworen hat. Wenn man also z. B. schwört, einen Menschen nicht zu erschlagen, dann begeht man keinen Eidbruch, wenn man ihn ersticht – das war ja nach dem Eid nicht verboten. Es muß also sehr genau formuliert werden, man müßte also schwören, diesen Menschen auf keine Weise zu töten, dann wäre man gebunden. Die Ásen konnten dem Baumeister schwören, ihn nicht zu verletzen oder zu töten, der Gott Þórr war durch diesen Eid nicht gebunden, da Er ja gar nicht dabei war. Die anderen Götter konnten nichts im Namen eines abwesenden Gottes schwören, was Ihn auch bindet, das geht nicht. Es waren also nur die anwesenden Ásen eidlich gebunden, Þórr war es nicht, selbst wenn Er von dem Eid gewußt hätte – wovon nicht auszugehen ist – wäre Er nicht gebunden.

In dem Eid war also festgelegt, daß ein „Baumeister" und sein „Roß" in bestimmter Zeit einen Burgwall errichten müßten, dafür sollte er Sól, Máni und Freyja erhalten. Wir können wohl davon ausgehen, daß Freyja dabei war und zugestimmt hatte; wäre Sie nicht dabei, dann bedeutete das, daß Sie in eines anderen Gottes Munt (Vormundschaft) stand, z. B. Ihres Vaters Njörðr. Die Geschichte spielt ja in der Anfangszeit, wie gesagt wird. Mit Óðr war Sie hier noch nicht vermählt, denn in der Völuspá steht „Óðs Maid" statt „Óðs Frau", so daß Sie nicht in der Munt Ihres Gemahles stand. Sól und Máni werden hier eher als untergeordnete Wesen verstanden, deswegen können die Ásen sie dem Bau-

meister versprechen auch gegen deren Willen. Daß Sól auch einmal von den Riesen geraubt wurde, ist ein anderer Mythos.
Nun aber stellte sich jedenfalls heraus, daß das „Roß" kein normales Pferd war, sondern ein Riesenpferd, und der Baumeister war kein normaler Baumeister, sondern ein Bergriese. Er hatte die Götter also getäuscht oder betrogen, denn ein Riese schafft natürlich mehr, als ein menschlicher Baumeister. Der Eid ist deswegen hinfällig, weil eine der ihn abschließenden Parteien den Eid unter einer falschen Identität geleistet hat. Die Götter achteten nun ihre Eide nicht mehr und riefen nach Þórr. Sie brachen damit keinen Eid, sondern handelten allgemein entgegen der im Eid vereinbarten Intention. Man kann Ihnen also keinen Eidbruch vorwerfen, aber nun steht Ihr Handeln im Widerspruch zum „Geist" des Vertrages, bei dem Sie ja absichtlich getäuscht worden waren. Und Loki war vielleicht von Anfang an Komplize dieses Bergriesen und half den Göttern erst, als er enttarnt worden war.
Jedenfalls: Das Ablenken des „Rosses" Svadilfari („der eine unglückliche Fahrt Machende") durch eine Stute war kein Eidbruch. Man hätte es in der Eidformulierung genau erwähnen müssen, daß die Götter den Baumeister und sein Roß in keiner Weise ablenken dürften. Davon ist aber nirgends die Rede, und da der Baumeister ein Riese war, war er auch relativ thumb und hätte wohl kaum an solche Möglichkeiten gedacht. Daß Loki als Stute ein Roß gebiert, ist eine nach germanischen Wertvorstellungen sehr ehrverletzende Geschichte. Wer einen anderen Mann mit einer Stute oder trächtigem Tier verglich, äußerte damit eine schwere Beleidigung (der Homo- oder Transsexualität).
Diese Geschichte lebt wie erwähnt in verschiedenen Volkssagen Skandinaviens und Deutschlands fort, wo es oft der Teufel oder ein Troll ist, der das Bauwerk, meist eine Kirche, in einer bestimmten Zeit vollenden muß und nur, wenn sein Name erraten wird, muß der versprochene Lohn nicht gezahlt werden. Den Namen zu erraten bedeutet, seine Identität als Riese bzw. Dämon zu entlarven, was in den Sagen ähnlich wie bei Rumpelstilzchen durch das Aussenden von Spähern erfolgt. In diesen Sagen kommt übrigens nirgends ein Eidbruch vor, so daß wir auch in der Vorlage der Sagen aus der Edda nicht von Eidbruch sprechen können.
Übrigens handelt es sich auch um einen Naturmythos, der Bezug zum Winter ist ja auch im Text noch deutlich, der Burgwall soll vor dem 1.

Sommertag fertig werden. Es sind das Eis und der Schnee, die sich über die Erde legen, was die Winterriesen verursachen. Der Riese will die Göttin Sól (Sonne), damit die Wärme die Herrschaft des Winters nicht beenden kann, sowie Freyja als Frühlingsgöttin, damit nichts wächst. Der Mond ist auch eine Wachstumskraft.

»Da gingen die Reginn zu den Richterstühlen,
Hochheilge Götter hielten Rat,
Wer mit Unheil hätte die Luft erfüllt,
Und dem Jötenvolk Óðs Maid gegeben.

Da schwanden die Eide, Wort und Schwüre,
Alle festen Verträge jüngst trefflich erdacht.
Þórr, von Zorn bezwungen, zögerte nicht,
Er bleibt selten sitzen, wo er solches erfährt".«

Die angeführten Strophen stammen aus der Völuspá 25f (Kommentar I, 61f) fast unverändert, lediglich die zweite Strophe 26 ist in der Völuspá umgekehrt, die beiden ersten Zeilen sind dort die beiden letzten. Óðs Maid ist die Göttin Freyja.

»43. Da fragte Gangleri: „Was ist von Skíðblaðnir zu berichten, welches das beste der Schiffe sein soll? Gibt es weder ein ebenso gutes Schiff als dieses, noch ein ebenso großes?" Hárr antwortete: „Skíðblaðnir ist das beste Schiff und das künstlichste; aber Naglfari, das Múspell besitzt, ist das größte. Gewisse Zwerge (die Söhne des Ívaldi) schufen Skíðblaðnir und gaben das Schiff dem Freyr: es ist so groß, daß alle Ásen mit ihrem Gewaffen und Heergeräte an Bord sein können, und sobald die Segel aufgezogen sind, hat es Fahrwind, wohin es auch steuert. Und will man es nicht gebrauchen, die See damit zu befahren, so ist es aus so vielen Stücken und mit so großer Kunst gemacht, daß man es wie ein Tuch zusammenfalten und in seiner Tasche tragen kann".«

Der Name Skíðblaðnir bedeutet „etwas aus dünnen Holzstücken Zusammengesetztes" oder „hölzerne Ruder habend", im Naturmythos symbolisiert es die Wolken, die wie ein Schiff die Sonne (Freyr) am

Himmel umgeben. Auch in den russischen Märchen finden wir zuweilen ein Schiff, das über Wasser, Land und in der Luft fahren kann, der Mythos ist also alt und heidnisch, zumal mythische Schiffe – dann aber meist Totenschiffe – auf Bildsteinen dargestellt sind. Ein ähnliches Schiff mit denselben Eigenschaften wie Skíðblaðnir kommt auch in der jungen Samsons Saga Fagra vor. Auch die Víkinger rollten ihre Schiffe zuweilen über das Land, wo ein Fluß fehlte. Skíðblaðnir als Werk von Ívaldis („in der Eibe waltend") Söhnen, den Zwergen, kommt auch in den Grimnismál 43f vor (Kommentar I, 128f), sowie Skáldskaparmál 35. Der im Text eingeklammerte Zusatz fehlt in der Handschrift von Upsala. Daß das Schiff Skíðblaðnir immer guten Fahrwind hat, sobald die Segel aufgezogen sind, ist ein Zug, den wir auch von Sagahelden kennen, so etwa dem Ketil Häng (Gríms Saga Loðinkinna 2), der diese Anlage an seinen Sohn Grim und weiter auf Örvar-Odd vererbte (Örvar Odds Saga 4), sowie von König Olaf Tryggvason (Fornmanna Sögur X, 314). Naglfari („Nagelschiff", „Totenschiff") ist ein Totenschiff, das aus den Nägeln der Verstorbenen entsteht. Da auf den Nägeln nach altem Glauben das Schicksal der Menschen ablesbar ist, wäre Naglfari also ein Schiff, welches aus den Schicksalen der Menschen – und zwar wohl deren Untaten – gebildet wird.

»44. Da sprach Gangleri: „Ein gutes Schiff ist Skíðblaðnir und gar große Zauberei mag dazu gehört haben, es so kunstreich zu schaffen. Aber ist es dem Þórr auf seinen Fahrten nie begegnet, daß er so Starkes und Mächtiges fand, das ihm an Kraft und Zauberkunst überlegen war?" Hárr antwortete: „Wenige, glaube ich, wissen davon zu sagen und große Gefahren hat er doch bestanden; aber wenn es sich je begab, daß etwas so stark oder mächtig war, daß es Þórr nicht besiegen konnte, so ist es besser, nicht davon zu reden, denn es gibt viele Beispiele dafür und Gründe genug zu glauben, daß Þórr der Mächtigste sei". Da sprach Gangleri: „So scheint es ja, als hätte ich euch nach einem Dinge gefragt, worauf niemand antworten könne". Da sprach Jafnhárr: „Wir haben von Begebenheiten sagen hören, deren Wahrheit uns kaum glaublich dünkt; aber hier sitzt der in der Nähe, welcher getreuen Bericht davon geben mag, und du darfst glauben, daß er jetzt nicht zum erstenmal lügen wird, der nie zuvor gelogen hat". Da sprach Gangleri: „Hier will ich stehen und hören, ob ich von diesen Geschich-

ten Bescheid erhalte, denn im anderen Fall erkläre ich euch für überwunden, wenn ihr keine Antwort wißt auf meine Frage". Da sprach Þriði: „Offenbar ist es nun, daß er diese Geschichten wissen will, obwohl uns bedünkt, es sei nicht gut davon zu sprechen. Du hast also zu schweigen.«

Wir sind hier in der Rahmenhandlung und sehen, daß eine Art Wettstreit stattfindet, daß nämlich Gangleri gewinnt, wenn ihm die Götter nicht alles sagen können. Diese Vorstellung war am Anfang nicht klar. Dann wird von Jafnhárr gesagt, daß der, der die folgenden Þórsabenteuer erzählt, noch nie gelogen hat. Damit muß Þriði gemeint sein, der Selbst mit den beiden Anderen identisch ist. Alle Drei sind ja Óðinn Selbst, und klar heißt es also, daß der Gott noch nie gelogen hat. Götter sind unsterblich und lügen nicht. Es folgt nun die Þórsgeschichte, die Fahrt zu Þjálfi und Röskva:

»Der Anfang dieser Erzählung ist nun, daß Ökuþórr ausfuhr mit seinem Wagen und seinen Böcken und mit ihm der Áse, der Loki heißt. Da kamen sie am Abend zu einem Bauern und fanden da Herberge. Zur Nacht nahm Þórr seine Böcke und schlachtete sie; darauf wurden sie abgezogen und in den Kessel getragen. Und als sie gesotten waren, setzte sich Þórr mit seinem Gefährten zum Nachtmahl. Þórr bat auch den Bauern, seine Frau und beide Kinder, mit ihm zu speisen. Des Bauern Sohn hieß Þjálfi und die Tochter Röskva. Da legte Þórr die Bocksfelle neben den Herd, und sagte, der Bauer und seine Hausleute möchten die Knochen auf die Felle werfen. Þjálfi, des Bauern Sohn, hatte das Schenkelbein des einen Bocks, das schlug er mit seinem Messer entzwei, um zum Mark zu kommen. Þórr blieb die Nacht da und am Morgen stand er vor Tag auf, kleidete sich, nahm den Hammer Mjöllnir und erhob ihn, die Bocksfelle zu weihen. Da standen die Böcke auf; aber dem einen lahmte das Hinterbein. Þórr befand es und sagte, der Bauer oder seine Hausgenossen müßten unvorsichtig mit den Knochen des Bocks umgegangen sein, denn er sehe, das eine Schenkelbein wäre zerbrochen. Es braucht nicht weitläufig erzählt zu werden, da es ein jeder begreifen kann, wie der Bauer erschrecken mochte, als er sah, daß da Þórr die Brauen über die Augen sinken ließ, und wie wenig er auch von den Augen noch sah, so meinte er doch, vor der Schärfe des

Blicks zu Boden zu fallen. Þórr faßte den Hammerschaft so hart mit den Fingern an, daß die Knöchel davon weiß wurden. Der Bauer gebärdete sich, wie man denken mag, so, daß alle seine Hausgenossen entsetzlich schrien und alles, was sie hatten, zum Ersatz boten. Als Þórr ihren Schrecken sah, ließ er von seinem Zorn, beruhigte sich und nahm ihre Kinder Þjálfi und Röskva zum Vergleich an: die wurden nun Þórs Dienstleute und folgen ihm seitdem überall.«

Der Bauer heißt in der Hymisqviða 6 „Egil", er kommt auch im indischen Mythos vor. Dort heißt er Kutsa oder Kricanu und ist ein berühmter Bogenschütze. Er hat zwei Brüder, einen Zauberer und einen Läufer. In der germanischen Mythologie finden wir diese drei Brüder noch in der Völundarqviða, wo sie Völundr, Egill und Slagfiðr heißen. Auch hier ist Egill ein berühmter Bogenschütze, Völundr (Wieland) ist Schmied. Egils Frau ist Gróa, ihr Mann heißt Aurvandil. In dem Rigveda wird der Lenker des Wagens meist Pushan genannt und von Indra unterschieden, er ist dort Indras Bruder. Pushan ist ursprünglich ein Gott der Wege, der die Bösen (Wölfe und Wegelagerer) vom Wege vertreibt; seine Gemahlin ist Pathya, die Personifikation der Wege. Dann ist Pushan natürlich Gott des Ackerbaues, ein „Mehrer der Nahrung" und der beste Wagenlenker. Sein Wagen wird wie Þórs Wagen von Ziegen gezogen. Ziegen sind diejenigen Zugtiere, die auch durch unwegsamstes Gelände gehen können. Aber Pushan ist mit Þórr nicht völlig identisch, denn Pushan tut mit goldenen Schiffen im Meere und im Luftreich Botendienst für die Sonne (Rigveda VI, 58, 3). Er bringt Göttern und Menschen Verlorenes zurück.

Der eigentliche Gott, der dem Þórr entspricht, ist im Indischen aber Indra. Der Mythos von dem Schlachten des Bockes Tarkshya und dessen Wiederbelebung ist in dem Rigveda ebenfalls angedeutet.

Im Naturmythos symbolisieren die Böcke Þórs die schnelle und unerwartete Bewegung des Gewitters und vielleiche auch die blitzschwangeren Wolken. Þjálfi („dienstbarer Álfe"?) und Röskva („Wachsende") sind seit dieser Fahrt Diener von Þórr. Auf diese Geschichte spielen die Strophen Hymisqviða 6f, 37 und 38 an (Kommentar II, 51f, 63f).

Zu Þjálfi ist dabei noch mehr zu sagen, denn es gibt weitere Überlieferungen, so eine Sage über die mythische Vorzeit Gotlands, wo Þjálfi Þielvar genannt wird[53]:

»*Gutland fand zuerst der Mann, welcher Þielvar hieß. Damals war Gutland so lichtlos, daß es Tags untersank und Nachts oben war. Der Mann aber brachte zuerst Feuer auf das Land und seitdem sank es nicht wieder. Þielvar hatte einen Sohn der Hafði hieß; Hafðis Weib aber hieß Hvitastierna. Diese zwei wohnten zuerst auf Gutland. Die erste Nacht, die sie zusammen schliefen, träumte ihr, als wenn drei Schlangen in ihrem Schoße zusammengeschlungen waren und daraus hervorkröchen. Hafði deutete diesen Traum so: „Alles ist mit Ringen gebunden. Bauland wird dies werden und wir werden drei Söhne haben". Den noch ungebornen gab er Namen: Guti soll Gutland haben, Graipr soll der zweite heißen und Gunfiaun der dritte. Diese teilten hernach Gutland in drei Teile, so daß Graipr das nördlichste Drittel erhielt, Guti das mittlere und Gunfiaun das südlichste. Von diesen dreien mehrte sich nachmals das Volk in Gutland.*«

Auch auf einem Runenstein von Ostgotland erscheint Þielvar als Þialvar; er verkörpert den menschlichen Fleiß beim Bebauen der Felder, Röskva aber die unverdrossene Rüstigkeit, womit diese Arbeit betrieben wird. Beide werden Þórs Diener, denn nur durch das Zusammenwirken göttlicher und menschlicher Tätigkeit kann die Erde urbar gemacht werden. Ohne den Beistand Þórs kann die Arbeit der Menschen keine Früchte bringen, und da, wo Þórs Wirken aufhört, muß menschliche Anstrengung ergänzend eingreifen, wie eben Þjálfi und Röskva den Gott als Diener unterstützen.

Das Schlachten und Wiederbeleben der Böcke, welches wir in den Mythen verschiedener Völker bis nach Indien im Mythos von dem Schlachten des Bockes Tarkshya und dessen Wiederbelebung im Rigveda finden, bedeutet im Naturmythos, wie die Vorräte im Winter verzehrt werden, doch im neuen Jahr verschafft Þórs segnende Macht neue Vorräte.

»*45. Er ließ seine Böcke dort zurück und setzte seine Reise ostwärts nach Jötunheimr bis an das Meer fort, fuhr dann über die tiefe See und als er die Küste erreichte, stieg er ans Land und mit ihm Loki, Þjálfi und Röskva. Da sie eine Weile fortgegangen waren, kamen sie an einen großen Wald, durch den gingen sie den ganzen Tag bis es dunkel ward.*

Þjálfi, aller Männer fußrüstigster, trug Þórs Tasche; aber Speisevorrat war nicht leicht zu erlangen. Als es dunkel geworden war, suchten sie ein Nachtlager und fanden eine sehr geräumige Halle. An einem Ende war der Eingang so breit wie die Halle selbst: die wählten sie zum Nachtaufenthalt. Aber um Mitternacht entstand ein starkes Erdbeben, der Boden zitterte unter ihnen und die Halle schwankte. Da stand Þórr auf und rief seinen Gefährten; sie suchten weiter und fanden in der Mitte der Halle zur rechten Hand einen Anbau: da gingen sie hinein. Þórr setzte sich in die Türe; die anderen hielten sich innerhalb hinter ihm und waren sehr bange. Þórr hielt den Hammerschaft in der Hand und gedachte sich zu wehren. Da hörten sie groß Geräusch und Getöse. Und als der Tag anbrach, ging Þórr hinaus und sah da einen Mann nicht weit von ihm im Walde liegen, der war nicht klein; er schlief und schnarchte gewältig. Da glaubte Þórr zu verstehen, welchen Lärm er in der Nacht gehört hatte, und umspannte sich mit dem Kraftgürtel. Da wuchs ihm die Ásenstärke. Währenddessen erwachte der Mann und stand hastig auf. Und da wird gesagt, daß Þórr dieses eine Mal nicht gewagt habe, mit dem Hammer nach ihm zu schlagen. Er fragte ihn aber nach seinem Namen und er nannte sich Skrýmir. ‚Und nicht brauche ich', sagte er, ‚dich um deinen Namen zu fragen: ich weiß, daß du Ásaþórr bist. Aber wohin hast du meinen Handschuh geschleppt?' Da streckte Skrýmir den Arm aus und hob seinen Handschuh auf. Nun sah Þórr, daß er den in der Nacht zur Herberge gehabt, und der Anbau war der Däumling des Handschuhs gewesen. Skrýmir fragte, ob ihn Þórr zum Reisegefährten haben wolle, und Þórr bejahte es. Da fing Skrýmir an, seinen Speisesack zu lösen und gab sich dran, sein Frühstück zu verzehren, und Þórr seinerseits tat mit seinen Gefährten ein gleiches. Skrýmir schlug vor, ihren Speisevorrat zusammenzulegen und Þórr willigte ein. Da knüpfte Skrýmir all ihr Essen in ein Bündel und legte es auf seinen Rücken. Er ging den Tag über voran und stieg große Schritte; am Abend aber suchte er ihnen Nachtherberge unter einer mächtigen Eiche. Da sprach Skrýmir zu Þórr, er wolle sich schlafen legen: ‚nehmt ihr das Speisebündel und bereitet euch ein Nachtmahl'. Darauf schlief Skrýmir ein und schnarchte mächtig und Þórr nahm das Speisebündel und wollte es öffnen, und das ist zu berichten, wie unglaublich es dünken möge, daß er keinen Knoten losbrachte: auch nicht einer der zusammengeknüpften Riemen ward loser. Und als er sah, daß seine Arbeit nicht fruchtete, ward er zornig, faßte seinen Hammer Mjöllnir in beide Hände, schritt mit einem Fuß dahin vor, wo Skrýmir lag, und schlug ihn auf das Haupt. Und Skrýmir erwachte und frug, ob ihm ein Blatt von dem Baum auf den Kopf gefallen sei? Auch fragte er, ob sie jetzt gegessen hätten und bereit wären, sich zur Ruhe zu begeben? Þórr antwortete, sie wollten eben schlafen gehen. Sie gingen unter eine andere Eiche, wagten es aber, um die Wahrheit zu sagen, nicht zu schlafen. Aber um Mitternacht hörte Þórr den Skrýmir im Schlafe so laut schnarchen, daß der Wald widerhallte. Da stand er auf und ging zu ihm, schwang den Hammer hastig und heftig und schlug ihn mitten auf den Wirbel, so daß er merkte, wie das Hammerende ihm tief ins Haupt sank. In dem Augenblick erwachte Skrýmir und fragte: ‚Was ist mir? Ist mir eine Eichel auf den Kopf gefallen? Und was ist mit dir, Þórr?' Þórr trat eilends zurück und antwortete, er sei eben aufgewacht, und fügte hinzu, es sei Mitternacht und also noch Zeit zu schlafen. Da gedachte Þórr, wenn er es zuwege brächte, ihm den dritten Schlag zu schlagen, so sollte er ihn niemals wiedersehen. Er legte sich und wartete, bis Skrýmir fest entschlafen wäre. Und kurz vor Tag hörte er, daß Skrýmir entschlafen sein müsse. Da stand er auf und ging zu ihm und schwang den Hammer mit aller Kraft und traf ihn auf die Schläfe, welche nach oben gekehrt war, und der Hammer drang ein bis auf den Schaft. Da richtete Skrýmir sich auf, strich sich die Wange und sprach: ‚Sitzen Vögel über mir auf dem Baume? Es kam mir vor, da ich erwachte, als fiele mir von den Ästen irgend ein Abfall auf den Kopf. Wachst du, Þórr? Es wird Zeit sein, aufzustehen und sich anzukleiden, obwohl ihr nun nicht mehr weit habt zu der Burg, die Útgarður heißt. Ich hörte, wie ihr untereinander sprachet, daß ich kein kleiner Mann sei von Wuchs; aber dort sollt ihr größere Männer sehen, wenn ihr nach Útgarður kommt. Nun will ich euch heilsamen Rat geben: überhebt euch da nicht zu sehr, denn nicht werden Útgarðlokis Hofmänner von solchen Burschen stolze Worte dulden; im anderen Fall wendet lieber um: der Entschluß wird euch besser bekommen. Wollt ihr aber doch eure Reise fortsetzen, so haltet euch ostwärts; mein Weg geht nun nordwärts nach diesen Bergen, die ihr jetzt werdet sehen können'. Da nahm Skrýmir das Speisebündel und warf es auf den Rücken und wandte sich quer hinweg von ihnen in den Wald, und nicht ist gemeldet, daß die Ásen gewünscht hätten, ihn gesund wiederzusehen.«

Dieser Mythos ist wohl der am längsten ausgeführte Mythos der Jüngeren Edda, was vielleicht ein Hinweis darauf ist, daß der Mythos von einem der Überlieferer nachträglich in das Lied eingesetzt wurde. Gegenspieler von Þórr und Seinem Gefolge ist der Riese Skrýmir, dessen Name „Prahler", „Schreier", „Großsprecher" oder „Possentreiber" bedeutet. Hier ist „Skrýmir" nur ein Deckname des Útgarðloki, während es einen eigenen Mythos von Skrýmir in dem fäingischen Lied „Lokka Táttur" gibt (Kommentar III, 179ff). Dort wird der Riese Skrýmr von Loki überlistet und getötet.

Þórs Aufenthalt im Handschuh des Riesen finden wir erwähnt auch in den Hárbarðzljóð 26 (Kommentar II, 24) und Lokasenna 60 (Kommentar II, 107), das vergebliche Bemühen, den Speisesack aufzubekommen, finden wir auch in Lokasenna 62 (Kommentar II, 107).

Die Geschichte lebt im deutschen Märchen „Das tapfere Schneiderlein" noch fort, allerdings gibt es da Unterschiede. Hier übt die List nämlich das Schneiderlein als Ersatz für den Gott Þórr aus, nicht die Riesen, die die Überlisteten sind; hier in der Jüngeren Edda ist es nun gerade umgekehrt, der Gott und Sein Gefolge werden überlistet von den Riesen.

Daß Þórr hier heimlich und heimtückisch einen Riesen im Schlafe erschlagen will, ist ein Zug, den ich nicht als ursprünglich ansehen will, denn Götter kämpfen nicht auf eine unfaire Weise. Somit scheint mir unser Märchen der ursprünglichen Mythenfassung eher zu entsprechen. Parallelen dieses Mythos gibt es auch in russischen und ossetischen Sagen. Bei den Russen entspricht dem Skrýmir der Riese Svyatogor, es kommen der Schlaf im Handschuh oder Beutel des Riesen und die Kraftproben vor.

Wenn wir allerdings den Naturmythos betrachten, dann bekommen die Taten Þórs eine andere Bedeutung; es liegt nahe, diese Geschichte naturmythologisch zu deuten, denn im folgenden Text wird das ja selbst getan. Das ist übrigens ein weiterer Hinweis darauf, daß eine naturmythologische Deutung durchaus bekannt war und verwendet wurde. Der Riesenhandschuh, in dem Þórr und Seine Gefährten übernachten, ist eine Steinkluft mit ihrer Nebenhöhle. Der Riese selbst ist das vom Sturm schnaubende Felsgebirge. Þórr kann mit Seinem Hammer – dem Blitz – zwar Felsen einkerben, aber dem Steingrund keine Früchte abringen, was der verschlossene Speisesack bedeutet.

Ziel der Reisenden ist die Burg Útgarður („Außenwelt", „Raum Außer-halb"), die ursprünglich außen um die Ganze Welt liegend gedacht wur-de. Im Mittelalter wurde Útgarður als im Osten von Miðgarðr liegend vermutet, in den Märchensagas des 14. und 15. Jh. wird Útgarður dann im Norden, am Polarmeere angesiedelt.

Kapitel 7

Gylfaginning 46-54

»46. Þórr fuhr nun weiter mit seinen Gefährten und ging fort bis Mittag: da sah er auf einem Felde eine Burg stehen, und mußte den Kopf zurückbiegen, um über sie hinwegzusehen. Sie gingen hinzu, da war an dem Burgtor ein verschlossenes Gitter. Þórr ging an das Gitter und konnte es nicht öffnen, und damit sie in die Burg gelangen mochten, schmiegten sie sich zwischen den Stäben hindurch und kamen so hinein. Da sahen sie eine große Halle und gingen hinzu. Die Türe war offen, sie gingen hinein und sahen da viele Männer auf zwei Bänken, die meisten sehr groß. Danach kamen sie vor den König Útgarðloki und grüßten ihn. Er aber sah säumig nach ihnen, bleckte die Zähne und sprach lächelnd: ‚Selten hört man von langer Reise Wahres berichten; aber verhält es sich anders, denn ich denke: daß dieser kleiner Bursche da Ökuþórr sei? Du magst aber wohl mehr sein, als du scheinst. Aber welche Fertigkeiten sind es, deren ihr Gesellen euch dünkt, kundig zu sein? Niemand darf hier unter uns sein, der sich nicht durch irgend eine Kunst oder Geschicklichkeit vor anderen auszeichnete'. Da sprach Loki, welcher der Hinterste war: ‚Eine Kunst verstehe ich, die ich bereit bin, zu zeigen: Keiner soll hier innen sein, der seine Speise hurtiger aufessen möge als ich'. Da versetzte Útgarðloki: ‚Das ist wohl eine Kunst, wenn du sie verstehst, und das wollen wir nun versuchen'. Da rief er nach den Bänken hin, daß einer, Logi geheißen, auf den Estrich vortrete, sich gegen Loki zu versuchen. Da ward ein Trog genommen und auf den Boden der Halle gesetzt und mit Fleisch gefüllt: Loki setzte sich an das eine Ende und Logi an das andere, und jedweder aß aufs hurtigste, bis sie sich in der Mitte des Trogs beggegneten. Da hatte Loki alles Fleisch von den Knochen abgegessen, aber Logi hatte alles Fleisch mitsamt den Knochen verzehrt und den Trog dazu. Alle bedauchte es nun, daß Loki das Spiel verloren habe. Da fragte Útgarðloki, auf welche Kunst jener junge Mann sich verstände. Da sagte Þjálfi, er wolle versuchen, mit einem jeden um die Wette zu laufen, den Út-

garðloki dazu ausersehe. Útgarðloki sagte, das sei eine gute Kunst; er müsse aber sehr geübt zu sein glauben in der Hurtigkeit, wenn er in dieser Kunst zu siegen hoffe, und der Versuch sollte nun sogleich vor sich gehen. Da stand Útgarðloki auf und ging hinaus, und da war eine gute Rennbahn auf ebenem Felde. Útgarðloki rief nun einen jungen Burschen herbei, der sich Hugi nannte, und gebot ihm, mit Þjálfi um die Wette zu laufen. Da begannen sie den ersten Lauf, und Hugi war so weit voraus, daß er am Ende der Bahn sich umwandte dem Þjálfi entgegen. Da sagte Útgarðloki: ‚Du mußt dich besser ausstrecken, Þjálfi, wenn du das Spiel gewinnen willst; aber doch ist es wahr, daß noch keiner hierher gekommen ist, der mich fußfertiger dauchte'. Sie begannen nun den zweiten Lauf, und als Hugi ans Ende der Bahn kam und sich umwandte, war Þjálfi noch einen guten Pfeilschuß zurück. Da sagte Útgarðloki: ‚Das dünkt mich gut gelaufen; aber ich glaube nun kaum mehr, daß er das Spiel gewinnen wird; das wird sich nun zeigen, wenn sie den dritten Lauf rennen'. Da nahmen sie nochmals ein Ziel und als Hugi ans Ende der Bahn gekommen war und sich umkehrte, war Þjálfi noch nicht in die Mitte der Bahn gekommen. Da sagten alle, sie hätten sich in diesem Spiele nun genug versucht. Da fragte Útgarðloki den Þórr, welche Kunst das sei, worin er sich vor ihnen hervortun wolle, da die Leute von seinen Großtaten so viel Rühmens gemacht hätten. Da antwortete Þórr, am liebsten wolle er sich im Trinken messen - mit wem es auch sei. Útgarðloki sagte, das möge wohl geschehen. Er ging in die Halle, rief seinen Schenken und befahl ihm, das Horn zu bringen, woraus seine Hofleute zu trinken pflegten. Bald darauf kam der Mundschenk mit dem Horn und gab es dem Þórr in die Hand. Da sprach Útgarðloki: ‚Aus diesem Horn scheint uns wohl getrunken, wenn es auf einen Trunk leer wird; einige trinken es auf den zweiten aus, aber keiner ist ein so schlechter Trinker, der es nicht in dreien leerte'. Þórr sah sich das Horn an: es schien ihm nicht zu groß, obwohl ziemlich lang; er war aber auch sehr durstig. Er fing an, zu trinken und schlang gewaltig und glaubte nicht nötig zu haben, öfter anzusetzen. Als ihm aber der Atem ausging, setzte er das Horn ab und sah zu, wieviel Trank noch übrig sei. Da schien es ihm ein sehr kleiner Betrag, um den das Horn jetzt leerer sei denn zuvor. Da sprach Útgarðloki: ‚Es ist wohl getrunken; aber doch nicht gar viel: ich hätte es nicht geglaubt, wenn mir gesagt worden wäre, daß Ásaþórr nicht besser trinken könne. Ich weiß aber, du wirst es beim zweiten Zug austrinken'. Þórr antwortete nichts, sondern setzte das Horn an den Mund und dachte nun einen größeren Trunk zu tun, und bemühte sich, zu trinken, so lang ihm der Atem vorhielt, sah aber doch, daß das Ende des Horns nicht so hoch hinauf wollte als er gewünscht hätte. Und als er das Horn vom Munde nahm, schien es ihm, als wenn nun noch weniger abgegangen wär als das erste Mal; doch konnte man das Horn nun tragen ohne zu verschütten. Da sprach Útgarðloki: ,Wie nun, Þórr? Willst du dich immer sparen, einen Trunk mehr zu tun als dir gut ist? Nun scheint mir, wenn du mit dem dritten Trunk das Horn leeren willst, so muß dieser Zug der größte sein. Du wirst aber hier bei uns kein so großer Mann heißen können als wofür du bei den Ásen giltst, wenn du in anderen Spielen nicht mehr leistest, als du mir in diesem zu vermögen scheinst'. Da ward Þórr zornig, setzte das Horn an den Mund und trank aus allen Kräften und so lang er trinken mochte, und als er ins Horn sah, war doch nun mehr als zuvor ein Abgang bemerklich. Da gab er das Horn zurück und wollte nicht mehr trinken. Da sprach Útgarðloki: ,Es ist nun offenbar, daß deine Macht nicht so groß ist, wie wir dachten, oder willst du dich in anderen Spielen versuchen? Denn man sieht nun, daß du hierin nichts vermagst'. Þórr antwortete: ,Ich will mich noch in anderen Spielen versuchen; aber wunderlich würd es mich dünken, wenn ich daheim bei den Ásen wäre und solche Trünke würden für klein geachtet. Doch welches Spiel wollt ihr mir nun anbieten?' Da sprach Útgarðloki: ,Junge Burschen pflegen hier, was wenig zu bedeuten scheint, meine Katze dort von der Erde aufzuheben, und nicht würd ich gedenken, solches dem Ásaþórr anzumuten, wenn ich nicht zuvor gesehen hätte, daß du viel weniger vermagst, als ich dachte'. Alsbald lief eine graue, ziemlich große Katze über den Estrich der Halle, Þórr ging hinzu, faßte sie mit der Hand mitten unterm Bauche und lupfte an ihr, und die Katze krümmte den Rücken, indem Þórr an ihr hob, und als Þórr sie so hoch emporzog wie er immer vermochte, ließ die Katze mit dem einen Fuß von der Erde: weiter brachte es Þórr nicht in diesem Spiel. Da sprach Útgarðloki: ,Es ging mit diesem Spiel wie ich erwartete: die Katze ist ziemlich groß und Þórr klein und kurz neben den großen Männern, die hier bei uns sind'. Da sprach Þórr: ,So klein ihr mich nennt, so komme nun her, wer da wolle und ringe mit mir: nun bin ich zornig'. Da antwortete Útgarðloki, indem er nach den Bänken sah, und sprach: ,Mitnichten sehe ich den Mann hier innen, den es nicht ein Kinderspiel dünken würde, mit dir zu ringen. Aber laßt sehen, fuhr er fort, die alte Frau ruft mir herbei, meine Amme Elli: mit der mag Þórr ringen, wenn er will. Sie hat schon Männer niedergeworfen, die mir nicht schwächer schienen als Þórr ist'. Alsbald kam eine alte Frau in die Halle: zu der sprach Útgarðloki, sie solle sich mit Ásaþórr messen. Wir wollen den Bericht nicht längen; der Kampf lief so ab: je stärker sich Þórr anstrengte, je fester stand sie. Nun fing die Frau an, ihm ein Bein zu stellen, Þórr ward mit einem Fuße los und ein harter Kampf folgte; aber nicht lange währte es, so war Þórr auf ein Knie gefallen. Da ging Útgarðloki hinzu und gebot ihnen, den Kampf einzustellen. Er fügte hinzu: Þórr habe nun nicht nötig, noch andere an seinem Hof zum Kampf zu fordern. Es war auch bald Nacht. Da wies Útgarðloki den Þórr und seine Gefährten zu den Sitzen, und sie brachten da die Nacht bei guter Aufnahme zu.«

Die Namen in diesem Mythos bedeuten: Útgarðloki = Loki des Útgarðr, der Außen- oder Unterwelt; Ökuþórr = Fahrt- oder Wagenþórr, davon ist auch der finnische Name Þórs, nämlich „Ukko" abgeleitet; Ásaþórr = Ásen-Þórr; Logi = Flamme, Feuer. Logi ist einer der drei Söhne des Ahnherren Fornjótr; Hugi = Gedanke; Elli = Alter; Þrúðvang = Kraftfeld, Þórs Himmelsburg, die sonst Þrúðheimr genannt wird.
Ob hier für Logi ursprünglich Loki und für Hugi vielleicht Óðins Rabe Huginn Vorbild gewesen sind, ist nicht sicher. Eine Verbindung des Gottes des Wildfeuers Loki zu Útgarðloki mit Logi (dem Feuer) liegt nahe, zumal sich hier auch Lokis Tochter, die Miðgarðschlange, aufhält. Es wäre dann eine dunkle Seite desselben Gottes.
Die Auflösung dieser Wettkämpfe folgt im nächsten Kapitel der Gylfa - ginning:

»47. Am Morgen darauf, als es Tag wurde, stand Þórr auf mit seinen Gefährten, sie kleideten sich und waren bereit, fortzuziehen. Da kam Útgarðloki und ließ ihnen einen Tisch vorsetzen; es fehlte nicht an guter Bewirtung, Speis und Trank. Und als sie gegessen hatten, beeilten sie ihre Fahrt. Útgarðloki begleitete sie hinaus bis vor die Burg und beim Abschied sprach er zu Þórr und fragte, wie er mit seiner Reise zufrieden sei und ob er einen Mächtigeren, als er selber sei, getroffen

habe. Þórr antwortete, er könne nicht sagen, daß die Begegnung mit ihnen nicht sehr zu seiner Unehre gereicht habe, ‚aber wohl weiß ich, daß ihr mich für einen gar unbedeutenden Mann halten werdet, womit ich übel zufrieden bin'. Da sprach Útgarðloki: ‚Nun will ich dir die Wahrheit sagen, da du wieder aus der Burg gekommen bist, in die du, so lang ich lebe und zu befehlen habe, nicht noch öfter kommen sollst. Und ich weiß auch wahrlich, daß du niemals hinein gekommen wärest, wenn ich vorher gewußt hätte, daß du so große Kraft besäßest, womit du uns beinahe in großes Unglück gebracht hättest. Aber ich habe dir ein Blendwerk vorgemacht, denn das erstemal, als ich dich im Walde fand, war ich es, der mit euch zusammen traf, und als du das Speisebündel lösen solltest, da hatte ich es mit Eisenbändern zugeschnürt, und du fandest nicht, wo du es öffnen solltest. Und danach schlugst du mir mit dem Hammer drei Schläge, und der erste war der geringste und war doch so stark, daß er mein Tod geworden wäre, wenn er getroffen hätte. Aber du sahst bei meiner Halle einen Felsstock und sahst oben darin drei viereckige Täler und eines war das tiefste: das waren die Spuren deiner Hammerschläge. Den Felsstock hielt ich vor deine Hiebe; aber du sahst es nicht. So war es auch mit den Spielen, worin ihr euch mit meinen Hofleuten maßet. Das erste war das, worin sich Loki versuchte: er war sehr hungrig und aß stark; aber der, welcher Logi hieß, war das Wildfeuer und verbrannte das Fleisch und den Trog zugleich. Und als Þjálfi mit dem um die Wette lief, der Hugi hieß, das war mein Gedanke und nicht war's zu erwarten, daß Þjálfi es mit dessen Geschwindigkeit aufnehmen könne. Und als du aus dem Horne trankst und es dir langsam abzunehmen schien, da geschah fürwahr ein Wunder, das ich nicht für möglich gehalten hätte: das andere Ende des Hornes lag außen im Meere, das sahst du nicht; wenn du aber jetzt zum Meere kommst, so wirst du sehen können, welche große Abnahme du hierin getrunken hast: das nennt man nun Ebbe'. Ferner sprach er: ‚Das dauchte mich nicht weniger wert, als du die Katze lüpftest, und dir die Wahrheit zu sagen, da erschraken alle, die es sahen, als du ihr einen Fuß von der Erde hobst, denn die Katze war nicht, was sie dir schien: es war die Miðgarðschlange, die um alle Lande liegt, und kaum war sie noch lang genug, daß Schweif und Haupt die Erde berührten, denn so hoch strecktest du den Arm auf, daß nicht weit zum Himmel war. Ein großes Wunder war es auch um den Ringkampf, daß du so *lange fest standest und nur auf ein Knie fielst, als du mit Elli rangst, indem keiner jemals ward noch werden wird, den nicht, wenn er so alt wird, daß Elli ihn erreicht, das Alter zu Fall brächte. Nun aber ist die Wahrheit, daß wir scheiden sollen, und es wird uns beiderseits besser sein, wenn ihr nicht öfter kommt mich zu besuchen; ich werde aber auch ein andermal meine Burg mit solchen und anderen Täuschungen schirmen, daß ihr keine Gewalt über mich erlangt'. Und als Þórr diese Rede hörte, griff er nach seinem Hammer und hob ihn in die Luft; als er aber zuschlagen wollte, sah er Útgarðloki nirgend mehr. Er wandte sich zurück nach der Burg und gedachte sie zu brechen: da sah er weite und schöne Felder vor sich, aber keine Burg. Da kehrte er um und zog seines Weges bis er wieder nach Þrúðvang kam. Und das ist die Wahrheit, daß er sich vorsetzte, zu versuchen, ob er mit der Miðgarðschlange nicht zusammentreffen möchte, was seitdem geschah. Nun glaube ich, daß dir niemand Genaueres von dieser Fahrt Þórs sagen könne".«*

Die bunte Mischung von Proben und den zugehörigen Wesenheiten zeigt, daß es auf diese Wesen im Einzelnen nicht ankommt, sondern daß die Geschichte in ihrer Ganzheit zu betrachten ist, wonach alle Einzelkämpfe zu bestehen unmöglich ist. Das Feuer, der Gedanke, das Alter, das Meer können nicht überwunden werden.
Es bleibt die Frage, ob der Mythos die Auflösungen schon in seiner gedichteten Urfassung enthielt, oder ob diese von einem Überlieferer nachträglich angefügt worden sind.

Über Útgarðloki gibt es auch bei Saxo Grammaticus[54] Überlieferungen. Er heißt dort Uthgarthilocus. König Gorm verehrte diesen Uthgarthilokus wie einen Gott:

»Während der eine den, der andere jenen mächtigen Gott anrief und sie verschiedener Gottheiten Hoheit Opfer darzubringen für nötig erachteten, wandte Gorm sich mit Gelübden und Versöhnungsgaben an den Uthgarthilokus und erhielt das gewünschte helle und gute Wetter.«

Doch Gorm will, als er alt ist, mehr über das Weiterleben nach dem Tode bei den Göttern erfahren:

»Als er sein Leben in ungestörtem Genusse des Friedens hoch gebracht und beinahe bis zur letzten Grenze seiner Tage gekommen war, da erwog er bei sich in mannigfachem Nachdenken die Frage, an welchen Ort er wohl kommen werde, wenn die Seele vom Körper frei geworden sei, und welche Belohnung seine eifrige Verehrung der Götter verdiene; denn daß die Seele unsterblich sei, davon war er durch die Wahrscheinlichkeitsgründe gewisser Leute überzeugt worden.
Als er sich mit diesem Gedanken beschäftigte, machten sich an ihn gewisse Leute, die dem Thorkill nicht wohl wollten, mit dem Hinweise, es bedürfe hier einer Befragung der Götter, und die Gewißheit in einer so wichtigen Sache, die menschliches Wissen übersteige und für die Erkenntnis der Sterblichen nicht leicht sei, müsse aus göttlicher Weisung gewonnen werden. Deshalb müsse Uthgarthiloki gnädig gestimmt werden, und das könne niemand geschickter als Thorkill durchführen.«

Thorkill macht sich also auf die Seereise, sie gelangen in ein Land, das keine Sonne hat und keinen Stern kennt und in dauernde Nacht gehüllt ist. Sie sehen aber in der Ferne ein Feuer, und Thorkill geht an Land und findet zwei schwarze Riesen in einer Höhle, die ihm nach der Lösung zweier Aufgaben den weiteren Weg weisen. Er muß vier Tage weitersegeln und gelangt schließlich in einem dunklen Land zu einer ungeheuer großen Felsmasse:

»Die wollte er erforschen und befahl seinen Genossen, die draußen Wache halten sollten, Feuer aus Kieselsteinen zu schlagen und als ein gutes Schutzmittel gegen die bösen Geister am Eingange brennen zu lassen. Andere trugen ihm Licht voraus, er trat gebückt in den engen Gang zu einem Hohlraume und erblickte überall eine Menge eiserner Sitze; Schlangen glitten ihm beständig um die Füße. Darauf bot sich dem Auge ein ruhiges und auf Sandgrunde sanft fließendes Wasser dar; das überschritt er und kam zu einer sich etwas tiefer senkenden Höhle; hinter ihr öffnete sich dem Besucher wiederum ein schwarzes, unsauberes Gemach. Hier erblickten sie den Uthgarthiloki, Hände und Füße waren mit ungeheuren, schweren Ketten belastet; seine stinkenden Haare waren so lang und so straff, daß sie Speerschäften glichen. Eins dieser Haare zog Thorkill mit angestrengter Hilfe seiner Gefährten aus dem Kinne des Uthgarthiloki, ohne daß dieser es wehrte und bewahrte

es auf, damit seine Taten leichter Glauben fänden; sofort strömte ein so durchdringender Gestank auf die Umstehenden ein, daß sie nur atmen konnten, wenn sie sich die Nase mit dem Mantel zuhielten. Kaum hatten sie den Ausgang wieder erreicht, als sie von Schlangen, die von allen Seiten auf sie zuflogen, bespieen wurden. Nur fünf von den Leuten des Thorkill bestiegen das Schiff mit ihrem Führer, die andern wurden durch das Gift getötet. Es setzten ihnen aus der Luft wilde Geister zu und spieen ohne Unterlaß auf sie giftigen Geifer.«

Es gelingt Thorkill, zurück zu fahren und er erzählt zu Hause dem König Gorm, was für ein Scheusal Uthgarthiloki ist, was den König so sehr betrübt, daß er stirbt.
Ich habe diesen Bericht angeführt, weil er uns den Útgarðloki anders beschreibt, als der Bericht der Jüngeren Edda. In dieser Schilderung scheint Uthgarthilokus Züge des gefesselten Loki zu haben, während manche Deuter hinter Thorkill den Gott Þórr Selbst sehen wollen, was ich für unglaubwürdig halte. Das Gift, das auf die Gefährten trifft, erinnert an den Strafort der Hel, wo die Seelen der Bösen von Gift getroffen werden, welches Schlangen auf sie speien. Wir würden dann also in unserem Gylfaginning-Kapitel eine Konfrontation des guten Loki, der Þórs Diener ist, mit dem wegen seiner Mordanstiftung gegen Balder gefesselten Loki, dem Feind der Götter haben.

»48. Da sprach Gangleri: „Ein gewaltiger Mann muß Útgarðloki sein, und viel mit Täuschung und Zauberei vermögen, und seine Gewalt scheint um so größer als er Hofleute hat, die große Macht besitzen. Aber hat Þórr dies nicht gerochen?" Hárr antwortete: „Es ist nicht unbekannt, selbst den Ungelehrten, wie Þórr für die Reise, die nun erzählt wurde, Ersatz nahm. Er weilte nicht lange daheim, sondern griff so hastig zu dieser Fahrt, daß er weder Wagen noch Böcke noch Reisegesellschaft mitnahm. Er ging aus über Miðgarðr als ein junger Gesell, und kam eines Abends zu einem Jötun, der Hymir hieß. Da blieb Þórr und nahm Herberge. Aber als es tagte, stand Hymir auf und machte sich fertig, auf die See zu rudern zum Fischfang. Þórr stand auch auf und war gleich bereit und bat, daß Hymir ihn mit sich auf die See rudern ließe. Hymir sagte, er könne nur wenig Hilfe von ihm haben, da er so klein und jung sei, ‚und es wird dich frieren, wenn ich so weit hin-

Abb. 14: Þórr, angetan mit dem Kraftgürtel Megingjarðar, angelt die Miðgarðschlange und will sie mit dem Hammer erschlagen. Neben Ihm rudert der Riese Hymir. Edda des Jakob Sigurðsson von 1765.

ausfahre und so lange außen bleibe wie ich gewohnt bin'. Aber Þórr sagte, er dürfe um deswillen nur immer recht weit hinausfahren, da es noch ungewiß sei, wer von ihnen beiden zuerst auf die Rückkehr dringen werde; und Þórr zürnte dem Jötun so, daß wenig fehlte, er hätte ihn sogleich seinen Hammer fühlen lassen. Doch unterließ er es, weil er seine Kraft anderwärts zu versuchen gedachte. Er fragte Hymir, was sie zum Köder nehmen wollten, und Hymir sagte, er solle sich selber einen Köder verschaffen. Da ging Þórr dahin, wo er eine Herde Ochsen sah, die Hymir gehörte, und nahm den größten Ochsen, der Himinhrjóður hieß, riß ihm das Haupt ab und nahm das mit an die See. Hymir hatte das Boot unterdes ins Wasser geschoben. Þórr ging an Bord, setzte sich hinten ins Schiff, nahm zwei Ruder und ruderte so, daß Hymir gedachte, von seinem Rudern habe er gute Fahrt. Hymir ruderte vorn, so daß sie schnell fuhren. Da sagte Hymir, sie wären nun an die Stelle gekommen, wo er gewohnt sei zu halten und Plattfische zu fangen. Aber Þórr sagte, er wolle noch viel weiter rudern: Sie fuhren also noch lustig weiter. Da sagte Hymir, sie wären nun so weit hinausgekommen, daß es gefährlich wäre, in größerer Ferne zu halten wegen der Miðgarðschlange. Aber Þórr sagte, er werde noch eine Weile rudern und so tat er, womit Hymir übel zufrieden war. Endlich zog Þórr die Ruder ein und rüstete eine sehr starke Angelschnur zu, und der Hamen daran war nicht kleiner oder schwächer. Þórr steckte den Ochsenkopf an die Angel, warf sie von Bord und die Angel fuhr zu Grunde. Da mag man nun fürwahr sagen, daß Þórr die Miðgarðschlange nicht minder zum besten hatte, als Útgarðloki seiner spottete, da er die Schlange mit seiner Hand heben sollte. Die Miðgarðschlange schnappte nach dem Ochsenkopf und die Angel haftete dem Wurm im Gaumen. Als die Schlange das merkte, zuckte sie so stark, daß Þórr mit beiden Fäusten auf den Schiffsrand geworfen ward. Da ward Þórr zornig, fuhr in seine Ásenstärke und sperrte sich so mächtig, daß er mit beiden Füßen das Schiff durchstieß und sich gegen den Grund des Meeres stemmte: also zog er die Schlange herauf an Bord. Und das mag man sagen, daß niemand einen schrecklichen Anblick gesehen hat, der nicht sah, wie jetzt Þórr die Augen wider die Schlange schärfte und die Schlange von unten ihm entgegen stierte und Gift blies. Da wird gesagt, daß der Riese Hymir die Farbe wechselte und vor Schrecken erbleichte, als er die Schlange sah und wie die See im Boot aus- und einströmte. Aber in dem

Augenblick, da Þórr den Hammer ergriff und in der Luft schwang, stürzte der Riese hinzu mit seinem Messer und zerschnitt Þórs Angelschnur, und die Schlange versank in die See, und Þórr warf den Hammer nach ihr, und die Leute sagen, er habe ihr im Meeresgrund das Haupt abgeschlagen; doch mich dünkt, die Wahrheit ist, daß die Miðgarðschlange noch lebt und in der See liegt. Aber Þórr schwang die Faust und traf Hymir so ans Ohr, daß er über Bord stürzte und seine Fußsohlen sehen ließ. Da watete Þórr ans Land".«

Wir haben hier eine Version des Mythos, den wir auch aus dem Eddalied Hymisqviða und aus skaldischen Strophen kennen. In der Hymisqviða allerdings ist der Mythos vom Angeln der Miðgarðschlange durch Þórr mit dem Mythos der Einholung des Kessels von Hymir verbunden, bei dem auch Týr zugegen ist, der allerdings nur am Anfang und Ende des Liedes Hymisqviða erwähnt wird. Die Fassung hier in der Gylfaginning ist ein Indiz dafür, daß es sich ursprünglich tatsächlich um zwei eigene Mythen handelte.

Es heißt, daß Þórr als ein „junger Gesell" auszog, später aber „in seine Ásenstärke fuhr". Offenbar veränderte Þórr hier also seine Gestalt, was zum ursprünglichen Mythos gehört, aber in der Hymisqviða nicht mehr enthalten ist, da dort die Ausfahrt mit Týr nach dem Kessel-Mythos erzählt wird. Nur in Strophe 18 der Hymisqviða finden wir die Formulierung für Þórr, daß er „Bursche" (sveinn) genannt wird, was aus dem Mythos der Angelung der Miðgarðschlange herrührt (siehe Kommentar II, 55). Es ist im Naturmythos die unscheinbare kleine Wolke, die sich rasch zur gefährlichen Gewitterwolke entwickelt. Im Rigveda gewinnt Indra Kraft und Stärke durch die Gebete der Menschen. Hymir („der Dunkle", ursprünglich sanskrit hima = Winter), in Handschriften auch Ymir geschrieben, ist der winterliche Meerriese, der auch Gymir heißt, während Ægir/Hlér der sommerliche Meerriese ist. Der Stier Himinhrjóður (in Handschriften auch: Himinbrjótr, Himinhrjotr, Himinjóðr) wird auch in der älteren Edda erwähnt ohne seinen Namen zu nennen. Er bedeutet „Himmelsverwüster". Der Mythos wurde auch astral gedeutet, wonach dieser Stierkopf die fünf v-förmig am Himmel stehenden Sterne des Sternbildes Stier symbolisiert, die Miðgarðschlange ist die Ekliptik, das Meer der Himmel. In der naturmythologischen Deutung ist Himinhrjóður der zum Himmel aufragende Eisberg.

Der Mythos von der Angelung der Miðgarðschlange ist uralt, vielfach in der Skáldendichtung erwähnt und auch bildlich dargestellt (siehe Kommentar II, 45ff).

»49. Da fragte Gangleri: „Haben sich noch andere Abenteuer mit den Ásen ereignet? Eine gewaltige Heldentat hat Þórr auf dieser Fahrt verrichtet". Hárr antwortete: „Es mag noch von Ereignissen berichtet werden, die den Ásen bedeutender schienen. Und das ist der Anfang dieser Geschichte, daß Baldur, der gute, schwere Träume träumte, die seinem Leben Gefahr dräuten. Und als er den Ásen seine Träume sagte, pflogen sie Rat zusammen und beschlossen, dem Baldur Sicherheit vor allen Gefahren auszuwirken. Da nahm Frigg Eide von Feuer und Wasser, Eisen und allen Erzen, Steinen und Erden, von Bäumen, Krankheiten und Giften, dazu von allen vierfüßigen Tieren, Vögeln und Würmern, daß sie Baldurs schonen wollten. Als das geschehen und allen bekannt war, da kurzweilten die Ásen mit Baldur, daß er sich mitten in den Kreis stellte und einige nach ihm schossen, andere nach ihm hieben und noch andere mit Steinen warfen. Und was sie auch taten, es schadete ihm nicht; das dauchte sie alle ein großer Vorteil.«

Wir befinden uns hier nun im Baldur-Mythos, der in der Älteren Edda in keinem eigenen Liede erzählt wird. Es gibt nur Anspielungen in Völuspá 31-33 (Kommentar I, 66ff), Vafþrúðnismál 54f (Kommentar I, 155), Vegtamsqviða (Kommentar I, 169-179), Lokasenna 28 (Kommentar II, 87), Skirnisför 21f (Kommentar III, 24), Hyndluljóð 28 (Kommentar III, 142) und Skáldengedichte; aber es muß ein gedichtetes Lied bestanden haben, von dem in der Jüngeren Edda eine oder zwei Strophen zitiert werden. Baldur ist der Gott des Lichtes und Tages, er heißt daher auch Dagr bzw. Dac-Bog („Gott Tag"). Die Szene, wo Baldur mitten im Kreis der Götter steht und unverwundbar ist, ist die Zeit im Jahre, wo der Tag am längsten ist und somit seine volle Kraft hat, nämlich der Mittsommertag. Auch die Sonne hat hier ihren Höchststand, und teilweise hat man Baldur wohl auch als Sonnengott interpretiert, während er ursprünglich wohl Gemahl der Sonne (Nanna) ist und nur das Licht und den Tag allein bedeutet.

Baldurs schlimme vorbedeutende Träume kommen aber im Liede Vegtamsqviða Str. 1 und 2 (Kommentar I, 171) der Älteren Edda vor, das

Abb. 17: Valholl und die Miðgarðschlange. Edda Oblongata, 1680.

deswegen auch „Baldrs draumar" (Baldurs Träume) heißt. Der Glaube, daß sich in Träumen zukünftige Dinge ankündigen, ist ein alter germa-nischer und heidnischer Glaube und kommt in vielen Heldenliedern vor, etwa „Kriemhilds Traum" im Nibelungenlied. Im Naturmythos ist der Grund der, daß das Licht des Tages oder Sommers natürlich weiß, daß nach der Sonnenwende die Tageslänge wieder abnehmen wird und es an Kraft verliert – denn das alles geschah ja auch im Vorjahre und allen weiteren früheren Jahren.
Frigg nimmt Eide von allen Wesen, Baldur nicht zu schaden; hier wird deutlich, daß Frigg nicht weiß, wer Baldur am Ende schaden wird; Frigg kennt nämlich aller Menschen Schicksale, nicht aber die Schicksale der Götter. Die Krankheiten werden hier personifiziert gedacht, wie das auch im Volksglauben überliefert ist. Krankheiten entstehen durch Krankheitsdämonen und können daher dadurch geheilt werden, daß der Dämon vertrieben wird – das tun Schamanen der Naturvölker bis heute.

»Aber als Loki, Laufeyjas Sohn, das sah, da gefiel es ihm übel, daß den Baldur nichts verletzen sollte. Da ging er zu Frigg nach Fensalir in Gestalt eines Weibes. Da fragte Frigg die Frau, ob sie wüßte, was die Ásen in ihrer Versammlung vornähmen. Die Frau antwortete: Sie schössen alle nach Baldur; ihm aber schadete nichts. Da sprach Frigg: ‚Weder Waffen noch Bäume mögen Baldur schaden: ich habe von allen Eide genommen'. Da fragte das Weib: ‚Haben alle Dinge Eide geschworen, Baldurs zu schonen?' Frigg antwortete: ‚Westlich von Valhöll wächst eine Staude, Mistilteinn genannt, die schien mir zu jung, sie in Eid zu nehmen'. Darauf ging die Frau fort; Loki nahm den Mistilteinn, riß ihn aus und ging zur Versammlung. Höður stand zu äußerst im Kreise der Männer, denn er war blind. Da sprach Loki zu ihm, ‚warum schießt du nicht nach Baldur?' Er antwortete: ‚Weil ich nicht sehe, wo Baldur steht; zum anderen hab ich auch keine Waffe'. Da sprach Loki: ‚Tu doch wie andere Männer und biete Baldur Ehre wie alle tun. Ich will dich dahin weisen wo er steht: so schieße nach ihm mit diesem Reis'. Höður nahm den Mistilteinn (und schoß) und durchbohrte Baldur, daß er tot zur Erde fiel, und das war das größte Unglück, das Menschen und Götter betraf. Als Baldur gefallen war, standen die Ásen alle wie sprachlos und gedachten nicht einmal, ihn aufzu-

heben. Einer sah den anderen an; ihr aller Gedanke war wider den gerichtet, der diese Tat vollbracht hatte; aber sie durften es nicht rächen: Es war an einer heiligen Freistätte. Als aber die Ásen die Sprache wieder erlangten, da war das erste, daß sie so heftig zu weinen anfingen, daß keiner mit Worten dem anderen seinen Harm sagen mochte. Und Óðinn nahm sich den Schaden um so mehr zu Herzen als niemand so gut wußte als er, zu wie großem Verlust und Verfall den Ásen Baldurs Ende gereichte.«

Die eingeklammerten Worte fehlen in der Handschrift von Upsala. Im Naturmythos ist der Mistelzweig, der dem Lichtgott das Ende bereitet, ein Mondsymbol wegen der weißen Beeren und der schmalen langen Blätter. So, wie die Mistel am Baume wächst, steht der Mond im Weltbaum, also am Himmel. In einem deutschen Märchen der Sammlung Grimm mit dem Titel „Der Mond" (KHM 175) wird der Mond geradezu an einem Baume aufgehängt.

Das Weinen der Götter ist ein Symbol für den Tau, der in der Nacht entsteht. Der Nachttau symbolisiert also die Tränen der Götter über den Verlust des Lichtes und ihrer Herrschaft in der Nacht.

Baldurs Tod und Bestattung wird auch vom isländischen Skálden Ulf Uggason (2. Hälfte des 10. Jh.) in dessen bruchstückhaft erhaltenen Gedicht Húsdrápa erzählt, wovon 5 Halbstrophen in den Skáldskaparmál erhalten sind (Str. 8, 63, 19, 14 und 219 bzw. 242). Das Gedicht beschreibt die im Hause dargestellten mytologischen Vorzeitsagen-Bilder:

*»Erhabner Hróptatýr reitet zum
Großem Holzstoß des Sohnes
während mir von der Lippe
Lobes-Lied gleitet.*

*Zuerst der fehde-frohe Freyr
ritt auf goldborstgem Eber
zu Balders feuriger Bahre
die Scharen anführend.*

*Hin ritt stolz auf dem Hengste
Heimdallr zum Brandstapel*

des klugen Raben-Rauners [Óðins]
gefallenen Sohn.

Mit Valkyren Raben den
Kampf-Baum [Krieger] begleiten
Zur Beute des heiligen Feuers folgen.
– Innen erfährt man Vorzeitsagen –

Die vollkräftige Hild der Felsen [Riesin]
Trieb den Haff-Sleipnir [Schiff] vor
Doch Hropts Helm-Gluten-Hüter [Óðins Männer]
Warfen das Pferd [den Wolf] zur Erde.«

Der Mythos von Baldrs Tod wird auch bei Saxo Grammaticus[55] ausführlich, aber abweichend von der eddischen Darstellung, geschildert. Da der Text relativ unbekannt ist lasse ich den Mythos hier folgen:

»Hotherus, der Bruder des Atisl und Pflegesohn des Königs Gewar, dessen ich oben Erwähnung gethan, ergriff nun nach Hiarthwar die Herrschaft über beide Reiche. Seine Zeit wird sich besser schildern lassen, wenn ich mit seinem frühesten Lebensalter beginne; schöner und vollständiger wird der Verlauf seiner letzten Jahre sich darstellen lassen, wenn die ersten Jahre nicht mit Stillschweigen übergangen werden.
Nachdem also Hothbrod von Helgo getötet war, verlebte sein Sohn Hother die ersten Jahre seiner Kindheit unter der Hut des Königs Gewar. Als Jüngling überragte er seine Milchbrüder und Altersgenossen weit an Körperkraft; auch seinen Geist schmückten viele Fertigkeiten: er war stark im Schwimmen, in der Handhabung des Bogens und im Faustkampfe, auch in körperlicher Gewandtheit soweit das sein Alter zuließ; Kraft verlieh ihm eifrige Übung ebenso wie seine Naturanlage. Die Schranken seines Alters durchbrach er durch seine reichen Geistesgaben. Niemand war geschickter als er auf der Harfe und Leier; auf dem Tamburin und der Laute und jedem Saitenspiel war er Meister. Durch seine mannigfachen Weisen wußte er das menschliche Gemüt zu jeder von ihm gewollten Erregung fortzureißen: in Freude und Trauer, in Mitleid und Haß wußte er die Menschen zu versetzen. Die Herzen

pflegte er mit süßer Lust oder mit Schauer durch das Ohr zu erfüllen. An diesen vielen Fertigkeiten des Jünglings hatte Nanna, die Tochter des Gewar, ihre Freude, und in ihrem Herzen stieg der Wunsch auf, ihn zu besitzen. Jungfrauen erglühen ja an der Tüchtigkeit der Jünglinge, und wenn die Gestalt nicht recht gefällt, erwirbt die Trefflichkeit ihre Gunst. Viele Wege findet die Liebe; dem einen öffnet die Tür zur Lust die Wohlanständigkeit, dem andern der Mut, dem dritten der kunstreiche Sinn; manchem gewinnt freundliches Wesen das Herz der Frauen, andere macht die schöne Gestalt lieb: Tapfere Männer schlagen den Mädchenherzen eben so tiefe Wunden wie schöne.
Es begab sich aber, daß Balderus, des Othinus Sohn, die Nanna im Bade erblickte und von unendlicher Liebe ergriffen wurde; ihn versetzte der strahlende Glanz des wohlgestalteten Leibes in Erregung und seinen Sinn entflammte die herrliche Schönheit. Der stärkste Reiz der Lust ist ja die Anmut. Er beschloß, also den Hother, von dem er am meisten eine Störung seines Wunsches befürchtete, mit dem Schwerte zu beseitigen, damit nicht seine Liebe, die keinen Aufschub ertrug, durch ein Hindernis in der Erlangung des Genusses gehemmt würde.
Zu derselben Zeit wurde Hother auf der Jagd durch einen Nebel irregeführt und geriet in die Behausung von Waldjungfrauen; als er von ihnen mit seinem Namen begrüßt wurde, fragte er, wer sie wären. Sie antworteten ihm, durch ihr lenkendes Eingreifen würde hauptsächlich das Schlachtenglück entschieden. Oft seien sie, für niemand sichtbar, mitten im Kampfe, und durch unbemerkte Unterstützung verschafften sie ihren Günstlingen glücklichen Erfolg. Nach Belieben könnten sie Glück schenken und Unglück verhängen; sie erzählten ihm noch, daß Balder die Nanna beim Baden erblickt habe und in Liebe zu ihr entbrannt sei; er solle sich aber hüten, ihn mit Waffen anzugehen, obschon er den bittersten Haß verdiene, denn er sei ein Halbgott, aus dem mit Geheimnis bedeckten Samen der Himmlischen entsprossen. Sowie Hother dieses von den Mädchen gehört hatte, verschwand die Behausung mit ihrem Dache, er sah sich unter freiem Himmel und ohne jede schützende Decke mitten auf dem Gefilde ausgesetzt. Er staunte gewaltig über das plötzliche Verschwinden der Mädchen und über die verwandelbare Stätte mit dem Trugbilde der Behausung. Er wußte nicht, daß das, was mit ihm vorgegangen war, nur eine Augentäuschung und eine wesenlose Schöpfung von Zauberkünsten gewesen war.

Als er von da nach Hause kam, erzählte er dem Gewar den Verlauf des Blendwerks, das auf seine Verirrung gefolgt war und bat ihn sofort um seine Tochter. Gewar erwiderte ihm, er würde ihm sehr gern seinen Wunsch erfüllen, wenn er nicht fürchten müßte, den Zorn Balders durch dessen Abweisung sich zuzuziehen, denn der habe ihm schon die gleiche Bitte vorgelegt. Selbst dem Eisen wiche nicht die Festigkeit seines heiligen Leibes; doch fügte er hinzu, er wisse ein Schwert, tief und fest verschlossen, mit dem ihm die Todeswunde geschlagen werden könne; das sei im Besitze Mimings, eines Waldschrates. Der habe auch eine Armspange, die eine wunderbare, geheime Kraft in sich trüge: Sie vermehre nämlich die Schätze ihres jedesmaligen Besitzers. Der Zugang zu seiner Wohnstätte sei ungebahnt, mit Hindernissen besetzt und für Sterbliche nicht leicht zu gehen; denn der größte Teil des Weges stehe das ganze Jahr in dem Banne einer ungeheuren Kälte. Er weist ihn also an, Rentiere vor seinen Wagen zu spannen, um mit Hilfe ihrer Schnelligkeit die in starkem Froste starrenden Gebirgsjoche zu überschreiten. Wenn er dahin komme, solle er sein Zelt so von der Sonne abgewandt aufstellen, daß es zwar von dem Schatten der Grotte, in der Mimingus hause, getroffen werde, seinerseits aber die Grotte nicht mit seinem Schatten treffe, damit nicht etwa den Schrat das ungewohnte Auffallen eines Schattens vom Herauskommen zurückscheuche. So werde ihm Spange und Schwert zu erwerben möglich sein; an dem einen hange Schatzwunsch, an dem anderen Kampfglück, beide seien für den Besitzer ein wertvolles Gut. So weit Gewar. Hother führte sofort entschlossen aus, was er, von ihm gelernt, hatte, stellte sein Zelt in der erwähnten Weise auf und lag in der Nacht stillem Nachsinnen, bei Tage der Jagd ob; die beiden Tageszeiten brachte er wach und schlaflos zu, mit dem Unterschiede, daß er die Nachtzeit dem Nachdenken über seine Lage widmete, die Tageszeit aber auf die Beschaffung von Lebensmitteln verwandte. Als er nun einst nach durchwachter Nacht in sorgenerfülltem Sinne müde wurde, fiel der Schatten des Schrats auf sein Zelt, er schleuderte die Lanze nach Miming, warf ihn zu Boden, fing und band ihn, ehe er fliehen konnte. Dann drohte er ihm in wilden Worten den Tod an und verlangte Schwert und Spange. Und nicht faul reichte der Schrat den Kaufpreis für sein Leben, der von ihm gefordert wurde, dar; allen ist eben das Leben mehr wert, als der Besitz, da in den Augen der Sterblichen das Leben das teuerste Gut ist. Hother kehr-

te hocherfreut über den Erwerb der Kleinode nach Hause zurück, mit wenigen, aber auserlesenen Beutestücken beglückt.

Da Gelderus, der Sachsenkönig, von Hothers Erwerbung Kunde erhielt, so trieb er seine Mannen mit eifriger Mahnung an, ihm die kostbare Beute abzunehmen. Die Mannen gehorchten ihrem Könige und setzten eiligst eine Flotte instand. Gewar hatte das voraus gewußt, weil er in die Zukunft sehen konnte und in der Kunst der Weissagung sehr unterrichtet war, rief den Hother zu sich und wies ihn an, er solle die Geschosse des Gelder beim Angriffe ruhig über sich ergehen lassen und selbst erst dann Geschosse werfen lassen, wenn er bemerke, daß sie dem Feinde ausgingen; weiter solle er hakenförmige Sicheln mitnehmen, um mit ihnen die Fahrzeuge zu zerreißen und den Mannen des Gelder Helme und Schilde wegziehen zu können. Hother folgte der Weisung und erlebte davon glücklichen Erfolg. Bei dem ersten Angriffe des Gelder ließ er seine Leute stille stehen und sich mit den Schilden decken, der Sieg in diesem Kampfe werde durch ruhiges Aushalten errungen werden. Der Feind ging mit seinen Geschossen verschwenderisch um und warf sie in seiner Kampflust massenweise, und nur um so blinder begann er Lanzen und Speere zu schleudern, als er den Hother sie so ruhig über sich ergehen lassen sah. Sie bohrten sich teils in die Schilde, teils in die Schiffe und brachten nur selten eine Wunde, die meisten wurden erfolglos und ohne zu schaden geschleudert. Denn die Mannen Hothers wehrten ihres Königs Befehl erfüllend, die Masse der Geschosse, die auf sie flogen, durch das aus den Schilden gebildete Dach ab, und nicht gering war die Zahl derer, die nur mit leichtem Schwunge auf die Schildbuckel auftrafen und in die Fluten des Meeres fielen. Als nun Gelder sich verschossen hatte und sah, daß die Feinde ihrerseits zu den Geschossen griffen und sie nun scharf gegen ihn schleuderten, da ließ er an die Spitze des Mastes den roten Schild hängen (das war ein Zeichen des Friedens) und rettete sich durch Ergebung. Hother empfing ihn mit freundlicher Miene und gütigen Worten und überwand ihn ebenso sehr durch seine Milde wie durch seinen strategischen Kunstgriff.

Zu dieser Zeit warb Helgo, der König von Halogia, um die Tochter des Cuso, des Königs der Finnen und Biarmier, Namens Thora, wiederholt *durch die Vermittelung einer Gesandtschaft: was an sich unkräftig ist, das bedarf eben einer fremden Kraft. Während die Jünglinge jenes Zeitalters die Werbung um eine Braut mit eigenem Worte zu machen pflegten, war dieser mit einem so erheblichen Fehler der Zunge behaftet, daß er sich nicht nur vor fremden Ohren, sondern sogar vor vertrauten schämte. Wer den Schaden hat, läßt nicht gern andere davon wissen, und zwar sind natürliche Gebrechen um so lästiger, je deutlicher sie zu Tage treten. Cuso wies die Gesandten ab: der verdiene kein Weib, der, weil selbst der Tüchtigkeit ermangelnd, zur Werbung sich fremder Dienste erbitten müsse. Als Helgo diese Antwort erhielt, beschwor er den Hother, den er als äußerst gewandten Sprecher kannte, für seine Wünsche einzutreten; er versprach dagegen mit Eifer auszuführen, was er dafür verlange. Hother konnte der inständigen Bitte des Helgo nicht widerstehen und ging mit einer Kriegsflotte nach Norwegen, entschlossen mit Gewalt durchzusetzen, was er mit Worten nicht erreichen könne. Als er nun für Helgo mit den gewinnendsten Worten, die seiner Beredsamkeit zu Gebote standen, gesprochen hatte, antwortete Cuso, er müsse die Meinung der Tochter einholen, damit es nicht scheine, als ob der Vater in seiner Strenge etwas gegen ihren Willen bestimmt habe. Sie wurde geholt; er fragte, ob sie an dem Freier Gefallen finde, und als sie ja sagte, versprach er dem Helgo ihre Hand. So öffnete Hother die verschlossenen Ohren des Cuso für Erhörung seiner Bitte durch den Zauber seiner abgerundeten und gewandten Beredsamkeit.*

Während dieser Vorgänge in Halogia rückte Balder mit den Waffen in das Gebiet des Gewar ein, um die Nanna zur Frau zu verlangen. Er wurde von Gewar an die Tochter verwiesen und ging sie mit ausgesuchten, gewinnenden Worten an; als er aber seinem Wunsche keine Erfüllung schaffen konnte, drang er in sie, ihm den Grund ihrer Abweisung kund zu geben. Sie antwortete, ein Gott könne mit einer Sterblichen nicht ehelich verbunden werden, weil der ungeheure Unterschied der Naturen die eheliche Gemeinschaft ausschließe. Außerdem pflegten auch die Götter bisweilen die Verabredung zu brechen, und plötzlich werde das Band zerrissen, das Unebenbürtige geschlungen. Denn zwischen Ungleichartigen gäbe es keine dauernde Verbindung, da in den Augen der höher Stehenden die tiefer Stehenden immer wertlos erschie-

nen. *Außerdem wohne Überfluß und Armut nicht unter einem Dache beisammen, und zwischen glänzendem Reichtum und dunkler Armut gäbe es keine feste Gemeinschaft. Kurz, mit Himmlischem vereinige sich Irdisches nicht, beides habe die Natur in ihrem Ursprunge deshalb durch eine weite Kluft getrennt, weil von dem lichten Glanze der Hoheit der Götter die sterbliche Menschheit unendlich weit abstehe, Mit dieser Antwort voll feinen Spottes wies sie die Bitte des Balder ab und wob geschickt ihre Gründe für das Ausschlagen des Ehebundes.*
Als das Hother von Gewar erfuhr, schüttete er vor Helgo sein Herz aus in Klagen über die Anmaßung Balders. Beide waren sich nicht klar, was zu tun sei und überlegten hin und her, Denn Aussprache mit dem Freunde in böser Lage mindert den Kummer, selbst wenn sie die Gefahr nicht hebt. Unter den andern Regungen ihres Innern überwog doch endlich der Wunsch sich mutig zu zeigen und sie schritten zu einer Seeschlacht mit Balder. Man hätte glauben können, Menschen kämpften gegen Götter, denn für Balder stritten Othin und Thor und die heiligen Scharen der Götter. Man konnte da einen Kampf sehen, in dem Götter- und Menschenkraft durcheinander lief. Aber Hother brach, bekleidet mit seinem hiebfesten Gewande, in die dichtesten Keile der Götter ein und kämpfte, soweit er als Erdensohn gegen Götter das vermochte. Thor aber zerschlug mit gewaltigem Schwunge seines Hammers alle ihm entgegengehaltenen Schilde, die Feinde eben so sehr auffordernd ihn anzugreifen, als die Freunde ihn zu decken. Keine Art von Rüstung gab es, die nicht seinem Ansturme wich, niemand konnte sich seinen Schlägen ohne Lebensgefahr aussetzen; was er durch einen Hieb abwehrte; das schlug er nieder. Nicht Schilde, nicht Helme hielten die Kraft seines Streiches aus, keinem half große Gestalt, noch große Kraft. So wäre denn der Sieg den Himmlischen zugefallen, wenn nicht Hother, der bei dem Wanken seiner Reihen schnell herbeiflog, den Hammer durch Abschlagen des Handgriffs unbrauchbar gemacht hätte. Als die Götter sich dieser Waffe beraubt sahen, ergriffen sie eiligst die Flucht. Der Glaube würde sich dagegen sträuben, daß Götter von Menschen besiegt wurden, wenn nicht die Überlieferung aus alter Zeit es wahr erscheinen ließe. Götter aber sage ich der gewöhnlichen Ansicht folgend, nicht als ob ich ihnen Wesenheit zusprechen wollte; ich gebe ihnen die Bezeichnung Götter nicht ihrer Natur nach, sondern nach der Gewohnheit der Heiden.

Den Balder rettete die in eiligem Laufe ergriffene Flucht. Die Sieger, nicht zufrieden damit, Götter besiegt zu haben, ließen noch die Reste der Flotte ihre Wut fühlen, um durch deren Vernichtung ihre mörderische Kampfesgier zu stillen; sie versenkten oder zerhackten die Schiffe Balders. So steigert in der Regel das Glück die Erbitterung. Als Zeuge des Kampfes erinnert heute noch ein Hafen mit seinem Namen an Balders Flucht. Den Sachsenkönig Gelder, der in eben dieser Schlacht gefallen war, ließ Hother hingestreckt über die Leichen seiner Ruderer auf einen aus Schiffstrümmern errichteten Scheiterhaufen legen und bestattete ihn so gütig mit Pracht. Seine Asche übergab er als Überbleibsel eines königlichen Leibes nicht allein einem prächtigen Leichenhügel, sondern ehrte sie auch durch ein reiches Leichenbegängnis. Darauf ging er zu Gewar zurück, damit nicht weitere Ungelegenheit die ersehnte Verbindung hinausschöbe und genoß die gewünschte Umarmung der Nanna. Nachdem er darauf Helgo und Thora mit reichen Gaben bedacht, führte er seine junge Frau nach Schweden heim, allen so ehrwürdig durch seinen Sieg, wie Balder lächerlich durch seine Flucht.

Als in dieser Zeit die Großen Schwedens nach Dänemark gegangen waren, um die Lehnsabgabe zu überbringen, wurde Hother zwar wegen der hervorragenden Verdienste seines Vaters von seinen Landsleuten als König geehrt, erfuhr aber, wie trügerisch die Gunst des Glücks ist. Er wurde nämlich von Balder, den er kurz vorher besiegt hatte, in einer Schlacht überwunden und mußte zu Gewar seine Zuflucht nehmen; als gewöhnlicher Mann hatte er den Sieg erlangt, als König verlor er ihn. Um sein von Durst gequältes Heer durch einen rechtzeitigen Trunk zu erfrischen, ließ Balder tief in die Erde graben und eine neue Quelle aus dem Boden zu Tage treten [die Quelle Baldersbrönd bei Roeskilde, der Sage nach durch den Tritt von Baldrs Roß erzeugt]. Deren hervorbrechenden Sprudel schlürfte das ganze durstige Heer mit weitgeöffnetem Munde. Die Spuren dieser Wasser, durch unvergänglichen Namen unsterblich gemacht, sollen noch jetzt nicht vollständig geschwunden sein, obwohl der frühere starke Sprudel aufgehört hat. Balder erlitt durch Erscheinungen, welche die Gestalt der Nanna annahmen, fortwährend in der Nacht störende Belästigungen und wurde davon so schwach, daß er sich nicht auf den Füßen halten konnte. Deshalb gewöhnte er sich daran, seine Wege auf einem Zweigespanne oder

Wagen zu machen; die große Liebe, die sein Herz ergriffen, hatte ihm mit ihrer Qual alle Kraft genommen. Nichts, glaubte er, habe ihm ein Sieg gegeben, dessen Beute nicht Nanna gewesen war.

Während dessen erfuhr Hother, daß Dänemark seine Fürsten verloren und Hiarthwar so schnell für die Ermordung des Rolf gebüßt habe; da sagte er, daß der Zufall ihm in den Schoß geworfen habe, was er kaum hätte erhoffen dürfen. Denn durch fremde Hand habe Rolf gebüßt, dem er das Leben hätte nehmen müssen, weil sein Vater von dessen Vater getötet worden sei, und andererseits sei ihm durch eine unerwartete Wendung der Dinge die Möglichkeit geboten, Dänemark in seinen Besitz zu bringen. Denn die Herrschaft über Dänemark stehe ihm nach Erbrecht zu, wenn man seinen Stammbaum richtig zurückverfolge. Daher besetzte er den Seeländischen Hafen Isora mit einer großen Flotte, um das vom Glück gebotene Geschenk zu benutzen. Dort wurde er von dem ihm zulaufenden dänischen Volke zum Könige bestellt, und als er bald darauf das Abscheiden seines Bruders Atisl, den er als Statthalter über Schweden gesetzt, erfahren hatte, vereinigte er beide Reiche. Den Atisl raffte ein unrühmlicher Tod dahin: als er nämlich den Tod des Rolf mit einem Gelage höchst ausgelassen feierte, sprach er dem Becher allzu eifrig zu und büßte für seine unanständige Unmäßigkeit mit einem plötzlichen Tode. Während er also eines anderen Todesgeschick mit übermäßiger Lustigkeit feierte, nötigte er sein eigenes hereinzubrechen.

Balder ging auch mit einer Flotte nach Seeland, und da er in den Waffen tüchtig war und durch majestätische Gestalt hervorragte, so erlangte er sehr rasch von den Dänen, was er betreffs des Thrones verlangte, während Hother Schweden behielt. Mit so unfestem Urteile schwankten unsere Vorfahren in ihrer Entscheidung hin und her. Gegen Balder begann nun Hother, von Schweden her zurückkommend, erbitterten Krieg; ein scharfer Kampf entbrannte zwischen den beiden Nebenbuhlern in der Herrschaft, diesen beendete die Flucht Hothers. Er wich nach Jütland und gab dem Flecken, in dem er sich aufhielt, seinen Namen [Horsens in Jütland, heute Höjer]; dort verbrachte er den Winter und ging dann allein und ohne Gefolge nach Schweden zurück. Dort berief er die Großen des Reichs und eröffnete ihnen, er sei wegen der unglücklichen Entscheidungen, in denen ihn Balder zweimal als Sieger zu Boden geworfen, des Lichtes und des Lebens überdrüssig. Er verabschiedete sich bei allen, suchte schwer zugängliche Orte auf unwegsamem Pfade und durchwanderte öde, menschenverlassene Wälder. Wen untröstlicher Herzensschmerz ergriffen hat, der sucht wohl versteckte und entlegene Winkel als ein Heilmittel für seine Traurigkeit und kann den großen Kummer mitten im Verkehr mit Menschen nicht tragen. Einsamkeit ist in der Regel des Kummers beste Freundin, denn Vernachlässigung des äußeren Menschen ist denen ein Genuß, denen eine Krankheit der Seele den Halt genommen. Früher hatte Hother auf dem Gipfel eines hohen Berges seinem Volke auf seine Anfragen Bescheid erteilt; deshalb schalt jetzt, wer dahin kam, des Königs Trägheit, der sich verkroch, und mit den heftigsten Klagen wurde er von allen geschmäht, weil er sich fern hielt.

Während so Hother die entlegensten Einöden durchstreifte und einen menschenleeren Wald durchwandert hatte, stieß er zufällig auf eine Grotte, die von unbekannten Jungfrauen bewohnt war; es waren dieselben, die ihm dereinst das hiebfeste Gewand geschenkt hatten. Als sie ihn fragten, weshalb er hierherkomme, erzählte er ihnen seine Mißerfolge im Kriege. Und so schalt er sie falsch und lügenhaft und begann über das Geschick seines Kriegsunglücks und über die bösen Zufälle zu klagen: es sei ihm ganz anders gegangen, wie sie ihm verheißen hätten. Aber die Nymphen wiesen ihn darauf hin, daß er zwar selten Sieger gewesen, aber doch über die Feinde ein gleiches Gemetzel gebracht und nicht geringeren Verlust anderen zugefügt, als er selbst erlitten habe. Die Gunst der Siegesgöttin werde ihm aber nicht fehlen, wenn er eine Speise von ganz ungemeiner Zauberkraft, die zur Hebung der Kräfte des Balder ausgedacht sei, vorwegnehmen könne; nichts werde für ihm schwierig sein, wenn er sich in den Besitz der Speise setze, die für seinen Gegner zur Vermehrung der Stärke bestimmt sei.

Aus diesen Worten schöpfte Hother festen Mut, zu einem nochmaligen, schleunigen Kampfe gegen Balder, mochte es auch als schwierig für menschliches Ringen erscheinen, Götter mit den Waffen anzugreifen; auch von seinen Leuten meinten manche, daß er einen Kampf mit den Göttern nur zu seinem Verderben beginnen werde. Ihn aber ließ die große Erregung seines Gemüts die Rücksicht auf die Majestät der Götter vergessen, denn bei Helden kann nicht immer die Besinnung der Aufwallung Einhalt tun, nicht immer weicht der rasche Entschluß der Überlegung; vielleicht dachte auch Hother daran, daß auch für ausgezeichnete Männer die Macht ein sehr unsicherer Besitz ist, und daß eine kleine Erdscholle auch einen großen Wagen umstürzen kann.

Balder dagegen rief die Dänen zu den Waffen und trat dem Hother zur Schlacht entgegen. Unter großem Gemetzel auf beiden Seiten wurde gekämpft, und nachdem beide fast gleichen Verlust erlitten, unterbrach die Nacht den Kampf. Ungefähr in der dritten Nachtwache verließ Hother allen unbemerkt das Lager, um die Stellung des Feindes auszukundschaften; denn die Sorge, die aus der drohenden Gefahr entsprang, hatte ihm den Schlaf gescheucht. Eine große Erregung des Gemütes ist ja meist störend für die Ruhe des Körpers, und die Unruhe des einen erlaubt nicht Rast bei dem andern. Als er so in den Bereich des feindlichen Lagers kam, bemerkte er, daß drei Nymphen, die Balders geheimnisvolle Speise trugen, das Lager verließen. Er folgte ihnen eiligen Laufs – ihre Flucht verrieten Spuren im Taue – und trat endlich in ihre gewöhnliche Behausung. Als sie ihn fragten, wer er sei, antwortete er, er sei ein Lautenspieler. Eine Probe stimmte sehr wohl zu seiner Angabe; denn die Saiten einer ihm dargereichten Laute stimmte er zum Vortrage, rührte dann das Saitenspiel mit dem Griffel und ließ in kunstfertigem Spiele eine liebliche Weise ertönen. Sie hatten drei Schlangen, mit deren Geifer sie dem Balder die stärkende Speise beim Kochen zuzurichten pflegten, und schon floß aus dem offenen Rachen der Schlangen der Geifer reichlich in den Brei. Einige von den Jungfrauen hätten aus Freundlichkeit gern den Hother von der Speise essen lassen, jedoch die älteste verbot es, es wäre unredlich an Balder gehandelt, wenn sie seinem Feinde einen Zuwachs an Körperkraft verschafften. Als er sagte, er sei nicht Hother, sondern sein Gefolgsmann, (da schenkten sie ihm nicht nur die Speise,) die Nymphen schenkten ihm nämlich auch in gnädigem Wohlwollen einen herrlich strahlenden Gürtel und einen Sieg verleihenden Leibgurt.

Als er nun seinen früheren Weg auf demselben Steige, auf dem er gekommen, zurückging, da bohrte er dem ihm begegnenden Balder sein

Schwert in die Seite und streckte ihn halbtot nieder. Als das den Kriegern verkündet wurde, da erscholl durch das ganze Lager des Hother lauter Siegesjubel, während die Dänen dem Lose des Balder allgemeine Trauer widmeten. Als Balder fühlte, daß das Geschick ihm unabwendbar nahe, da erneuerte er, erregt durch die schmerzende Wunde, am folgenden Tage den Kampf; beim wildesten Toben des Kampfes läßt er sich auf einer Sänfte in die Schlacht tragen, um nicht im Zelte eines unrühmlichen Todes zu sterben. In der folgenden Nacht erschien ihm Proserpina [Hel] im Traume und verkündete ihm, daß sie des nächsten Tages in seinen Armen ruhen werde; die Weissagung des Traumbildes war nicht eitel; denn als drei Tage vergangen waren, da ließ ihn die große Qual der Wunde sterben. Seine Leiche bestattete das Heer mit königlichem Begängnis und setzte sie in einem aufgeschütteten Hügel bei.

Diesen Hügel versuchten in unserer Zeit Männer, deren Anführer Haraldus war, bei Nacht aufzugraben, denn die Kunde von dem alten Begräbnisse war noch lebendig, und sie hofften Geld in dem Hügel zu finden; sie ließen aber ihr Beginnen infolge einer plötzlichen Schreckerscheinung unausgeführt. Nämlich aus dem Gipfel des von ihnen angegrabenen Hügels schien plötzlich unter großem Gebrause des Wassers ein starker Strom hervorzubrechen, dessen reißender Schwall in raschem Gefälle sich über die tiefer liegenden Felder ergoß und alles, worauf er in seinem Laufe traf, überflutete. Bei seinem Nahen warfen die bestürzten Schatzgräber die Hacken weg und ergriffen nach allen Seiten die Flucht, denn sie meinten, sie würden von den Strudeln des auf sie eindringenden Wassers verschlungen werden, wenn sie ihr Beginnen weiter zu führen versuchten. So wurde von den Schutzgöttern des Ortes den Männern ein plötzlicher Schrecken eingejagt, der sie nötigte ihre Habgier zu vergessen und an ihre Rettung zu denken, ihr gieriges Vorhaben aufzugeben und für ihr Leben zu sorgen. Die Erscheinung dieses Strudels ist aber offenbar nur ein Schattenbild, nichts Wirkliches gewesen und nicht aus dem Innern der Erde hervorgebrochen, sondern nur das Erzeugnis einer Art Hexerei gewesen, denn auf dürrem Boden läßt die Natur nicht flüssige Quellen strömen. Alle Nachgebornen, die die Kunde von dieser Aufgrabung erreichte, haben seitdem den Hügel unberührt gelassen; man weiß also nicht, ob er

irgend welche Schätze enthält, da niemand die bewaldete Anhöhe nach Harald aus Furcht vor der Gefahr anzurühren gewagt hat.
Aber Othin, obgleich der oberste der Götter, befragte doch die Wahrsager und Propheten und alle anderen, von denen er hörte, daß sie sich eifrig mit dem Vorauswissen der Zukunft beschäftigten, über die Durchführung der Rache für seinen Sohn Balder.«

Man sieht, hier bei Saxo ist ein ganz anderer Mythos von Baldurs Tod erzählt. Hother (Höður) ist hier der Gute, Baldur aber begehrt Nanna, die aber Hother liebt. Solche Verdrehungen stammen wohl vom Mönch Saxo Grammaticus her, der die Götter negativ darstellen wollte. Der ursprüngliche Mythos ist wohl der vom Wechsel zwischen Licht und Dunkel, Tag und Nacht oder eben Baldur und Höður. Beide liegen in ständigem Streit miteinander, da ja immer das Licht die Herrschaft des Dunkels beendet, das Dunkel aber genauso die Herrschaft des Lichtes. Zwischen Tag und Nacht steht die Morgen- und Abendröte, durch Nanna symbolisiert; ihr Name hängt mit der sumerischen Morgenröte, Inanna, zusammen. Wenn der Tag vergeht, folgt ihm im Abendrot die Abendröte nach – Baldur stirbt und Nanna folgt ihm freiwillig nach zur Hel. Wenn die Nacht vergeht, folgt ihr die Morgenröte nach, Nanna also dem Höður. Der Mythos muß indogermanisch sein, denn er fand einen Wiederhall in der Geschichte von Abel (Abelio, Baldur) und Kain (Höður), siehe mein Buch „Der Ursprung biblischer Mythen"[56]. Für die Germanen ist der Mythos durch Darstellungen des von einem Pfeil getroffenen Baldurs auf Brakteaten aus dem 4. Jh. bezeugt (s. Abb. 18). Dieser eddische Mythos des Tag-Nacht-Wechsels entspricht auch dem Wechsel Sommer-Winter und war einstmals auch bei uns bekannt, wie sich aus einer nordschleswiger Sage aus dem 17. Jh. ergibt[57]:

»Bei Boldersleben sieht man auf einer Anhöhe noch die Spuren eines Schlosses. Da hat früher ein König Bolder gesessen und dem Ort den Namen gegeben. Er geriet mit einem König Hother in Streit und erschlug ihn. Bolder liegt in Boldershöi begraben; vor mehreren Jahren pflügte man Knochen aus, die von ihm herrührten.«

Boldersleben liegt im Kreis Apenrade. In einer Sagenvariante ist es auch Hother, der Bolder tötet.

Abb. 18: Baldur (Mitte) vom Mistelzweig getroffen. Brakteat von Fakse.

Daß in Saxos Schilderung beim Aufbrechen des Grabhügels Wasser hervorströhmte, hat man natürlich gedeutet: In derartigen Grabhügeln befanden sich hölzerne Grabkammern, in denen sich Wasser sammeln konnte. Wenn die Grabkammer aufgebrochen wird, fließt es heraus.

»Als nun die Ásen sich erholt hatten, da sprach Frigg und fragte, wer unter den Ásen ihre Gunst und Huld gewinnen und den Helweg reiten

wolle, um zu versuchen ob er da Baldur fände, und der Hel Lösegeld zu bieten, daß sie Baldur heimfahren ließe gen Ásgarð. Und er hieß Hermóður, der schnelle, Óðins Sohn, der diese Fahrt übernahm. Da ward Sleipnir, Óðins Hengst, genommen und vorgeführt, Hermóður bestieg ihn und stob davon. Da nahmen die Ásen Baldurs Leiche und brachten sie zur See. Hringhorni hieß Baldurs Schiff, es war aller Schiffe größtes. Das wollten die Götter vom Strande stoßen und Baldurs Leiche darauf verbrennen; aber das Schiff ging nicht von der Stelle. Da wurde gen Jötunheimr nach der Gýgja gesendet, die Hyrrokkin hieß, und als sie kam, ritt sie einen Wolf, der mit einer Schlange gezäumt war; das Tier vermochten (die von Óðinn herbeigerufenen vier) Berserker nicht mittelst der Zäume zu halten (bis sie es niederwarfen). Da trat Hyrrokkin an das Vorderteil des Schiffes und stieß es im ersten Anfassen vor, daß Feuer aus den Walzen fuhr und alle Lande zitterten. Da ward Þórr zornig und griff nach dem Hammer und würde ihr das Haupt zerschmettert haben, wenn ihr nicht alle Götter Frieden erbeten hätten. Da wurde Baldurs Leiche hinaus auf das Schiff getragen und als sein Weib Nanna, Neps Tochter, das sah, da zersprang sie vor Jammer und starb. Da ward sie auf den Scheiterhaufen gebracht und Feuer darunter gezündet, und Þórr trat hinzu und weihte den Scheiterhaufen mit Mjöllnir, und vor seinen Füßen lief der Zwerg, der Litur hieß, und Þórr stieß mit dem Fuß nach ihm und warf ihn ins Feuer, daß er verbrannte. Und diesem Leichenbrande wohnten vielerlei Gäste bei: zuerst ist Óðinn zu nennen, und mit ihm fuhr Frigg und die Valkyrjar und Óðins Raben, und Freyr fuhr im Wagen und hatte den Eber vorgespannt, der Gullinbursti hieß oder Slíðrugtanni. Heimdallur ritt den Hengst Gulltoppur und Freyja fuhr mit ihren Katzen. Auch kam eine große Menge Hrímþursen und Bergriesen. Óðinn legte den Ring, der Draupnir hieß, auf den Scheiterhaufen; er hatte die Eigenschaft, daß jede neunte Nacht acht gleich schwere Goldringe von ihm tropften. Baldurs Hengst ward mit allem Geschirr zum Scheiterhaufen geführt.«

Die beiden eingeklammerten Stellen fehlen wiederum in der Handschrift von Upsala. Hermóður („der im Heere Mutige") wird nur hier und in der Älteren Edda in den Hyndluljóð 2 (Kommentar III, 122) erwähnt, ich deute den Namen als Beiname des Gottes Týr. In den Hákonarmál 14 des Skalden Eyvindr ist Hermóður neben Bragi in Valhöll und begrüßt neuankommende Helden, doch finden wir ihn auch als dänischen König Heremod im Beowulfepos (901ff, 1709-22). Wenn wir bedenken, daß in der ältesten Vorstellung das Totenreich der Hel mit Valhöll identisch war, dann ist es völlig logisch, daß derjenige Gott, der in diesem Totenreich die Neuankömmlinge begrüßt und einweist, auch für das Verlassen dieses Totenreiches hilfreich ist.

Baldurs und Nannas Scheiterhaufen bedeutet im Naturmythos das Abnehmen des Tages und das Längerwerden der Nächte im Vergleich zu den Tagen. In Schweden hat sich noch die Bezeichnung „Baldrs Böl" (Baldurs Leichenbrand) für das Mittsommerfeuer erhalten und damit ist nicht nur der Baldur-Mythos auf diese Jahreszeit gelegt, sondern allgemein die Beziehung von Göttermythen zu Jahresfesten belegt. Genaugenommen ist Mittsommer der Höhepunkt, wo Baldur unbesiegt im Kreise der Götter steht, Seine Fahrt zur Hel hingegen wäre auf die Herbstgleiche zu beziehen, ab der ja die Nächte länger sind, als die Tage.

Hyrrokkin („die vom Feuer Geschrumpfte", wie eine am Feuer getrocknete Tierhaut) symbolisiert hier vielleicht verbranntes Holz, nach Ludwig Uhland bedeutet sie den nach der Sommersonnenwende eintretenden versengenden Sonnenbrand; sie ist eine Gygja (Riesin), die später von Þórr erschlagen wurde, wie der Skálde Þórbjörn dísarskald erwähnte. Der Zwerg Litur („der Farbige"), der auch in der Völuspá 12 und den Nefnaþulur erwähnt wird, symbolisiert die Farbe, denn wenn es dunkel wird, werden für unsere Augen die Farben nach und nach zu Grautönen, d. h. wenn das Licht vergeht, stirbt auch die Farbe.

Auch noch erwähnenswert: Þórr weiht den Scheiterhaufen mit seinem Hammer. Mit dem Hammer wurde alles geweiht, die Ehe, der Auktionszuschlag, das Gerichtsurteil, die Grundsteinlegung, das Mahl, der Trank und eben auch der Scheiterhaufen.

»Von Hermóður aber ist zu sagen, daß er neun Nächte tiefe dunkle Täler ritt, so daß er nichts sah, bis er zum Flusse Gjallar kam und über die Gjallar-Brücke ritt, die mit glänzendem Gold belegt ist. Móðgunnur heißt die Jungfrau, welche die Brücke bewacht: Die fragte ihn nach Namen und Geschlecht und sagte, gestern seien fünf Haufen toter Männer über die Brücke geritten, ,und nicht donnert sie jetzt minder

unter dir allein, und nicht hast du die Farbe toter Männer: warum reitest du den Helweg?' Er antwortete: ‚Ich soll zu Hel reiten, Baldur zu suchen. Hast du vielleicht Baldur auf dem Helwege gesehen?' Da sagte sie, Baldur sei über die Gjallarbrücke geritten; ‚aber nördlich geht der Weg herab zu Hel'. Da ritt Hermóður dahin, bis er an das Helgitter kam: Da sprang er vom Pferd und gürtete es fester, stieg wieder auf und gab ihm die Sporen: Da setzte der Hengst so mächtig über das Gitter, daß er es nirgends berührte. Da ritt Hermóður auf die Halle zu, stieg vom Pferd und trat in die Halle. Da sah er seinen Bruder Baldur auf dem Ehrenplatze sitzen. Hermóður blieb dort die Nacht über. Aber am Morgen verlangte Hermóður von Hel, daß Baldur mit ihm heim reiten solle, und sagte, welche Trauer um ihn bei den Ásen sei. Aber Hel sagte, das solle sich nun erproben, ob Baldur so allgemein geliebt werde als man sage. ‚Und wenn alle Dinge in der Welt, lebendige sowohl als tote, ihn beweinen, so soll er zurück zu den Ásen fahren; aber bei Hel bleiben, wenn eins widerspricht und nicht weinen will'. Da stand Hermóður auf und Baldur geleitete ihn aus der Halle und nahm den Ring Draupnir (den er Óðinn als Erinnerungszeichen überbringen sollte), und Nanna sandte der Frigg einen Überwurf und noch andere Gaben, und der Fulla einen Goldring. Da ritt Hermóður seines Weges zurück und kam nach Ásgarðr und sagte alle Zeitungen, die er da gehört und gesehen hatte.«

Die eingeklammerte Stelle fehlt wieder in der Handschrift von Upsala. Es handelt sich hier nun um eine sog. Jenseitsreise. Eine ähnliche finden wir auch bei Saxo Grammaticus (I, 31), die ich schon oben zu Kap. 41 vollständig zitiert hatte. Wir finden dort den Totenfluß, das Hel-Gitter, die Gjöllbrücke über den Gjöll- oder Totenfluß mit Schwertern und Waffen darin, und auch die beständig miteinander kämpfenden Verstorbenen, was klar auf Valhöll hinweist. Es handelt sich offenbar um eine bewußt herbeigeführte Jenseitsreise des Königs Hading. Dazu wurde wohl der giftige Wasserschierling, der auch „Wodendunk" (Wodans Gestirn) heißt, verwendet und ein Hahn geopfert. Die Hel führt nun Hading durch ihr Reich, das Züge von Valhöll aufweist. Wie er zurückgelangt ist, wird nicht geschrieben.
Es handelt sich bei der Vorstellung der Jenseitsbrücke, über die Hermóður reitet, also um eine Realität in der spirituellen Welt, nicht um

einen bloßen, symbolisch zu deutenden Mythos. Derartige Schilderungen von Menschen, die die germanischen Mythen vermutlich gar nicht kannten, kommen häufig vor.
Im Kloster Melk in Niederösterreich werden unter der Bezeichnung „Ars moriendi" derartige Berichte aufbewahrt, die ältesten stammen aus dem 6. Jh. In einer dieser Schilderungen heißt es:

»Stephanus sagte, da sei eine Brücke gewesen, unter welcher ein düsterer Strom dahinfloß und über der Brücke waren grünende Wiesen und wohlriechende Blumengebüsche, auf welchen weißgekleidete Menschen beisammen zu stehen schienen. Dort hatte jeder seine Wohnung, von Licht durchglänzt. Wenn ein Ungerechter über die Brücke gehen wollte, fiel er in den düsteren, übelriechenden Fluß.«

Etwas später heißt es:

»Auch habe er alle seine Schandtaten gegen ihn schreien und ihn aufs Schrecklichste anklagen hören.«

Auch hier steht die Jenseitsbrücke im Zusammenhang mit grünen Wiesen und Feldern, die auch in der angelsächsischen Tradition als „wlite beorhte wang" (lichtstrahlendes Feld), „neorxnawang" (schönes Feld), „sunfeld" (Sonnenfeld) oder „sceanfeld" (glänzendes Feld) vorkommen. In der Eireks Saga Víðförla (14. Jh.) muß vor dem Betreten des grünenden Jenseits eine schmale Brücke überschritten werden. Die Brücke wird dort von einem Drachen bewacht, durch dessen Rachen Eirek springt und so ins Paradies gelangt. Auch im nordenglischen „Totenwachelied" wird die Totenbrücke erwähnt.

Die älteste Vorstellung, die in unseren Überlieferungen noch durchscheint, ist die folgende. Wenn Menschen sterben, dann gelangen sie zu der Jenseitsbrücke. Diese Brücke führt hinüber in das Reich der Götter, sie trennt aber die Guten von den Bösen. Die Brücke ist sehr hoch und bebend, schwankend oder gellend (was ein durch das Schwanken verursachtes Geräusch ist und ihr den Namen gab: Gjöllbrücke, Gjallarbru = gellende Brücke). Zuweilen heißt es auch, sie sei in der Mitte so schmal wie die Schneide eines Messers (siehe Abb. 7, S. 71). Die Brücke leuch-

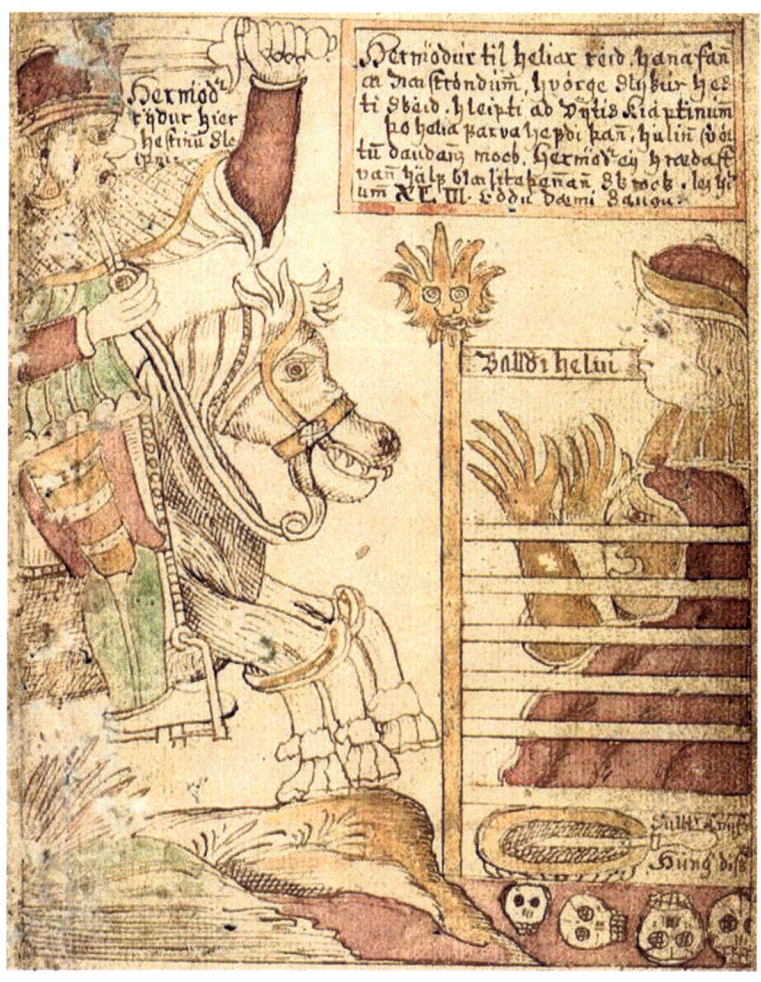

Abb. 19: *Hermóður auf Óðins Roß Sleipnir vor dem Gatter der Hel, hinter dem Baldur und Hel selbst zu sehen sind. Eddahandschrift des Jakob Siguðsson von 1765.*

tet wie von rotem Gold und über sie müssen die Seelen der Verstorbenen. Wenn es einer Seele gelingt, über diese Brücke zu gelangen, dann ist die Seele im Götterreich bei den anderen guten Seelen und Göttern – Valhöll, Gimlé usw. Aber wenn der Mensch böse war, ein „Ungerechter", dann schwankt und donnert die Brücke und die Seele fällt hinab in den Gjöllfluß, im den Schwerter, Speere und Pfeilspitzen sie zusätzlich quälen. Der Strom führt diese Seelen in die Straforte wie Náströnd, Niflhel usw. wo die Seelen für die zu Lebzeiten begangenen Untaten bestraft werden.

In Gylfaginning 49 empfängt die Jungfrau Móðguður den lebenden Hermóður an der Brücke und sagt, daß diese Brücke mit Baldur und seinem 300köpfigen Gefolge weniger donnerte, als mit Hermóður allein. Der lichte Baldur und sein Gefolge sind so gut, daß die Brücke ganz still bleibt, während Hermóður allein sie zum Donnern bringt. Auch im Eiriksmál 3 wird ein Zittern (bifisk) erwähnt, als der gefallene König Eirik zu Óðinn nach Valhöll reitet. Óðinn fragt hier Baldur[58]:

»Was tönt dort, Bragi, als ob Tausend sich regten
Oder ein zahlloser Zug?
Es kracht alles Bankgebälk, als kehrte Balder heim
Noch einmal zum Óðinssaal.«

Die Brücke scheidet also Gut und Böse, an ihr wacht die Jungfrau Móðguðr oder Móðgunnur, „Mut-Kampf" oder „Zorniger Kampf", die sich mit der Seele auseinandersetzt, wie es im Liede Helreið Brynhildar erzählt ist, ohne daß dort allerdings ihr Name erwähnt wird. Am Ende der Brücke, auf der „Brücke Kopf", wo nach der Edda auch Runen stehen, wacht der Mondgott Heimdallr, damit nur Berufene ins Götterreich kommen können.

Und auch ein Hund liegt an der Brücke, „Garmr" genannt; ich hatte ihn schon oben (zu Kap. 12) erwähnt. Dieser Hund beißt die bösen Seelen und zeichnet sie damit, stößt sie wohl auch hinab in den Fluß. Das erinnert an die noch im Mittelalter üblichen Brückengerichte bei den Germanen, wo auch der Gedanke herrschte, daß der Schuldige von der Brücke hinab zu Tode gestoßen wird. Nach dem Lied Fjollsvinnzmál sind es zwei Hunde, die abwechselnd wachen (vor dem Gatter Þrymgjöll). Im Volksglauben heißt es, wer im Leben Brot gegeben hat, der wird im Jenseits Brot finden, mit dem er den Hund Garmr füttern und so beschwichtigen kann.

Daß der Hund als Wächter an der Brücke auch bei uns Südgermanen bekannt war, beweist eine Sage aus dem Dorf Ptenin unweit Merklin (20 km südwestlich von Pilsen, Böhmen)[59]:

»Unweit von Ptenin, einem Dorfe, das eine Stunde von Merklin liegt, fließt ein Bächlein, über welches ein schmaler Steg führt. Bei diesem Stege soll vor alter Zeit ein kalbgroßer schwarzer Hund gelegen sein, der eine zentnerschwere Kette von Eisen nach sich schleppte. Wenn jemand über den Steg wollte, so mußte er den Hund streicheln und zu ihm sagen: Azor, laß mich über den Steg gehen! Tat ihm das Jemand nicht, so ließ ihn der Hund bis in die Mitte des Steges gehen, folgte ihm dann und stieß ihn ins Wasser. Jetzt ist der Hund verschwunden, und niemand weiß, wohin.«

Otto Sigfrid Reuter[60], der Halbbruder von Ernst Reuter, hat die Vorstellungen der Himmels- und Jenseitsbrücke mit den indischen und persischen Überlieferungen verglichen und er stellte fest, daß Valhöll in der ältesten Auffassung der gesamte Himmelsraum ist, in dessen Mitte der Weltbaum steht, um den die Götter wie ein Tierkreis sitzen und Gericht über die Welten halten.

Die Vorstellung der Jenseitsbrücke ist uralt und indogermanisch, wie die Überlieferung der Parsen zeigt. In der Avesta trägt diese Brücke den Namen „Cinvat-" oder „Tschinevad-Brücke", das ist die „Brücke des Scheiders". Während der Gott Ahuramazda den Gerechten sogar drei Mal über diese Brücke in den besten Lichtraum führen will (Yasna 19,6), wird die Brücke für den Übeltäter unüberschreitbar (Videvdat 13,9). Er fällt in den Abgrund der Finsternis, Duzakh. Yasna 50,13 sagt:

»Das Gesetz gedenkt an den Schlechten wie an den Guten, dessen Seele zittert an der Brücke Cinvat, wünschend zu erlangen durch ihre Taten und Zunge die Pfade der Reinheit.«

In der Khorda-Avesta 14, 4,6 finden wir diese Darstellung:

»*Preis dem Manthra-Cpenta, der für die Seele an der Brücke die Befreiung von der Hölle bewirkt und sie hinüberführt zu jenem Paradiese der Reinen. Möge ich die Brücke Cinvat überschreiten zum Paradiese.*«

Bei den Parsen hat sich die Vorstellung der Jungfrau an der Brücke auch gehalten und diese ist mit den beiden Tag und Nacht wachenden Hunden, die wir aus den Fjollsvinnzmál kennen, verbunden (Videvdat 19,30 und 13,9):

»*Jenes schöngeschaffene tüchtige wohlgewachsene Mädchen stellt sich ein mit den beiden Hunden, mit einem Strick versehen, die gewandte, kunstfertige; die zerrt der Truggläubigen schlechte Seelen in die Finsternis hinab; die bringt die Seelen der Aschagerechten über die Cinvatbrücke hinüber zum Uferdamm der geistigen Yazatas.*«

Skandinavisten haben behauptet, die Vorstellung der Jungfrau Móðguðr habe erst Snorri Sturloson in der Jüngeren Edda erfunden. Abgesehen davon, daß diese Jungfrau schon im Eddalied Helreið Brynhildar ohne Nennung ihres Namens vorkommt, beweist die Avesta eindeutig, wie uralt dieser Glaube ist. Übrigens empfängt in der parsischen Vorstellung die Bösen entsprechend ein häßliches Mädchen.
Bei den Indern ist die Überlieferung von dieser Brücke bereits verblaßt und es finden sich nur noch Andeutungen. So z. B. in der Kathaka-Upanishad (3. Gesang):

»*Wir können dieses dreifältige Feuer kennen lernen, diese Brücke, über welche die Opferer schreiten; wir können auch diesen unvergänglichen Brahma erkennen lernen, dieses höchste, furchtbefreite Wesen, dieses Gestade, wo die Menschen landen, die den Ozean des Lebens überschreiten.*«

Und in der Chandogya-Upanishad heißt es:

»*Der Atman (das Selbst), der ist die Brücke (der Damm), welche diese Welten auseinander hält, daß sie nicht verfließen. Diese Brücke über-*

schreiten nicht Tag und Nacht, nicht das Alter, nicht der Tod und nicht das Leiden, nicht gutes Werk noch böses Werk, alle Sünden kehren vor ihr um, denn sündlos ist diese Brahmanwelt.«

In den Islam ist diese Vorstellung auch eingedrungen, denn es herrscht der Glaube, daß alle Seelen mitten in der Hölle über eine Brücke müssen, die dünner als ein Haar, schärfer als eine Schwertschneide und beidseitig mit Dornen und spitzem Gesträuch besetzt ist. Oder es ist von einer Stange aus glühendem Eisen die Rede, die überschritten werden muß, wobei die Gerechten ihre guten Taten unterlegen dürfen. Bei den Juden gibt es noch die drahtschmale Höllenbrücke, diese trennt aber nicht mehr die Guten und Bösen. Gleichzeitig gibt es aber in der Bibel die Himmelsleiter, die Jakob sieht, auf der Engel auf- und absteigen zwischen Himmel und Erde.

Und es gibt den Regenbogen als Zeichen des Bundes von Jachveh und den Menschen. Dieser Bogen bildet eine Verbindung zwischen Himmel und Erde, auch wenn er nicht direkt als „Brücke" bezeichnet wird.

Der Regenbogen ist ein Bild für die Brücke Bifröst, aber auch die Milchstraße ist ein Bild für diese Brücke. Möglicherweise ist diese Brücke auch auf der Himmelsscheibe von Nebra zu sehen, wobei nicht klar ist, ob es der Regenbogen oder ein Symbol der Milchstraße ist. Als Schiff wurde der Bogen gedeutet, was ich nicht nachvollziehen kann – die Darstellung ähnelt einem Schiff nicht.

Man hat die Himmelsleiter, die ja auch unsere Götterbrücke ist, auch als eine mystische Entwicklungsleiter für die Seele verstanden, die durch die verschiedenen Stufen der Läuterung schreiten muß, um am Ende als reine, erleuchtete Seele im Himmel anzukommen. Die Stufen wurden dabei als himmlische Sphären dargestellt oder auf die 7 Planeten bezogen. Auch auf die verschiedenen Reiche (Minerale, Pflanzen, Tiere, Menschen, Engel) wurde die Himmelsleiter bezogen (siehe die Abbildung 20).

Die Jenseitsbrücke lebt auch noch in zahlreichen Brückenspielen und -liedern fort, nach denen die Kinder tanzen und dabei in Himmel und

Hölle getrennt werden. Zwei Kinder bilden dabei in der Regel ein Tor mit ihren Händen, die anderen tanzen hindurch und am Ende wird eines gefangen und muß eine Frage beantworten. Je nachdem wird es hinter eines der beiden Torkinder gestellt. Am Ende ziehen sich beide Gruppen, um die Gewinner zu ermitteln. Eines dieser Liedchen lautet:

»*I möcht' über d' holländische Brugg!*
Sie ist verheit und broche.
Lönd sie wiedrum mache
Mit isige Stachle!
Um welche Lohn?
Die hinterst' Geisbohn! –
I möcht' über d' silberig Sihlbrugg!
D' Brugg ist bschlosse
Mit Silber übergosse
Und goldige Schibe.
Der Letzte mueß do blibe!«

„Holländisch" meint hier sicher „helländisch", das Totenreich. Ein anderes Brückenspiel lautet so[61]:

»*Holl op de Brügg, holl op de Brügg,*
den letzten wüllt wi fangen,
de blivt darin behangen.
Das sind die Engel, das sind die Teufel!
Die Engel werden gewogen, gehoben,
zum Himmel hinein, zum Himmel hinein!
Die Teufel werden gerüttelt, geschüttelt,
zur Hölle hinaus, zur Hölle hinaus!«

In unserer Volksüberlieferung hat sich also ein uraltes Kultspiel über die Scheidebrücke von Gut und Böse erhalten. Aus allen Zeiten liegen Berichte vor, daß Menschen im Trance oder bei Nahtod-Erlebnissen diese Brücke auch tatsächlich gesehen haben.

»*Danach sandten die Ásen Boten in alle Welt und geboten, Baldur aus Hels Gewalt zu weinen. Alle taten das, Menschen und Tiere, Erde, Stei-*

Abb. 20: Die Himmelsbrücke, dargestellt als Stufenleiter über mehrere Entwicklungsstufen. De nova Logica, 1512.

ne, Bäume und alle Erze; wie du schon gesehen haben wirst, daß diese Dinge weinen, wenn sie aus dem Frost in die Wärme kommen. Als die Gesandten heimfuhren und ihr Gewerbe wohl vollbracht hatten, fanden sie in einer Höhle eine Gýgja sitzen, die Þökk genannt wurde. Die baten sie auch, den Baldur aus Hels Gewalt zu weinen. Sie antwortete:

*‚Þökk muß weinen mit trocknen Augen
Über Baldurs Ende.
Nicht im Leben noch im Tod hatt ich Nutzen von ihm:
Behalte Hel was sie hat'.*

Man meint, daß dies Loki, Laufeyjas Sohn, gewesen sei, der den Ásen so viel Leid zugefügt hatte".«

Auch hier ist das Weinen aller Wesen ein Bild für den Nachttau; eine Deutung, bei der Kondenswasser mit diesem Weinen gleichgesetzt wird, ist sogar im Text zu finden.
Der Name der Gygja (Riesin) Þökk wird oft mit „Dank, Freude" übersetzt, doch ist diese Übersetzung meiner Ansicht nach unpassend und falsch. Glaubwürdiger ist die Ableitung von „dökk" (Dunkel), denn ab der Herausbildung der jüngeren Runenreihe (650-800 u. Zt.) wurde im Norden nicht mehr zwischen þ (th) und d unterschieden, das þ verdrängte überall das d, wie wir das z. B. im Namen des Hammergottes sehen (Donar – Þunaer – Þórr) oder im Begriff Ding – Þing. Also ist diese Riesin – wohl Loki – eine Verkörperung des Dunkels, und das Dunkel freut sich natürlich, wenn der Lichtgott nicht mehr zu sehen ist. Die angeführte Strophe stammt aus einem uns unbekannten Eddalied, das offenbar den Baldur-Mythos enthielt, aber leider nicht erhalten ist.

»50. Da sprach Gangleri: „Viel Arges wahrlich hatte Loki zu Wege gebracht, da er erst verursachte, daß Baldur erschlagen wurde, und dann schuld war, daß er nicht erlöst ward aus Hels Gewalt. Aber ward das nicht irgendwie an ihm gerochen?" Hárr antwortete: „Es ward ihm so vergolten, daß er lange daran gedenken wird. Als die Götter so wider ihn aufgebracht waren, wie man erwarten mag, lief er fort und barg sich auf einem Berge. Da machte er sich ein Haus mit vier Türen, daß er aus dem Hause nach allen Seiten sehen könnte. Oft am Tag verwan-

delte er sich in Lachsgestalt und barg sich in dem Wasserfall, der Fránangur heißt, und bedachte bei sich, welches Kunststück die Ásen wohl erfinden könnten, ihn in dem Wasserfall zu fangen. Und einst, als er daheim saß, nahm er Flachsgarn und verflocht es zu Maschen, wie man seitdem Netze macht. Dabei brannte Feuer vor ihm. Da sah er, daß die Ásen nicht weit von ihm waren, denn Óðinn hatte von Hliðskiálf seinen Aufenthalt erspäht. Da sprang er schnell auf und hinaus ins Wasser, nachdem er das Netz ins Feuer geworfen. Und als die Ásen zu dem Hause kamen, da ging der zuerst hinein, der von allen der Weiseste war und Kvasir hieß, und als er im Feuer die Asche sah, wo das Netz gebrannt hatte, da merkte er, daß dies ein Mittel sein sollte, Fische zu fangen, und sagte das den Ásen. Da fingen sie an und machten ein Netz jenem nach, das Loki gemacht hatte, wie sie in der Asche sahen. Und als das Netz fertig war, gingen sie zu dem Flusse und warfen das Netz in den Wasserfall. Þórr hielt das eine Ende, das andere die übrigen Ásen, und nun zogen sie das Netz. Aber Loki schwamm voran und legte sich am Boden zwischen zwei Steine, so daß das Netz über ihn hinweggezogen ward, doch merkten sie wohl, daß etwas Lebendiges vorhanden sei. Da gingen sie abermals an den Wasserfall und warfen das Netz aus, nachdem sie etwas so Schweres daran gebunden hatten, daß nichts unten durchschlüpfen mochte. Loki fuhr vor dem Netze her und als er sah, daß es nicht weit von der See sei, da sprang er über das ausgespannte Netz und lief zurück in den Sturz. Nun sahen die Ásen, wo er geblieben war: da gingen sie wieder an den Wasserfall und teilten sich in zwei Haufen. Þórr aber watete mitten im Flusse, und so verfolgten sie ihn bis an die See. Loki hatte nun die Wahl, entweder mit Lebensgefahr nach der See zu ziehen oder abermals über das Netz zu springen. Er tat das letzte und sprang schnell über das ausgespannte Netz. Þórr griff nach ihm und kriegte ihn in der Mitte zu fassen; aber er glitt ihm in der Hand, so daß er ihn erst am Schwanz wieder festhalten konnte. Darum ist der Lachs hinten spitz.
Nun war Loki friedlos gefangen. Sie brachten ihn in eine Höhle und nahmen drei lange Felsenstücke, stellten sie auf die schmale Kante und schlugen ein Loch in jedes. Dann wurden Lokis Söhne, Váli und Nari oder Narfi, gefangen. Den Váli verwandelten die Ásen in Wolfsgestalt: da zerriß er seinen Bruder Narfi. Da nahmen die Ásen seine Därme und banden den Loki damit über die drei Felsen: der eine stand ihm

unter den Schultern, der andere unter den Lenden, der dritte unter den Kniegelenken; die Bänder aber wurden zu Eisen. Da nahm Skaði eine Eiterschlange und befestigte sie über ihm, damit das Gift aus dem Wurm ihm ins Antlitz träufelte. Aber Sigyn, sein Weib, steht neben ihm und hält ein Becken unter die Eitertropfen. Und wenn die Schale voll ist, da geht sie und gießt das Gift aus; derweil aber tropft ihm das Gift ins Angesicht, wogegen er sich so heftig sträubt, daß die ganze Erde schüttert, und das ist es, was man Erdbeben nennt. Dort liegt er in Banden bis zum Ragnarökkur".«

Fránangur („das glänzende Wasser") ist der Ort, wo sich Loki als Lachs birgt. Der Lachs ist wohl nach seinem rötlich aussehenden Fleisch benannt (indogermanisch *lak = rot) und damit zum Gott des rotbrennenden Wildfeuers, Loki, passend. Ob eine Verbindung zu lat. lux = Licht besteht, ist unsicher. Loki selbst gab ungewollt den Göttern eine Hilfe, als sie die Reste des Netzes in der Asche finden. Das bedeutet, das Böse kann nur mit den eigenen Waffen besiegt werden. Kvasir (kvas = Beere) ist das weise Wesen, welches aus der Speichelmengung der Ásen und Vanen entstanden ist und letztendlich ein Wesen des kultischen Rauschgetränks (aus Beeren gegoren), welches als „Kwas" noch heute in Rußland getrunken wird. Das Kvasir hier noch lebt, ist auffallend, da er ja schon in der Urzeit getötet wurde und daraus der Óðrœrir-Met entsteht. Die Geschichte von Lokis Fesselung findet sich auch in der Lokasenna 49f und der Endprosa, dort weniger ausführlich (Kommentar II, 101f, 109), sowie der Völuspá 34 (Kommentar I, 69) und ist sicher Vorlage für die Fesselung des Satans, wie sie in der Bibel (Apocalypsis) beschrieben ist. Lokis Söhne heißen hier Váli/ Áli und Nari/ Narfi, in der Lokasenna aber Nari und Narfi. Ich gehe nicht davon aus, daß Váli mit dem gleichnamigen Sohn Óðins oder auch einem Zwerg, der diesen Namen trägt, identisch ist. Die Götter verwandeln den einen dieser Lokisöhne in einen Wolf. Damit haben die Götter nicht unethisch gehandelt, denn wir können davon ausgehen, daß dieser Váli (zu Val = Tod, Schlachttod) selbst böse war und daß die Götter mit der Verwandlung nur dessen wahres Wesen offenbart haben. Entsprechend ermordet dieser Váli dann ja auch gleich seinen Bruder. Loki wird also gefesselt und über ihm eine Eiterschlange (Giftschlange) befestigt. Auch das ist keine Untat der Götter, denn Loki war ja der Rattöter Baldurs, also der An-

stifter dieses Mordes und nach den Gesetzen der Götter kommen die verstorbenen Mörder nach Niflhel, wo sie durch Gift waten müssen und Schlangen ätzendes Gift auf sie speien. Der göttlichen Gerechtigkeit entspricht es, daß Loki als Mörder genauso leiden muß, wie jeder menschliche Mörder. Die Liebe seiner Frau Sigyn (Sigune, „Siegfreundin") aber kann ihn von den schlimmsten Qualen befreien, wenn auch nicht immer.
Wir kommen nun zu den Schilderungen des Ragnarökks.

»51. Da sprach Gangleri: „Was für Zeitungen sind zu sagen vom Ragnarökkur? Ich hörte dessen nie zuvor erwähnen". Hárr antwortete: „Davon sind viele und wichtige Zeitungen zu sagen. Zum ersten, daß ein Winter kommen wird, Fimbulvetur genannt. Da stöbert Schnee von allen Seiten, da ist der Frost groß und sind die Winde scharf, und die Sonne hat ihre Kraft verloren. Diese Winter kommen dreie nacheinander und kein Sommer dazwischen. Zuvor aber kommen drei andere Jahre, da die Welt mit schweren Kriegen erfüllt sein wird. Da werden sich Brüder aus Habgier ums Leben bringen und der Sohn des Vaters, der Vater des Sohnes nicht schonen. So heißt es in der Völuspá:

*Brüder befehden sich und fällen einander,
Geschwisterte sieht man die Sippe vernichten;
Hart ist es in der Welt, groß die Hurerei,
Beilalter, Schwertalter, wo Schilde krachen,
Windzeit, Wolfszeit, eh die Welt zerstürzt.
Der eine schont des anderen nicht.«*

Zunächst zum Begriff „Ragnarök" bzw. „Ragnarökr" (oder „Ragnarökkur"): Die Forscher hatten beide Schreibweisen unterschiedlich übersetzt, nämlich „Ragnarök" als „Endschicksal der Götter" und „Ragnarökr" (und „Ragnarökkur") als „Götterdämmerung". Beide Übersetzungen hatte ich als unzutreffend angesehen, denn es handelt sich ja lediglich um Schreibvarianten desselben Wortes, die sich in der Älteren Edda und der Jüngeren Edda einschließlich der Lokasenna finden. Somit kann dieser Begriff nicht unterschiedlich übersetzt werden. Dann gibt es weder für „Götter(morgen)dämmerung" noch „Götterschicksal" eine überzeugende mythologische Begründung. Götter gestalten bekanntlich das Schicksal und unterliegen ihm nicht hilflos. Ich habe daher den Begriff „Ragnarökr" mit „Göttergericht" übersetzt, da er in der Völuspá 44 (Kommentar I, 75) vorkommt, in der gleichen Völuspá aber „Rök-stóla" in Str. 6 einfach „Richterstühle" oder „Gerichtsstühle" bedeutet. Warum aber sollte im selben Liede derselbe Begriff in unterschiedlicher Bedeutung vorkommen? Diese Bedeutung von „Ragnarökr" wird übrigens durch die Völuspástrophe 65 (nur in der Hauksbók) bestätigt, wo es heißt:

»Da kommt der Reiche zum Regin [Götter-] Gericht.«

Wobei hier nicht Ragnarök, sondern „Regindómr" geschrieben wird. „Dómr" ist eindeutig das Gericht (Gerichtsversammlung, Gerichtsverhandlung, Gerichtsurteil). Meine Übersetzung war neu, veröffentlicht im Netz Anfang 2005, schriftlich 2006[62], und in der Forschung noch unbekannt, doch übernahm Prof. Simek diese Deutung in seinem Buch „Die Edda" (2007)[63], während er in „Religion und Mythologie der Germanen" (2003)[64] noch mit „Endschicksal der Götter" übersetzte. Bedauerlich, daß die Neo-Heiden in ihrem Buch „Ásatrú – Die Rückkehr der Götter" (2012)[65] immer noch die falschen Übersetzungen verwenden. Für das Verständnis der Mythologie ist es entscheidend, ob man von endlichen, ja sterblichen und dem Schicksal unterworfenen Gottheiten ausgeht, oder von Göttern, die durch Ihr Tun die Welt beeinflussen und gestalten. „Ragnarök(r)" oder „Ragnarökkur" ist also das „Gericht der Reginn (Götter)" über die Welt. Denn die Götter haben diese Welt geschaffen und nehmen Ihre Verantwortung für diese Welt wahr. Wenn die bösen Kräfte der Riesen und Unholde so groß werden, daß auch die Menschen sich ihnen anschließen, wenn also die von den Göttern als gut geschaffene Welt sich zum Bösen wendet, dann werden die Götter eingreifen und über Ihre Welt ein Gericht halten. Ziel ist es, die Unholde zu ächten, und da diese ihre Macht nicht freiwillig aufgeben werden, müssen die Götter mit Waffengewalt vorgehen.

Die ersten Anzeichen für das Überhandnehmen des Bösen sind drei Jahre lang Kriege aus Habgier, bei denen sich selbst Verwandte bekämpfen. Das bedeutet, daß Begriffe wie „Sippe, Verwandtschaft" nicht mehr zählen, nur noch der Besitz von materiellen Gütern wird angestrebt mit allen unethischen Mitteln. Zugleich ist es eine Zeit großer

Hurerei, d. h. Ehebruch findet statt. Das bedeutet gleichfalls auch Sippenbruch, da Kinder zur Welt kommen, die gar nicht vom Ehemann stammen, sondern von einem Ehebrecher. Nach diesen drei Kriegsjahren folgen drei Jahre Winter, der „Fimbulvetur" („Riesenwinter").
Nun kann man sagen, daß vieles von dem hier für die Endzeit Prophezeihten bereits heute allgemein üblich ist: Der herrschende Materialismus, der Kampf ums Geld, Scheidungen, wilde Ehen und uneheliche Nachkommen (einst in Kirchenbüchern „Hurenkinder" genannt) sowie Kinder, die ihren Vater, ihre Sippe und ihren Stamm nicht mehr kennen. Es ist zwar schon schlimm, was alles geschieht, aber es gibt immer noch genug Menschen, die moralisch einwandfrei leben. Solange es diese Menschen noch in größerer Zahl gibt, wird kein Gericht der Götter über die frevelnde Welt gehalten, da ja auch Unschuldige bestraft werden würden. Es liegt also an uns Menschen, durch unser Leben dazu beizutragen, daß der Zustand des Endes nicht eintreten muß.
Die dreijährige Kältezeit ist eine neue Eiszeit, sie entsteht, weil sich die Götter aus der verdorbenen Welt zurückziehen und die Riesen und Unholde kein Wachstum, keine Wärme und Harmonie erzeugen können. Dieser Winter wurde auch gedeutet als Folge eines Atomkrieges, denn danach wird allgemein von einer längeren Kälteperiode ausgegangen, verursacht durch die verschmutzte Luft und den radioaktiven Fallout.
Die angeführte Strophe ist Völuspá 45 mit geringer Abweichung (Kommentar I, 75f), wobei in der Strophe für „Beilalter" das Wort „skeggjöld" verwendet wird. Das ist die alte Bartaxt, die in der Zeit der Aufzeichnung der Eddalieder lange schon unbekannt war.

»Da geschieht es, was am schrecklichsten dünken wird: daß der Wolf die Sól verschlingt – den Menschen zu großem Unheil. Der andere Wolf wird das Gestirn packen und so auch großen Schaden tun und die Sterne werden vom Himmel fallen. Da wird sich auch ereignen, daß die Erde so bebt und alle Berge, daß die Bäume entwurzelt werden, die Berge zusammenstürzen und alle Ketten und Bande brechen und reißen. Da wird der Fenriswolf los und das Meer überflutet das Land, weil die Miðgarðschlange in Jötunzorn gerät und auf das Land steigt. Da wird auch Naglfar flott, das Schiff, das so heißt und aus Nägeln der Toten gemacht ist, weshalb wohl die Warnung am Ort ist, daß, wenn ein Mensch stirbt, ihm die Nägel nicht unbeschnitten bleiben, womit

der Bau des Schiffes Naglfar beschleunigt würde, den doch Götter und Menschen verspätet wünschen. Bei dieser Überschwemmung aber wird Naglfar flott. Hrymur heißt der Jötun, der Naglfar steuert.«

Die beiden Wölfe, die Sól (Sonne) und „das Gestirn" (Mond) verschlingen werden, hatte ich schon oben behandelt. Die weitere Schilderung bezieht sich auf Naturkatastrophen, wie Erdbeben, Verfinsterung des Himmels oder Meteoriteneinschläge und Überschwemmungen. Das Schiff der Toten, Naglfar, wird vielleicht von Naglfari, dem Mann der Nótt („Nacht") (Gylfaginning 9) gezimmert oder – so er mit Hrymur („Reif, Ruß") identisch ist – gesteuert. Der Name bedeutet „Nagel-Fahrt" oder „Nagel-Überfahrt" bzw. „Nagel-Fahrzeug" also ein Schiff aus den Nägeln der Toten. Es wurde bezweifelt, daß man den Namen von altnord. nagli = Nagel ableiten kann und man hat ná, got. naus, griech. nékus („Leichnam") favorisieren wollen und dieses Schif auf individuelle Leichenschiffe gedeutet, die bei Schiffsbestattungen üblich waren. Aber die Vorstellung eines Schiffs der Toten aus Nägeln lebt im Volksglauben vieler Völker fort. Etwa im neuisländischen náskipið („Totenschiff"), oder weiter bis nach Osteuropa. Überall gibt es das Gebot, den Toten die Nägel zu schneiden, da sonst der Teufel ein Schiff daraus baut, mit dem er die Menschen zur Hölle führt.

Welcher Zusammenhang besteht nun zwischen den Nägeln der Toten und einem Schiff, das im Ragnarökkur gegen die Götter segelt? Vielleicht die Feststellung, daß im Grabe die Haare und Nägel eines Toten noch eine gewisse Zeit weiterwachsen. Dieses restliche Leben machen sich Unterweltsdämonen zu Nutze, um gegen die Götter aufzurüsten. Dann aber auch der uralte Glaube, daß auf den Nägeln der Menschen Zeichen der Nornen zu erkennen sind, die sog. Nornenspuren (nornaspor). Diese Zeichen, Punkte und Rillen, deutet man auf das jeweilige Schicksal des Nagelinhabers. Ich habe das im Einzelnen bereits in meinem Buche „Heilige Runen" gedeutet[66]. Auf den Nägeln ist also unser Schicksal aufgeschrieben, und die gesammelten Nägel der Toten stehen somit für die Schicksale der Menschen. Die Unterwelt aber erhält nur die Schicksale der Bösen. Diese werden karmisch vergolten, indem durch böse Handlungen der Bau dieses Schiffes beschleunigt wird, ähnlich wie der Wolf Mánagarmur durch die Lebenskraft der wegen ihrer Taten todverfallenen Männer gemästet wird (Kommentar I, 74).

»*Der Fenriswolf fährt mit klaffendem Rachen umher, daß sein Oberkiefer den Himmel, der Unterkiefer die Erde berührt, und wäre Raum dazu, er würde ihn noch weiter aufsperren. Feuer glüht ihm aus Augen und Nüstern. Die Miðgarðschlange speit Gift aus, daß Luft und Meer entzündet werden; entsetzlich ist ihr Anblick, indem sie dem Wolf zur Seite kämpft. Von diesem Lärmen birst der Himmel: da kommen Múspells Söhne hervorgeritten. Surtur reitet an ihrer Spitze, vor ihm und hinter ihm glühendes Feuer. Sein Schwert ist wunderscharf und glänzt heller als die Sól. Indem sie über die Brücke Bifröst reiten, zerbricht sie, wie vorhin gesagt ward. Da ziehen Múspells Söhne nach der Ebene, die Vígríður heißt; dahin kommt auch der Fenriswolf und die Miðgarðschlange, und auch Loki wird dort sein und Hrymur und mit ihm alle Hrímþursen. Mit Loki ist Hels ganzes Gefolge und Múspells Söhne haben ihre eigene glänzende Schlachtordnung. Die Ebene Vígríður ist hundert Rasten breit nach allen Seiten.*

Und wenn sich diese Dinge begeben, erhebt sich Heimdallur und stößt aus aller Kraft ins Gjallarhorn und weckt alle Götter, die dann Rat halten. Da reitet Óðinn zu Mímirs Brunnen und holt Rat von Mímir für sich und seine Schar. Die Esche Yggdrasil bebt und alles erschrickt im Himmel und auf Erden. Die Ásen wappnen sich zum Kampf und alle Einherjar eilen zur Valstatt. Zuvorderst reitet Óðinn mit dem Goldhelm, dem schönen Harnisch und seinem Ger, der Gungnir heißt. So eilt er dem Fenriswolf entgegen, und Þórr schreitet an seiner Seite, mag ihm aber wenig helfen, denn er hat vollauf zu tun, mit der Miðgarðschlange zu kämpfen. Freyr streitet wider Surtur und sie kämpfen ein hartes Treffen bis Freyr erliegt, und das wird sein Tod, daß er sein gutes Schwert mißt, das er dem Skírnir gab.
Inzwischen ist auch Garmur, der Hund, losgeworden, der vor der Gnipahöhle gefesselt lag: das gibt das größte Unheil, da er mit Týr kämpft und einer den anderen zu Fall bringt. Dem Þórr gelingt es, die Miðgarðschlange zu erschlagen; weicht aber neun Schritte von dem Gifte des Untiers zurück (und fällt tot zu Boden). Der Wolf verschlingt Óðinn und das wird sein Tod. Alsbald kehrt sich Víðar gegen den Wolf und setzt ihm den Fuß in den Unterkiefer. An diesem Fuße hat er den Schuh, zu dem man alle Zeiten hindurch sammelt, die Lederstreifen nämlich, welche die Menschen von ihren Schuhen schneiden, wo die

Zehen und Fersen sitzen. Darum soll diese Streifen ein jeder wegwerfen, der darauf bedacht ist, den Ásen zu Hilfe zu kommen. Mit der Hand greift Víðar dem Wolf nach dem Oberkiefer und reißt ihm den Rachen entzwei und das wird des Wolfes Tod. Loki kämpft mit Heimdallur und einer erschlägt den anderen. Darauf schleudert Surtur Feuer über die Erde und verbrennt die ganze Welt. So heißt es in der Völuspá:«

Das Gjallarhorn, welches in Friedenszeiten unter der Weltesche bei Mímir liegt, wird nun von Heimdallr geblasen, um die Götter zu wecken und zum Þing zu rufen. Es geht also zuerst um das Gericht der Götter über die Welt, denn Auslöser für diese Zusammenkunft sind die Freveltaten der Menschheit, die sich den Einflüsterungen der Riesen und Dämonen hingegeben hat. Auf diesem Þing wird beschlossen werden, daß die Riesen nun weichen müssen oder eine Bestrafung erfolgt. Natürlich werden die Riesen nicht weichen, denn sie wollen ihre Macht nicht freiwillig aufgeben. Nur deswegen müssen die Götter nun zu den Waffen greifen, um das Recht durchzusetzen. Noch heute ist es Brauch, daß ein Beschuldigter und vors Gericht Geladener von der Polizei mit Gewalt ergriffen wird, wenn er zur Verhandlung nicht erscheint.

Das Kampffeld heißt Vígríður („Kampfplatz") und wird auch in den Vafþrúðnismál 18 (Kommentar I, 142) erwähnt, das Töten des Wolfes durch das Aufreißen der Kiefer erwähnt Vafþrúðnismál 53 (Kommentar I, 154). In Völuspá 55 hingegen stößt Víðarr dem Wolfe das Schwert ins Herz (Kommentar I, 81), was aber auch zusätzlich nach dem Aufreißen des Kiefers erfolgen kann.

Der eingeklammerte Satz vom Tode Þórs fehlt in der Handschrift von Upsala. Das ist bezeichnend, vielleicht war der Abschreiber dieser Handschrift ein Christ, der noch an Þórr glaubte, wie es zuweilen in der Übergangszeit vorkam. Da wollte er den Satz, daß Þórr gestorben sei, nicht übernehmen.

Wir wissen, daß eine Haupteigenschaft der Götter die Unsterblichkeit ist. Nun wurden aber unsere Mythen von Anfang an auch immer zugleich auf Vorgänge in der Natur gedeutet, und da gibt es den Winter, in dem die Sonne ihre Kraft verliert oder das Dunkel der Nacht. Óðinn wurde in der Víkingerzeit als Himmels- und Sonnengott aufgefaßt, weniger als Sturm- oder Totengott; die Miniaturen in den Handschriften haben oft neben Ihm eine Sonnendarstellung. Und der Fenriswolf, der Óðinn verschlingt, ist ein Symbol für die Nacht und den Winter. So konnte die Erzählung von einem Tod Óðins oder Freys, auch von Þórr, entstehen. Gleichzeitig haben wir Sagen und Mythen, wonach die Götter wiederkehren wie die Heldenkönige im Berge (Barbarossa im Kyffhäuser) und Andeutungen, daß Sie gar nicht sterben: Óðinn wird „verschlungen" wie Rotkäppchen, Vidar reißt die Kiefer des Wolfes auf – wohl, um Óðinn wieder herauszuholen. Þórr weicht nur zurück, stirbt nicht wirklich, und erwacht im Frühling, wie es die Str. 1 der Þrymsqviða erzählt (Kommentar II, 115), auch die Sól bekommt eine Tochter als Nachfolgerin wie Vafþrúðnismál 47 (Kommentar I, 153) erzählt usw. Es kamen nun zwei Auffassungen zusammen: Einmal die, wonach die Götter zwar sterben, aber in Ihren Kindern wiederkehren werden. Dann aber die ältere Auffassung, wonach die Götter nicht wirklich sterben, sondern nur in eine Übergangsphase treten, und dann selbst wiederkehren werden, wie es die zwei Hyndluljóð-Strophen 43f und die Völuspá-Strophe 65 andeuten (Kommentar I, 86). Diese zweite Auffassung war nun geeignet, die Einzigartigkeit der Auferstehung Jesu in Frage zu stellen, deswegen war sie später besonders unbeliebt.

Wir haben vier Hauptangriffe: Der Fenriswolf und die Miðgarðschlange, Múspells Söhne von Surtur angeführt, Naglfar von Hrymur gesteuert und die Riesen. Offenbar haben die Himmelsrichtungen dabei eine besondere Bedeutung: Hrymur von Osten mit Naglfar, Surt von Süden, ein weiteres Schiff von Osten, gesteuert von Loki mit Múspells Söhnen. Die Angaben sind widersprüchlich, denn eigentlich liegt das Totenreich der Hel, wo aus den Nägeln das Schiff Naglfar gebaut wird, im Norden, im Osten aber hausen die Riesen, im Süden Surtur mit Múspells Söhnen und im Westen, im Meere, die Miðgarðschlange. Somit wären es alle vier Himmelsrichtungen, von denen gegen die in der Mitte liegende Welt der Götter vorgegangen wird. Genau diese Situation aber entspricht der Anfangsaufstellung des bekannten Víkingerbrettspieles Hnefatafl; in der klassischen Variante auf dem 11x11-Felder-Brett stehen je 6 schwarze Figuren an den Rändern der vier Seiten, in der Mitte aber findet sich der Hnefi (König), umgeben von 12 weißen Steinen, die natürlich die Götter symbolisieren. Die Abb. 21 zeigt einen Spielplan der kleineren Variante mit 9x9 Feldern und mit weniger Figuren.

In unserer Schilderung ist auch nicht klar, welches Schiff Loki nun steuert: Haben die Söhne Múspells ein eigenes Schiff? Dann aber sollte es Surtur sein, der steuert. Es scheint, daß unsere Völuspástrophen, die nun auch angeführt werden, hier nicht so eindeutig sind.

»Laut bläst Heimdallr, das Horn in der Luft,
Óðinn murmelt mit Mímirs Haupt.
Yggdrasil bebt, die Esche, die feststehende,
Es erdröhnt der alte Baum als der Jötun los wird.

Was ist mit den Ásen? Was ist mit den Álfen?
All Jötunheim dröhnt, die Ásen halten Þing.
Die Zwerge stöhnen vor steinernen Türen,
Der Felswände Weisende: wißt ihr, was das bedeutet?

Hrýmr fährt von Osten und hebt den Schild,
Jörmungandr windet sich sich im Jötunmute.
Der Wurm durchschlägt die Woge, und der Adler schreit,
Schlitzt Leichen der Nasenbleiche, los wird Naglfar.

Der Kiel fährt von Osten, da werden kommen Múspells
Leute über die See, und Loki steuert.
Es fährt des Unholds Abkunft mit allen Fressern,
Mit ihnen kommt Býleists Bruder gefahren.

Surtr fährt von Süden mit dem Unheil der Zweige,
Von seinem Schwert scheint die Sól der Valgötter.
Steinberge stürzen, Unholdinnen straucheln,
Helden treten den Helweg; der Himmel klafft.

Da geschieht Hlíns anderer Harm,
Da Óðinn fährt wider den Wolf,
Und Belis Töter, der Weiße, tritt wider Surtr;
Da wird Friggs Wonne fallen.

Da geht Óðins Sohn wider den Wolf
Víðarr, zum Kampf gegen das Valstatt-Tier:

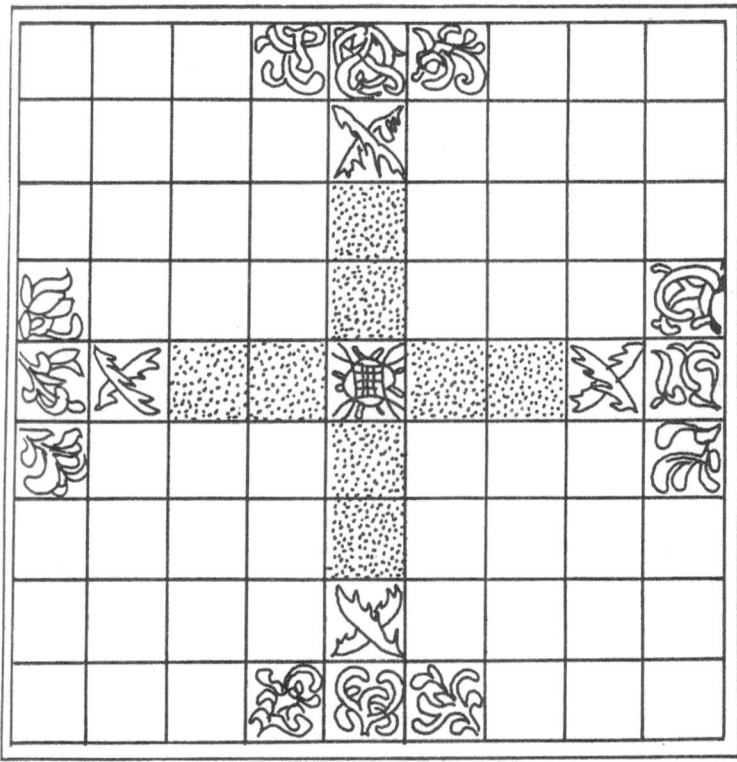

Abb. 21: Lappländische Version des Hnefatafl-Spieles auf 9x9 Feldern. Spielplan von 1732 nach Linnaeus.

Er läßt dem Hveðrungssohn mit der Hand das Schwert
Ins Herz stoßen, so rächt er den Vater.

Da geht der mächtige Mage Hlóðyns,
Knapp weg von der Schlange, der Schande nicht fürchtend.
Alle Helden werden die Weltstatt räumen.
Und mutig kämpft Miðgarðs Véur;

Schwarz wird die Sól, die Fold sinkt ins Meer,
Vom Himmel schwinden die heitern Sterne.
Rauch und Lebensnährer rasen umher,
Die große Hitze hebt sich zum Himmel.

Auch heißt es so:

Vígríðr heißt das Feld, da zum Kampf sich finden
Surtr und die seligen Götter.
Hundert Rasten zählt es rechts und links:
Solcher Valplatz wartet ihrer".«

Die angeführten Völuspástrophen sind die Str. 46, 2. Hälfte zusammen mit der 1. Hälfte der Str. 47, ansonsten unverändert (Kommentar I, 76), es folgen die unveränderten Strophen 48 und 50 (Kommentar I, 77). In der folgenden Strophe 51 gibt es eine geringe Abweichung (Kommentar I, 79), unverändert sind wiederum die Strophen 52 und 53 (Kommentar I, 80). Die Strophe 55 ist in der ersten Zeile anders (Kommentar I, 81), die Strophe 56 ist gekürzt um Zeile 2 und 5 und die verbliebenen Zeilen sind umgestellt (Kommentar I, 82), unverändert ist die Strophe 57 (Kommentar I, 83). Die letzte Strophe stammt aus Vafþrúðnismál 18 unverändert (Kommentar I, 142).

Býleists Bruder ist wahrscheinlich Loki, Hlín ist Friggs Dienerin, Belis Töter ist Freyr, der Hveðrungssohn und das Valstatt-Tier ist der Fenriswolf, der Mage (Nachkomme) Hlóðyns und Miðgarðs Véur ist Þórr, Fold ist die Erde. Vígríðr bedeutet „Platz auf dem der Kampf wogt", in Fáfnismál 15 wird der Ort „ungeschaffen" (óskópnir) genannt, denn erst wenn die Zeit kommt, wird dieser Ort gebraucht.

»52. Da fragte Gangleri: „Was geschieht hernach, wenn Himmel und Erde verbrannt sind und alle Welten und die Götter alle tot sind und alle Einherjar und alles Menschenvolk? Ihr habt vorhin doch gesagt, daß ein jeder Mensch in irgend einer Welt leben soll durch alle Zeiten". Da antwortete Þriði: „Es gibt viel gute und viel üble Aufenthalte; am besten ist's, in Gimlé im Himmel zu sein. Sehr gut ist es auch für die, welche einen guten Trunk lieben, in dem Saale, der Brimir heißt und in Ókólnir steht. Ein guter Saal ist auch jener, der Sindri heißt und

auf den Niðabergen steht, ganz aus rotem Gold gebaut. Diese Säle sollen nur gute und rechtschaffene Menschen bewohnen. In Náströnd ist ein großer aber übler Saal, dessen Türen nach Norden sehen. Er ist mit Schlangenrücken gedeckt und die Häupter der Schlangen sind alle in das Haus hineingekehrt und speien Gift, daß Ströme davon durch den Saal rinnen, durch welche Eidbrüchige und Meuchelmörder waten, wie es heißt:

*Einen Saal weiß ich stehen, der Sól fern
In Náströnd, die Türen sind nordwärts gekehrt.
Eitertropfen fallen durch die Dachöffnungen nieder;
Mit Schlangenrücken ist der Saal gedeckt.*

*Dort werden waten schwer durch den Strome
Meineidige Menschen und Mordgesellen.*

Aber in Hvergelmir ist es am Schlimmsten:

Da quält Níðhöggr weitergegangene Tote.«

Wenn wir uns die Jenseitsorte für die Menschen ansehen, dann haben wir da Gimlé, was auch Vingólf heißt und das Haus der Göttinnen ist, dann einen Saal Brimir („der Brandende") auf Ókólnir („der unkalte Ort"). Man hat angenommen, daß der Zusammensteller der Gylfaginning hier eine Verwechselung machte, denn in Völuspá 37 heißt es ja: »Des Jöten Biersaal, Brimir genannt« (Kommentar I, 70). Man kann aber den Namen sowohl auf den Saal, als auch auf den Riesen beziehen. In Völuspá 9 ist „Brimir" ein Name des Urriesen Ymir, der ja getötet wurde. Es ist nicht wahrscheinlich, daß ein weiterer Riese unter dem Namen Brimir auftaucht, dessen Saal dann auch noch eine vom Ragnarök-Kampf unbehelligte Stätte sein sollte. Und daß der Ort dann auch noch „unkalt" sein soll, will so gar nicht zu den eher kalt erscheinenden Riesen passen. Daß dort gut getrunken wird, erinnert schon wieder an Valhöll und den Nobiskrug der Sagen, in welchem die Toten, die nicht in der Hölle oder im Himmel sind, lustig zechen.
Sindri („Funkensprüher") in den Niðabergen („dunkle Berge", ursprünglich wohl eher „Verwandten-Berge" zu altnord. niðr, gotisch

niþjis = Verwandter, Sippengenosse): Sindri ist auch ein Zwerg, so daß hier vielleicht auch ein Ort für die Álfen ist. Náströnd („Leichenstrand") ist ein Ort der Qual für die bösen Menschen; auch Loki wird wegen seine Mordes an Balder mit einer Schlange gestraft, und in der Schilderung von Uthgarthiloki war dieses Bild auch enthalten (siehe oben). Hvergelmir („der brausende Kessel"), der Ort, wo die Urflüsse entsprangen, ist der schlimmste Qualort, dort werden die Bösen vom Drachen Níðhöggr („Neidhauer") gequält bzw. ausgesaugt. Die angeführten Strophen stammen aus der Völuspá, dem ältesten Eddalied, und schon in ihnen ist klar eine unterschiedliche Behandlung der Seelen der Guten wie der Bösen enthalten. Die zuweilen aufgestellte Behauptung, die Germanen würden Jenseitsbestrafungen nicht gekannt haben, ist damit widerlegt. Schon bei den Indogermanen finden wir diese unterschiedliche Behandlung von Guten wie Bösen und damit dann auch einen Dualismus von Guten (Götter) und Bösen (Riesen).

Die angeführten Strophen aus der Völuspá sind die Strophen 38 ganz und unverändert, sowie drei Zeilen der Strophe 39, die in der ersten Halbzeile jeweils abgewandelt sind; dort mit dem Anfang: »Einen Saal sah sie stehen ...« und »Sie sah dort warten schwer ...«, da es dort ja die Völva nach ihrer von Óðinn stammenden Vision nacherzählt. Das ist hier also dem Text angepaßt, wo es uns nun Óðinn selbst – ohne den Umweg über die Völva – erzählt. Die letzte Zeile ist auch aus Strophe 39, statt »saugt Níðhöggr« steht hier »quält Níðhöggr« (Kommentar I, 71f), und zwar »nái framgengna«, also »Tote, die weitergegangen sind« – seelenlose Leichen können hier nicht gemeint sein, denn diese können nicht gequält werden; man müßte dann auch fragen, wohin die bösen Seelen gekommen sein sollten.

In diesem Abschnitt werden Mythen erzählt, die auch in Völuspá 37f (Kommentar I, 70f) erwähnt werden.

»53. Da sprach Gangleri: „Leben denn dann noch Götter und gibt es noch eine Erde oder einen Himmel?" Hárr antwortete: „Die Erde taucht aus der See auf, grün und schön, und Korn wächst darauf ungesät. Víðarr und Váli leben noch, weder die See noch Surtrs Lohe hatte ihnen geschadet. Sie wohnen auf dem Iðavöllur, wo zuvor Ásgarð war. Auch Þórs Söhne, Móði und Magni, stellen sich ein und bringen den Mjöllnir mit. Danach kommen Baldur und Höður aus dem Reiche Hels:

da sitzen sie alle beisammen und besprechen sich und gedenken ihrer Heimlichkeiten, und sprechen von Zeitungen, die vordem sich ereignet, von der Miðgarðschlange und dem Fenriswolf. Da finden sie im Grase die Goldtafeln, welche die Ásen besessen hatten. Wie gesagt ist:

*Víðar und Váli walten des Heiligtums,
Wenn Surtrs Lohe losch.
Móði und Magni sollen Mjöllnir haben
Wenn Vingnir nicht mehr kämpft.«*

Das Iðavöllur – der Name wird verschieden gedeutet: „glänzende Ebene" oder „Feld der Betriebsamkeit" oder „sich fortwährend erneuerndes, verjüngendes Feld" – ist nach Sophus Bugge mit dem biblischen Garten Eden („Gan Eden") vom Namen her identisch, der wiederum mit dem „Garodemäna" („Ort der Lobgesänge") aus der Zarathustra-Mythologie übereinstimmt. Es ist also eine jenseitige Paradiessphäre.
Von den Göttern sind nur Víðarr und Váli, die göttlichen Brüder oder „Alcen", die Tacitus erwähnte, sowie Móði und Magni, Þórs Söhne, da. Dann kommen noch Baldur und Höður dazu. Weiter unten wird von einer Tochter der Sól erzählt. Von den Göttinnen, die ja gar nicht mitgekämpft hatten, wird ansonsten nichts berichtet. Auch die Wiederkehr von Óðinn, dem „Starken von Oben" und Þórr, dem „gleichfalls Mächtigen", erfahren wir hier nichts, obwohl dem Zusammensteller ja die Völuspá in skamma bekannt war. Er hätte also die beiden darauf bezüglichen Strophen hier anfügen können. Daß dies nicht geschah, kann zwei Gründe haben. Entweder ging der Zusammensteller von der Wiederkehr der Götter in Ihren Söhnen aus, so daß er eine persönliche Wiederkehr als nicht passend erachtete, oder aber er (oder spätere Überlieferer) ließ diese Stellen absichtlich weg, da eine vorhergesagte Rückkehr der Hauptgötter, deren Auferstehung, als Angriff auf das Christentum verstanden werden konnte.
Interessant ist auch, daß hier wiederum nicht von Þórs Tod geredet wird, sondern nur, daß Er (Vingnir) nicht mehr kämpft. Da der Ragnarök-Mythos sich auch auf den Jahresmythos bezieht und den Winter bedeutet, in dem es keine Gewitter gibt, in dem also Þórr nicht gegen Riesen kämpft, sondern in einer Art mythischen Zauberschlafe bis zum Frühling ruht, ist die Formulierung sehr passend. Die Samen im Norden

sagen, daß es keinen Sinn habe, im Winter den Donnergott Ukko anzurufen, da Er in dieser Zeit schlafe. Der Hammer als Zeichen der Herrschaft der Götter und als Symbol für die Heiligung und Weihe wird daher übergangsweise von Þórs Söhnen geführt. Vingnir bedeutet „der seine Waffe schüttelnde Gott" und ist ein Beiname Þórs, der sich auf Þórs riesischen Pflegevater bezieht, den er erschlug und dessen Name er annahm (siehe meine Ausführungen zum Prolog 3). Daß Vingnir auch in den Nefnaþulur als Name Óðins aufgeführt wird, scheint mir ein Fehler zu sein. Die angeführte Strophe stammt aus der Vafþrúðnismál 51 mit einer Abweichung in der letzten Zeile, die dort lautet »und gewinnen den Krieg« (Kommentar I, 154).

»An einem Ort, Hoddmímirs Holz genannt, verbergen sich während Surtrs Lohe zwei Menschen, Líf und Leifþrasir genannt, und nähren sich vom Morgentau. Von diesen beiden stammt ein so großes Geschlecht, daß es die ganze Welt bewohnen wird. So heißt es hier:

Líf und Leifþrasir leben verborgen
In Hoddmímirs Holz;
Morgentau ist all ihr Mahl.
Von ihnen stammt ein neu Geschlecht.

Und das wird dich wunderbar dünken, daß die Sól eine Tochter geboren hat, nicht minder schön als sie selber: die wird nun die Bahn der Mutter wandeln. So heißt es hier:

Eine Tochter gebiert Álfröðull
Eh der Wolf sie würgt.
Glänzend fährt nach der Götter Fall
Die Maid auf den Wegen der Mutter.

Wenn du aber nun weiter fragen willst, so weiß ich nicht, woher dir das kommt, denn nie hört ich jemanden mehr von den Schicksalen der Welt berichten. Nimm also hiermit vorlieb".«

Líf („Leben") und Leifþrasir bzw. Lífþrasir („der Lebensstrebende") sind die Stammeltern der neuen Menschen, die sich im Stamme der

Weltesche verbergen. Damit schließt sich der Kreis zum Anfang der Schöpfung; auch dort wurden die ersten Menschen Askr und Embla aus dem Stamm eines Baumes geschaffen, und natürlich ist das der Stamm der Weltesche. Die Götter kehren in Ihren Kindern wieder, die Stammeltern der Menschen kehren als Líf und Lífþrasir aus diesem Stamme wieder. Denn „Hoddmímirs Holz" ist die Weltesche, „Hoddmímir" ist der „Schatz-Mímir", denn Mímir hütet an der Wurzel des Baumes den Schatz des Wissens. Das Überleben im Stamme der Weltesche ist auch der mythologische Hintergrund für die bei den Germanen bezeugten Baumsärge, wo der Verstorbene in einem ausgehöhlten Baumstamm bestattet wurde.

Die Wiederkehr im Stamme der Weltesche ist eine Wiederkehr in Wandlung, auch die Menschen benötigen nun nicht mehr unbedingt die materielle Nahrung, sondern können sich vom Morgentau ernähren. Die Strophe ist aus den Vafþrúðnismál 45, mit einer geringen Abweichung (Kommentar I, 152), die folgende Strophe, die von der Tochter der Sól erzählt, stammt aus den Vafþrúðnismál 47 (Kommentar I, 153). Der Mythos findet sich ansonsten auch in der Völuspá 59-62 (Kommentar I, 84f). Álfröðull („Albenstrahl") ist ein Beiname der Göttin Sól („Sonne").

»54. Darauf hörte Gangleri ein großes Getöse rings um sich her. Und als er sich wandte und recht um sich blickte, fand er sich alleine stehen auf einer weiten Ebene. (Er sah weder Halle noch Burg mehr. Da ging er seines Weges fort und kam zurück in sein Reich und erzählte die Zeitungen, die er gehört und gesehen hatte. Und nach dem, was er gesagt hat, haben diese Sagen die Menschen weitererzählt.

Die Ásen aber nahmen Platz zu einer Besprechung, beratschlagten, erinnerten sich der Geschichten, die ihnen erzählt worden waren, und gaben dieselben Namen, die darin vorkamen, den Personen und Städten dort bei ihnen, damit, wenn die Zeit verginge, die Leute nicht daran irre würden, daß es dieselben Ásen wären, jene, von denen erzählt war, und diese, die nun dieselben Namen erhielten. Da wurde z. B. der Name Þórr verliehen, und das ist eben der alte Ásaþórr. Er ist Ökuþórr, und von ihm sind die großen Taten bekannt, die Ektor in

Trója tat. Aber man glaubt, daß die Tyrkir von Úlixes erzählten und daß sie ihn Loki nannten, weil die Tyrkir seine größten Feinde waren.)«

Dieses letzte Kapitel schließt das ganze Lied ab und sein zweiter Absatz ist das sog. „Eptirmáli", das „Nachwort". Dieses wird in Ausgaben oft gekürzt, vielleicht, weil es in der Handschrift von Upsala fehlt. Warum fehlt es? Weil sich aus dieser Darstellung ergibt, daß das Lied von König Gylfi/ Gangleri weitererzählt wurde; wir haben damit also keine Dichtung von Snorri oder einem anderen Dichter, sondern ein Götterlied, welches dem König Gylfi offenbart wurde und von ihm und allen Nachfolgern dann mündlich überliefert wurde. Unbestreitbar wurde dabei von Überlieferern auch gebessert, wurden Strophen der andern Lieder eingefügt und wurde es in die uns vorliegende Form gebracht. Dennoch bleibt es eine ursprünglich mündliche Überlieferung.
Der letzte Abschnitt ist etwas unklar, er will nun wohl diese Göttersagen mit den Troja-Geschichten verbinden und damit auf eine geschichtlich-menschliche Ebene bringen. Þórr wird mit Hektor identifiziert, Loki mit dem listigen Odysseus, dem Bezwinger Trojas. Ein längerer Troja-Bezug kommt auch in den Skáldskaparmál des Codex Wormianus vor, in den Ausgaben wird er immer weggelassen; ich übersetze ihn im Kapitel 9.

Kapitel 8:

Bragarœður

Dieses Lied bildet – wie im Vorwort ausgeführt – nur einen Teil des Stückes Skáldskaparmál und ist von diesem nicht perfekt getrennt. Vielleicht kam der Zusammensteller der Jüngeren Edda, als er Skáldenstrophen als Belege anführen wollte, auf die Idee, das Lied zu einer Anleitung für Skálden umzuändern, denn da der Dichtergott Bragi im Vordergrund stand, bot sich das natürlich an.
Neben diesen eigentlichen Kapiteln der Bragarœður gehören noch zwei weitere Kapitel der Skáldskaparmál dazu, da ihre Einleitungen auch auf Ægir und Bragi bezug nehmen. Ich füge sie hier mit an.

»1. Ein Mann heißt Ægir oder Hlér; er bewohnte das Eiland, das nun Hlésey heißt, und war sehr zauberkundig. Er unternahm eine Reise nach Ásgarð; und als die Ásen von seiner Fahrt erfuhren, wurde er wohl empfangen, jedoch mit allerlei Sinnverblendungen. Und am Abend, als das Trinken beginnen sollte, ließ Óðinn Schwerter in die Halle tragen, die waren so glänzend, daß ein Schein davon ausging und es keiner andern Beleuchtung bedurfte, während man aß und trank. Da kamen die Ásen zu ihrem Gelage und zwölf der Ásen, die da zu Richtern bestellt waren, setzten sich auf ihre Hochsitze. Dies sind ihre Namen: Þórr, Njörður, Freyr, Týr, Heimdallur, Bragi, Víðar, Váli, Ullur, Hænir, Forseti, Loki. Desgleichen heißen die Ásinnen: Frigg, Freyja, Gefjun, Iðunn, Gerður, Sigyn, Fulla, Nanna. Ægir dauchte alles herrlich was er sah. Alle Wände waren mit schönen Schilden bedeckt, da war auch kräftiger Met und des Trankes genug. Als Ægirs Nachbar saß Bragi, und während sie tranken, tauschten sie Gespräche. Da sagte Bragi dem Ægir von manchen Geschichten, die sich vordem bei den Ásen zugetragen.«

Nachdem Freyr ja die Gerðr heiraten wollte, kam es zu einem Besuch Ægirs bei den Göttern, wo es wohl auch um die Verabredung von Freys und Gerðurs Hochzeit ging. Später kommt es zu einem Gegenbesuch von dem u. a. das Eddalied Lokasenna handelt, das ja auch Ægisdrekka heißt (Kommentar II, Kap. 3). Nun also der Erstbesuch Ægirs bei den Göttern, und hier gibt es in der Halle ein mythisches Licht, nämlich durch leuchtende Schwerter.

Ægir oder Hlér entspricht laut Skáldskaparmál 23 Gymir/ Hymir, alle symbolisieren das Meer, im Sommer wie im Winter. Der Name Ægir bedeutet „Meer" (eigentlich „Wasser", germ. *ahwo, got. ahwa, lat. aqua), kann aber auch „Schrecken" bedeuten. In Texten zur norwegischen Urgeschichte wird Ægir/ Hlér als Sohn des Fornjótr bezeichnet, Seine Frau ist die Meeresriesin Ran (Sksk. 58), deren neun Töchter sind die Meereswellen. Ihre Namen lauten: Himinglæva (= die Himmels- glänzende), Blóðughadda (= Blutig-Haar), Hefring (= die sich Heben- de), Dúfa (= Untertaucherin), Uðr (= Woge), Hrönn (= Bewegende), Bylgja (= Aufschwellende), Bara (= Wellende) und Kolga (= die Kalte). Auch hier wird das „Blendwerk" das die Götter veranstalten, nicht „ginning", sondern wiederum „sjónhverfingur" („Sinnverwirrung") ge- nannt. Bei den anwesenden Gottheiten fehlt Baldur, der wie erzählt, in der Hel ist, und Óðinn als höchster Gott wird nicht eigens aufgezählt. Bei den Göttinnen fällt auf, daß Freyja und Gefjun unterschieden sind und Friggs Dienerin Fulla quasi gleichrangig genannt wird.

»2. Er begann seine Erzählung damit, daß drei Ásen auszogen, Óðinn, Loki und Hœnir. Sie fuhren über Berge und öde Marken, wo es um ihre Kost übel bestellt war. Als sie aber in ein Tal herabkamen, sahen sie eine Herde Ochsen; da nahmen sie einen der Ochsen und wollten ihn sieden. Und als sie glaubten, daß er gesotten wäre, und den Sud auf- deckten, war er noch ungesotten. Und zum zweitenmal, als sie den Sud wieder aufdeckten, nachdem einige Zeit vergangen war, fanden sie ihn noch ungesotten. Da sprachen sie unter sich, wovon das kommen möge. Da hörten sie oben in der Eiche über sich sprechen, daß der, welcher dort sitze, schuld sei, daß der Sud nicht zum Sieden komme. Als sie hin- schauten, saß da ein Adler, der war nicht klein. Da sprach der Adler: ‚Wollt ihr gestatten, daß ich mich von dem Ochsen sättige, so soll der Sud sieden'. Das sagten sie ihm zu: da ließ er sich vom Baum nieder, setzte sich zum Sud und nahm sogleich die zwei Lenden des Ochsen vorweg mit beiden Bugen. Da wurde Loki zornig, ergriff eine große

Stange und stieß sie mit aller Macht dem Adler in den Leib. Der Adler wurde scheu von dem Stoße und flog empor: Da haftete die Stange in des Adlers Rumpf; aber Lokis Hände an dem andern Ende. Der Adler flog so nah am Boden, daß Loki mit den Füßen Gestein, Wurzeln und Bäume streifte; die Arme aber, meinte er, würden ihm aus den Achseln reißen. Er schrie und bat den Adler flehentlich um Frieden; der aber sagte, Loki solle nimmer loskommen, er schwöre ihm denn, Iðunn mit ihren Äpfeln aus Ásgarð zu bringen. Das bewilligte Loki: Da ward er los und kam zurück zu seinen Gefährten; und diesmal wurde von dieser Reise mehr nicht erzählt bis sie heimkamen. Zur verabredeten Zeit aber lockte Loki Iðunn aus Ásgarð in einen Wald, indem er vorgab, daß er da Äpfel gefunden habe (die sie Kleinode dünken würden); auch bat er sie, ihre eigenen Äpfel mitzunehmen (um sie mit jenen vergleichen zu können). Da kam der Riese Þjassi in Adlershaut dahin, ergriff Iðunn und flog mit ihr fort gen Þrymheim, wo seine Heimstatt war.«

Die eingeklammerten Teile finden sich nicht in der Handschrift von Upsala. Im Naturmythos ist Þjassi oder Þjazzi (der Name ist ungeklärt, vielleicht „der Tosende" von þjóta = tosen) die Personifikation des Sturmwindes, der daher natürlich das Kochen des Ochsen verhindern kann. Þrymheim bedeutet „Lärmheim". Iðunn („die Verjüngende") symbolisiert in diesem Mythos das üppige Grün der Vegetation, welches dem Riesen Þjassi, dem Dämon der Herbststürme als Beute anheimfällt, aber im nächsten Frühjahr von Loki als Personifikation der warmen Frühlingsluft zurückgebracht wird. Während Ihrer Abwesenheit werden die Ásen grau, damit ist der Rauhreif gemeint.

»3. Die Ásen aber befanden sich übel bei Iðuns Verschwinden, sie wurden schnell grauhaarig und alt. Da hielten sie Versammlung und einer fragte den andern, was man zuletzt von Iðunn wisse. Das letzte, was man von ihr gesehen hatte, war, daß sie mit Loki aus Ásgarð gegangen war. Da wurde Loki ergriffen und zur Versammlung geführt, auch mit Tod oder Peinigung bedroht. Da erschrak er und versprach, er wolle nach Iðunn in Jötunheim suchen, wenn Freyja ihm ihr Falkengewand leihen wolle. Als er das erhielt, flog er nordwärts gen Jötunheim und kam eines Tags zu des Riesen Þjassi Behausung. Er war eben auf die See gerudert und Iðunn allein daheim. Da wandelte Loki sie in Nußge-

stalt, hielt sie in seinen Klauen und flog was er konnte. Als aber Þjassi heimkam und Iðunn vermißte, nahm er sein Adlerhemd und flog Loki nach mit Adlersschnelle. Als aber die Ásen den Falken mit der Nuß fliegen sahen und den Adler hinter ihm drein, da gingen sie hinaus unter Ásgarð und nahmen eine Bürde Hobelspäne mit. Und als der Falke in die Burg flog und sich hinter der Burgmauer niederließ, warfen die Ásen alsbald Feuer in die Späne. Der Adler vermochte sich nicht innezuhalten, als er den Falken aus dem Gesicht verlor: also schlug das Feuer ihm ins Gefieder, so daß er nicht weiterfliegen konnte. Da waren die Ásen bei der Hand und töteten den Riesen Þjassi innerhalb des Gatters; allbekannt ist dieser Totschlag.«

In den Hárbarðzljóð wird ausgeführt, daß es Þórr war, der Þjassi erschlug und Loki war ihm laut Lokasenna 50 dabei behilflich, was sich auch auf das Herlocken des Riesen zu den Göttern beziehen kann. In jedem Falle ist dieser Riese wegen der Adlergestalt, die an den Sturmadler Hræsvelgar erinnert, als Sturmjötun zu deuten. Im Gegensatz dazu steht das Falkengewand der Freyja, welches die lauen, warmen Lüfte symbolisiert, insbesondere wenn Loki es benutzt. Die brennenden Späne symbolisieren die Sommerglut, welche dem Fluge des Wintersturmes ein Ende macht.

»Aber Skaði, des Jötun Þjassi Tochter, nahm Helm und Brünne und alles Hausgerät und fuhr gen Ásgarð, ihren Vater zu rächen. Da boten ihr die Ásen Ersatz und Buße. Zum ersten sollte sie sich einen der Ásen zum Gemahl wählen, aber ohne mehr als die Füße von denen zu sehen, unter welchen sie wähle. Da sah sie eines Mannes Füße vollkommen schön und rief: Diesen kies ich. Baldur ist ohne Fehl. Aber es war Njörður von Nóatun. Eine ihrer Vergleichsbedingungen war auch, daß die Ásen es dahin bringen sollten, daß sie lachen müsse; sie glaubte, das würden sie nicht zuwege bringen. Da befestigte Loki eine Schnur an dem Bart einer Ziege und mit dem anderen Ende an seinen Hoden, wodurch sie hin und her gezogen wurden und beide laut schrien vor Schmerz. Darauf ließ sich Loki in Skaðis Schoß fallen. Sie lachte und somit war ihre Aussöhnung mit den Ásen vollbracht. Es wird gesagt, daß Óðinn zur Buße noch Þjassis Augen nahm, sie an den Himmel warf und zwei Sterne daraus bildete".«

Da eigentlich Þjassi böse war und Iðunn geraubt hatte, stand genaugenommen seiner Tochter Skaði keine Buße zu. Da Sie aber kämpfen wollte, gab es den Vergleich. Skaði („die Schädigende") ist wohl eine Göttin der Jagd, auch des kalten Winters oder der Wintererde und Todes. Sie entspricht der celtischen Göttin Skathach, die in den Alpen ein mythisches Jenseitsreich besitzt. Daß Skaði nur nach den Füßen einen Mann erwählen darf, ist ein alter Fruchtbarkeitsmythos. Der Fuß steht auch für Zeugung, die Worte Fuß und fasen (zeugen, fruchtbar sein) haben wohl gleichen Ursprung oder wurden zumindest in der Volksetymologie aufeinander bezogen. Skaði sehnt Sich nach Baldur, den Gott des Lichtes und auch der Wärme, da Seine Zeit der Sommer ist. Aber die Erwärmung der Erde kann jetzt im Winter noch nicht erfolgen, zuerst muß der Schnee schmelzen. Skaði erhält daher Njörður, den Gott des Meeres und auch des Wassers, der hier im Mythos die Schmelzwasser des beginnenden Frühjahres symbolisiert.

Die andere Bedingung war, daß Skaði zum Lachen gebracht werden muß. Der Gedanke dahinter ist, daß durch den Tod des Vaters Skaði in Trauer ist und nicht mehr lacht. Wird Sie zum Lachen gebracht, ist zugleich ihre Trauer gemindert. Dies vollführt Loki mit der Ziege. Auch in einigen Märchen kommt es vor, daß eine Prinzessin zum Lachen gebracht werden muß, und im Jahreskreis kennen wir das sog. Osterlachen: Der Prediger macht bei seiner Osterpredigt einen Scherz und bringt so die Gläubigen zum Lachen.

Die beiden Sterne, die nun Þjassis Augen heißen, sind nicht bekannt. Óðinn ordnete an, sie an den Himmel zu werfen, Þórr führte das dann aus. Es ist alter Glaube, daß ein neuer Stern am Himmel erscheint, wenn jemand stirbt. Dessen Seele leuchtet dann als Stern am Himmel. Mit der Versetzung von Þjassis Augen an den Himmel ist ein ähnlicher Gedanke verbunden. Er lebt nun nicht nur im Himmel weiter, sondern kann auch auf die Erde blicken. Diese Sternbildbenennung war schon in heidnischer Zeit bekannt, denn bereits der Skálde Bragi der Alte (9. Jh.) erwähnt sie in einer Strophe (Sksk. Str. 110):

»Hin er warf auf den weiten Windfang
Über Allen Volkes Sitz

*Die Augen von
Öndurdisens Vater.«*

Otto Sigfrid Reuter, der sich recht intensiv mit den germanischen Überlieferungen zur Himmelskunde befaßte, kam zu dem Ergebnis, daß es sich bei dem Sternbild „Þjassis Augen" nur um zwei sehr helle, zusammenstehende Sterne handeln könne, die er in den Sternen Castor und Pollux des Sternbildes der Zwillinge erkannte[67].

»4. Da sprach Ægir: „Ein gewaltiger Mann dünkt mich Þjassi gewesen zu sein; aber welcher Abstammung war er?" – Bragi antwortete: „Ölvaldi hieß sein Vater, und merkwürdig wird es dich bedünken, wenn ich dir von ihm erzähle. Er war sehr reich an Gold, und als er starb und seine Söhne das Erbe teilen sollten, da maßen sie bei der Teilung das Gold damit, daß ein jeder seinen Mund davon voll nehmen sollte und einer so oft als der andere. Einer dieser Söhne war Þjassi, der andere Iði, der dritte Gangur. Davon hat die Redensart ihren Ursprung, daß wir das Gold dieser Jötune Mundmaß nennen, und in Runen und in der Skáldensprache umschreiben wir es so, daß wir es dieser Jöten Sprache oder Rede nennen". Da sprach Ægir: „Das dünkt mich in Runen wohl angewandt".«

Iði („der Bewegliche") und Gangur („Gang") sind zusammen mit Þjassi und aller Vater Ölvaldi Personifikationen der Winde. Ölvaldi („der Bierwalter") ist der Bringer des Regens, der Regenwind; sein Gold oder Schatz sind die Wolken, es wird von seinen Erben mit dem Munde geteilt, also aufgehaucht und zerblasen. Es ist der Rest eines alten Windmythos, den wir hier in kurzer Form vorliegen haben.
Daß hier auch von einer Umschreibung in Runen geredet wird, meint vielleicht das Aufschreiben der Wörter, da es in heidnischer Zeit die lateinische Schrift bei den Germanen noch nicht gab.

»5. Ferner sprach Ægir: „Woher hat die Kunst ihren Ursprung, die ihr Skáldenkunst nennt?" Bragi antwortete: „Der Anfang davon war, daß die Ásen Unfrieden hatten mit dem Volk, das man Vanen nennt. Nun aber traten sie zusammen, Frieden zu schließen, und der kam nun so zustande, daß sie von beiden Seiten zu einem Gefäß gingen und ihren

Speichel hineinspuckten. Als sie nun schieden, wollten die Ásen dieses Friedenszeichen nicht untergehen lassen. Sie nahmen es und schufen einen Mann daraus, der Kvasir heißt. Der ist so weise, daß ihn niemand um ein Ding fragen mag, worauf er nicht Bescheid zu geben weiß. Er fuhr weit umher durch die Welt, die Menschen Weisheit zu lehren. Einst aber, da er zu den Zwergen Fjalar und Galar kam, die ihn eingeladen hatten, riefen sie ihn zu einer Unterredung beiseite, und töteten ihn. Sein Blut ließen sie in zwei Gefäße und einen Kessel rinnen: der Kessel heißt Óðrerir; aber die Gefäße Són und Boðn. Sie mischten Honig in das Blut, woraus ein so kräftiger Met entstand, daß ein jeder, der davon trinkt, ein Dichter oder ein Weiser wird. Den Ásen berichteten die Zwerge, Kvasir sei an seiner eigenen Weisheit erstickt (denn keiner war klug genug, ihm seine Weisheit abfragen zu können).«

In diesem Abschnitt ist das alte Rezept für einen Kulttrank enthalten. Zuerst spuckten die Ásen und Vanen Beeren in ein Gefäß. Bei den Naturvölkern wird auf eine derartige Weise eine Gärung begonnen, weil im Speichel Bakterien enthalten sind, die es – zusammen mit der Frucht – gären lassen. Die Früchte werden zwar im Text nicht erwähnt, aber der Name des so erzeugten Wesens, Kvasir (kwas = Beere) macht es noch deutlich. Da das Getränk mit Blut verglichen wird (Kvasirs Blut), muß es sich um rote Beeren handeln, denn nur mit rotem Saft ist der Vergleich zum Blut nachvollziehbar. Kvasir wird also getötet und sein Blut mit Honig vermischt und zu einem Met gemacht. Wir haben also: Saft von roten Beeren, Speichel für die Gärung und Honig. Daraus wurde nun der Dichtermet Óðrœrir („Wuterreger, Geisterreger"); das Gefäß Són weist noch auf den Anlaß hin, mit dem es begonnen hat, denn „Són" kann „Versöhnung, Sühne" (althochdeutsch suona, sóna) bedeuten. „Boðn" hat man mit „Gefäß" übersetzt, kann aber besser mit „Angebot" übersetzt werden, was wiederum gut zum Versöhnungsmythos passen würde. Warum es hier mehrere Gefäße sind, ist allerdings nicht klar.
Der im Text eingeklammerte Satz fehlt in der Handschrift von Upsala.

»Danach luden diese Zwerge den Riesen, der Gillingur heißt, mit seinem Weibe zu sich, und baten den Gillingur, mit ihnen auf die See zu rudern. Als sie aber eine Strecke vom Lande waren, ruderten die Zwer-

ge nach den Klippen und stürzten das Schiff um (und er ertrank), worauf die Zwerge das Schiff wieder umkehrten und zurückruderten. Sie sagten seinem Weibe von diesem Vorgang: da gehabte sie sich übel und weinte laut. Fjalar fragte sie, ob es ihr Gemüt erleichtern würde, wenn sie nach der See hinaussähe, wo er umgekommen sei. Das wollte sie tun. Da sprach er mit seinem Bruder Galar, er solle hinaufsteigen über die Schwelle und, wenn sie hinausginge, einen Mühlstein auf ihren Kopf fallen lassen, weil er ihr Gejammer nicht ertragen könne. Und also tat er. Als der Jötun Suttungur, Gillingurs Brudersohn, dies erfuhr, zog er hin, ergriff die Zwerge, führte sie auf die See und setzte sie da auf eine Meeresklippe. Da baten sie Suttungur, ihr Leben zu schonen, und boten ihm zur Sühne und Vaterbuße den köstlichen Met, und diese Sühne ward zwischen ihnen geschlossen. Suttungur führte den Met mit sich nach Hause und verbarg ihn auf dem sogenannten Hnitbjörg; seine Tochter Gunnlöð setzte er zur Hüterin. Davon heißt die Skáldenkunst Kvasirs Blut, oder der Zwerge Trank (auch die Flüssigkeit Oðrerirs-, oder Sóns) oder Boðns, und der Zwerge Fährgeld, weil ihnen dieser Met von der Klippe Erlösung und Heimkehr verschaffte, ferner Suttungurs Met und Hnitbjörgs Lauge". Da sprach Ægir: „Sonderbar dünkt mich der Gebrauch, die Skáldenkunst mit diesen Namen zu nennen. Aber wie kamen die Ásen an Suttungs Met?"«

Zwei dieser Namen weisen auf den Gesang (oder Zaubergesang, „galdur") hin: Gillingur („der Sänger, Lärmer, Schreier") und Galar („Sänger, Schreier"). Es geht ja in dem Mythos um die Kunst des Dichtens, und dazu gehört auch der Gesang. Im angelsächsischen Widsidlied trägt ein Sänger den ähnlichen Namen „Skilling" („der Tönende"). Fjalar („Verberger, Betrüger") ist ein Name, der in der Edda mehrfach vorkommt, nämlich für einen Zwerg, als auch für Riesen oder für Suttungur selbst in den Hávamál 14 (Kommentar I, 186), schließlich ist es auch der Name des mythischen Hahns in der Völuspá 42 (Kommentar I, 74). Der Name „Suttungur" bedeutet „Trankbeschwert", Gunnlöð = die Kampfladende, Hnitbjörg = Stoßberg, Stoßfelsen. Die eingeklammerten Teile fehlen in der Handschrift von Upsala.

Der Óðrœrir-Met heißt bereits im Gedicht „Haleygjatal" des Skálden Eyvindr Skáldaspillir (um 985) „Buße Gillingurs". Der Mythos vom kultischen Rauschtrank hat seine uralten Parallelen im Mythos des indischen Soma, worunter sowohl der Trank, als auch der Mondgott verstanden wird.

»6. Bragi antwortete: „Davon wird erzählt, daß Óðinn auszog und an einen Ort kam, wo neun Knechte Heu mähten. Er fragte sie, ob sie ihre Sensen gewetzt haben wollten. Das bejahten sie. Da zog er einen Wetzstein aus dem Gürtel und wetzte. Die Sicheln schienen ihnen jetzt viel besser zu schneiden: da feilschten sie um den Stein; er aber sprach, wer ihn kaufen wolle, solle geben, was billig sei. Sie sagten alle, das wollten sie; aber jeder bat, den Stein ihm zu verkaufen. Da warf er ihn hoch in die Luft, und da ihn alle fangen wollten, entzweiten sie sich so, daß sie einander mit den Sicheln die Hälse zerschnitten. Da suchte Óðinn Nachtherberge bei dem Riesen, der Baugi hieß (dem Bruder Suttungurs). Baugi beklagte seine üblen Umstände und sagte, neun seiner Knechte hätten sich umgebracht; nun wisse er nicht, wo er Werkleute hernehmen solle. Da nannte sich Óðinn bei ihm Bölverkur und erbot sich, die Arbeit der neun Knechte Baugis zu übernehmen; zum Lohn verlangte er einen Trunk von Suttungurs Met. Baugi sprach, er habe über den Met nicht zu gebieten, Suttungur, sagte er, wolle ihn allein behalten (doch wolle er mit Bölverkur dahinfahren und versuchen, ob sie des Mets bekommen könnten). Bölverkur verrichtete den Sommer über Neunmännerarbeit für Baugi; im Winter aber begehrte er seinen Lohn. Da fuhren sie beide zu Suttungur, und Baugi erzählte seinem Bruder, wie er den Bölverkur gedungen habe; aber Suttungur verweigerte geradeheraus jeden Tropfen seines Mets. Da sagte Bölverkur zu Baugi, sie wollten eine List versuchen, ob sie an den Met kommen möchten, und Baugi wollte das geschehen lassen. Da zog Bölverkur einen Bohrer hervor, der Rati hieß, und sprach, Baugi sollte den Berg durchbohren, wenn der Bohrer scharf genug sei. Baugi tat das, sagte aber bald, der Berg sei durchgebohrt. Aber Bölverkur blies ins Bohrloch, da flogen die Splitter heraus, ihm entgegen. Daran erkannte er, daß Baugi mit Trug umgehe, und bat ihn, ganz durchzubohren. Baugi bohrte weiter und als Bölverkur zum andernmal hineinblies, flogen die Splitter einwärts. Da wandelte sich Bölverkur in einen Wurm und schloff in das Bohrloch. Baugi stach mit dem Bohrer nach ihm, verfehlte ihn aber. Da fuhr Bölverkur dahin, wo Gunnlöð war, und lag bei ihr drei Nächte,

Abb. 22: Der Riese Baugi bohrt hier mit dem Bohrer Rati ein Loch in den Hnitbjörg, in dem sich der von Gunnlöð gehütete Oðrerir-Met befindet. Eddahandschrift des Jakob Sigurðsson von 1765.

und sie erlaubte ihm drei Trünke von dem Met zu trinken. Und im ersten Trunk trank er den Óðrerir ganz aus, im andern leerte er den Boðn, im dritten den Són und hatte nun den Met alle. Da wandelte er sich in Adlersgestalt und flog eilends davon. Als aber Suttungur den Adler fliegen sah, nahm er sein Adlerhemd und flog ihm nach. Und als die Ásen Óðinn fliegen sahen, da setzten sie ihre Gefäße in den Hof. Und als Óðinn Ásgarð erreichte, spie er den Met in die Gefäße. Als aber Suttungur ihm so nahe gekommen war, daß er ihn fast erreicht hätte, ließ er von hinten einen Teil des Metes fahren. Danach verlangt niemanden: habe sich das wer da wolle; wir nennen es der schlechten Dichter Teil. Aber Suttungurs Met gab Óðinn den Ásen und denen, die da schaffen können. Darum nennen wir die Skáldenkunst Óðins Fang oder Fund, oder Óðins Trank und Gabe, und der Ásen Getränk".«

Óðinn fährt nun aus, um den Óðrerir-Met zu gewinnen. Diese Fahrt fand in der Anfangszeit statt und sie ist mit den Ásen abgesprochen, die daher rechtzeitig Gefäße aufstellten, um den Met aufzufangen. Es handelt sich um Óðins eigene Initiation; derartige Initiationen mußte jeder volljährige Bursche durchlaufen, wobei die dort zu bewältigenden Prüfungen unterschiedlich waren; oft war Bedingung der Aufnahme in einen Kriegerclan, daß der Anwärter einen Feind tötet, in Friedenszeiten mußte das Krafttier des Clans erlegt und eine längere Zeit im Walde verbracht werden. Óðinn hat als Aufgabe, den Óðrœrir-Met zu beschaffen. Dabei zeigt sich auch, daß Er von dem Met noch nichts trinken durfte; das wird dem Gott erst bei Seiner Runeneinweihung, bei der Er neun Tage und Nächte ohne Speise und Trank am Weltbaum hängt, gestattet, wie es die Hávamál Strophe 140 (Kommentar I, 225) ausführt. Zwar hätte der höchste Gott so eine Initiation samt Probe gar nicht nötig gehabt, aber Er will selbst ausprobieren, was für Andere Pflicht ist und Er will natürlich auch Vorbild sein. Und Óðinn liegt hier drei Nächte bei Gunnlöð, was eine sexuelle Dimension hat. Bei den Naturvölkern war die Initiation vom Jüngling zum Manne auch mit dem ersten Geschlechtsverkehr verbunden.

Der Anfang des Mythos trägt eindeutige mondmythische Züge und bringt damit den Óðrœrir-Met auch mit dem Mond in Verbindung, wie beim Soma der Inder. Denn die neun Knechte mit neun Sicheln sind natürlich die neun Tage der abnehmenden Mondwoche. Die Form einer Sichel ähnelt ja sehr der Mondsichel (die wir sogar heute noch „Sichel" nennen). Und Baugi, der Herr der Knechte, erinnert mit seinem Namen gleichfalls an die Mondsichel, denn er bedeutet zwar „Ring", aber wörtlich „gebogen" – es handelt sich also um einen nicht zusammengeschlossenen Ring, der der schmalen Mondsichel gleicht.

Óðinn nennt Sich hier in weiser Voraussicht „Bölverkur", also „Böse-Wirker". Das ist zu diesem Zeitpunkt noch kein Beiname Óðins, sondern eine Tarnung, da Óðinn weiß, daß Er das Zurückholen des Metes abstreiten muß. In der Fassung des Mythos, wie er in den Hávamál 104-110 (Kommentar I, 210ff) zu finden ist, schwört Óðinn dem Riesen einen Ringeid mit dem vermutlichen Inhalt, daß es bei den Ásen keinen mit Namen „Bölverkur" gäbe.

Übrigens handelt Óðinn hier keineswegs unehrenhaft oder böse, wie der Tarnname andeutet, da Óðinn ja nur zurückholt, was den Göttern durch die bösen Zwerge und ihr Morden gestohlen wurde.

Der Mythos, wonach Sich Óðinn in Gestalt eines Wurmes oder einer Schlange (das altnordische Wort „ormr", wörtlich „Wurm" kann beides bedeuten) in den Berg begibt und Gunnlöð verführt, ist uralt. Bei den Griechen ist es Göttervater Zeus, der in Gestalt einer Schlange in die Höhle gelangt, in der Persephone eingeschlossen ist. Aus dieser Verbindung entspringt Zagreus. Aus der Verbindung von Óðinn mit Gunnlöð entstammt der Dichtergott Bragi.

7. Da fragte Ægir: „Auf wieviele Arten wandelt ihr die Ausdrücke der Skáldensprache ab? Wievielerlei ist bei der Skáldenkunst zu unterscheiden?" – Da sagte Bragi: „Zweierlei gibt es bei aller Skáldenkunst." – Ægir fragte: „Welche zwei denn?" – Bragi sagte: „Sprache und Versmaß". – „Wie ist die Sprache beschaffen, die für die Skáldenkunst benutzt wird?" – „Es gibt dreierlei bei der Skáldensprache". – „Was denn?" – „Entweder nennt man jegliches Ding so wie es heißt. Das Zweite ist das, was man ‚Fürnamen' nennt, das Dritte ist Kenning, und die besteht darin, daß wir z. B. ‚Óðinn' sagen, ‚Þórr' oder ‚Týr' oder überhaupt irgend einen Ásen oder Álfen nennen und zu dem Ge-

Abb. 23: Óðinn in Gestalt eines Adlers spuckt den Óðrerir-Met in von den Göttern bereitgestellte Gefäße. Óðinn wird vom Riesen Suttungur, gleichfalls in Adlergestalt, verfolgt. Edda des Jakob Sigurðsson, 1765.

nannten einen Begriff hinzufügen, welcher zu dem Eigentum eines andern Åsen gehört oder eine Tat eines solchen ausdrückt. Dann ist dieser bezeichnet und nicht jener, dessen Name gewählt wird. Zum Beispiel sagen wir Sig-Týr oder Hanga-Týr oder Farma-Týr, das sind Óðinsnamen, und zwar Heiti-Namen, ebenso Reiðar-Týr ".

Dieser Abschnitt geht schon sehr in die Erklärung der Skáldensprache über, gehört aber von den redenden Personen aus betrachtet, noch zu den Bragarœður.

Im Original folgt nun eine Art Vorwort des Zusammenstellers für das Stück Skáldskaparmál, die sich auf das ganze folgende Stück bezieht und nicht von Bragi oder Ægir gesprochen wird (siehe nächstes Kapitel). Dann folgen Beispiele von Skáldenstrophen mit Erklärungen und Götterumschreibungen. Dann aber wird der Text des Skáldenlehrbuches inhaltlich wieder unterbrochen, indem noch einmal in die Erzählung von Bragi eingestiegen wird (Skáldskaparmál Kap. 17):

»8. Bragi erzählte dem Ægir: „Þórr war nach Osten gezogen, Unholde zu töten. Óðinn ritt auf Sleipnir gen Jötunheim und kam zu dem Jötun, der Hrungnir hieß. Da fragte Hrungnir, welchen Mann er da sehe mit dem Goldhelm, der Luft und Wasser reite und so ein sehr gutes Roß habe? Da sagte Óðinn, er wolle sein Haupt verwetten, daß kein so gutes Roß in Jötunheim sei. Hrungnir sagte, jenes Roß möge gut sein; aber sein eigenes Roß, das Gullfaxi heiße, mache viel weitere Sprünge. Hrungnir wurde zornig, sprang auf sein Roß und setzte Óðinn nach und gedachte, ihm seine Prahlerei zu lohnen. Óðinn ritt so schnell, daß er eine gute Strecke voraus war; aber Hrungnir war in so großem Jötunzorn, daß er nicht merkte, als er schon innerhalb der Ásenmauer war. Als er nun an das Tor der Halle kam, luden ihn die Åsen zum Trinkgelage. Er trat in die Halle und begehrte einen Trunk. Sie nahmen die beiden Schalen, aus welchen Þórr zu trinken pflegte, und Hrungnir leerte sie beide. Und als er trunken wurde, ließ er das Großsprechen nicht; er sagte, er wolle Valhöll nehmen und nach Jötunheim bringen, Ásgarð versenken und alle Götter töten außer Freyja und Sif, die wolle er mit sich heimführen. Als Freyja ihm darauf einschenkte, drohte er, den Åsen all ihr Äl auszutrinken.

Als aber die Ásen sein Großsprechen verdroß, nannten sie Þórs Namen: alsbald kam Þórr in die Halle und schwang den Hammer und fragte zornig, wer schuld sei, daß hundsweise Jötune da trinken dürften, oder dem Hrungnir erlaubt habe, in Valhöll zu sein, und warum ihm Freyja einschenke wie bei den Gelagen der Ásen? Da antwortete Hrungnir und sagte, indem er mit unfreundlichen Augen auf Þórr blickte, Óðinn habe ihn zum Trinkgelage gebeten und er sei in dessen Frieden. Da sagte Þórr, der Einladung solle den Hrungnir gereuen, ehe er hinauskomme. Hrungnir entgegnete, Ásaþórr werde wenig Ehre davon haben, wenn er ihn unbewaffnet töte; mehr Mut verrate er, wenn er es wage, an der Ländergrenze bei Grjóttúnagörður mit ihm zu kämpfen. Es war große Unklugheit, sagte er, daß ich Schild und Schleifstein daheim ließ. Wenn ich meine Waffen hier hätte, wollten wir gleich einen Holmgang versuchen; da dies aber nicht der Fall ist, so beschuldige ich dich eines Neidingswerks, so du mich wehrlos töten willst. Þórr wollte sich der Annahme des Zweikampfes keineswegs entziehen, da er dazu aufgefordert wurde, was ihm nie zuvor begegnet war.

Da fuhr Hrungnir seines Weges und sputete sich aus aller Macht bis er gen Jötunheim kam. Da machte seine Fahrt großes Aufsehen bei den Jöten, ebenso, daß es zwischen ihm und Þórr zur Verabredung des Zweikampfs gekommen war. Die Jöten hielten es für überaus wichtig, wer den Sieg erhielte, denn sie fürchteten das Schlimmste von Þórr, wenn Hrungnir fiele, denn er war der Stärkste unter ihnen. Da machten sie auf Grjóttúnagörður einen Mann von Lehm, der neun Rasten hoch war und drei breit unter den Armen. Sie fanden aber kein Herz, das so groß war, als sich für ihn ziemte, bis sie das einer Stute nahmen, welches sich ihm jedoch nicht haltbar erwies, als Þórr kam. Hrungnir selbst hatte bekanntlich ein Herz von hartem Stein, scharfkantig und dreiseitig, wie man seitdem das Runenzeichen zu schneiden pflegt, das man Hrungnirs Herz nennt. Auch sein Haupt war von Stein, von Stein auch sein breiter, dicker Schild, und diesen Schild hielt er vor sich, als er auf Grjóttúnagörður stand und Þórs wartete. Seine Waffe war ein Schleifstein, den er über die Achsel nahm, und nicht mild war er anzuschauen. Ihm zur Seite stand der Lehmriese, der Mökkurkálfi hieß. Er war aber sehr furchtsam, und man sagt, daß er Wasser ließ, als er Þórr sah. Þórr fuhr zum Holmgang und mit ihm Þjálfi. Da lief Þjálfi voraus, dahin, wo Hrungnir stand, und sprach zu ihm: Du stehst übel behütet, Jötun: zwar hast du den Schild vor dir; aber Þórr hat dich gesehen, er fährt niederhalb in die Erde und wird von unten an dich kommen. Darauf warf sich Hrungnir den Schild unter die Füße und stand darauf; die Steinwaffe aber faßte er mit beiden Händen. Darauf vernahm er Blitze und hörte starke Donnerschläge und sah nun Þórr im Ásenzorn, der gewaltig heranfuhr, den Hammer schwang und ihn aus der Ferne nach Hrungnir warf. Hrungnir hob die Steinwaffe mit beiden Händen und hielt sie entgegen: da traf sie der Hammer im Fluge und der Schleifstein brach entzwei: der eine Teil fiel zur Erde, und davon sind alle Wetzsteinfelsen gekommen; der andere fuhr in Þórs Haupt, so daß er vor sich auf die Erde stürzte. Der Hammer Mjöllnir aber traf den Hrungnir mitten auf das Haupt und zerschmetterte ihm den Schädel in kleine Stücke. Er selbst fiel vorwärts über Þórr, so daß sein Fuß auf Þórs Hals lag. Þjálfi aber griff Mökkurkálfi an, der mit geringem Ruhm fiel. Darauf ging Þjálfi zu Þórr und wollte Hrungnirs Fuß von ihm nehmen, hatte aber nicht die Macht dazu. Da gingen die Ásen alle hinzu, als sie von Þórs Fall hörten, und wollten den Fuß von ihm nehmen, brachten es aber auch nicht zuwege. Da kam Magni herbei, der Sohn Þórs und Járnsaxas, der erst drei Winter alt war, der warf Hrungnirs Fuß von Þórr und sprach: ‚Schmach und Schande, Vater! daß ich so spät kam. Ich glaube, ich hätte diesen Jötun mit der Faust zur Hel gesandt, wär ich mit ihm zusammengetroffen'. Da stand Þórr auf und empfing seinen Sohn wohl und sagte, er würde ein tüchtiger Mann werden; ‚auch will ich dir', sagte er, ‚das Roß Gullfaxi geben, das Hrungnir besaß'. Da hub Óðinn an und sagte, Þórr habe übel getan, daß er dies gute Pferd dem Sohne einer Gýgjarfrau gegeben habe, und nicht seinem Vater. Da fuhr Þórr heim gen Þrúðvang, und der Schleifstein stak in seinem Haupt. Da kam die Völva hinzu, die Gróa hieß, die Frau Aurvandils des Kecken; die sang ihre Zauberlieder über Þórr bis der Schleifstein los ward. Als Þórr dies merkte und Hoffnung schöpfte, von dem Schleifstein erledigt zu werden, wollte er der Gróa die Heilung lohnen und sie froh machen. Da sagte er ihr, daß er von Norden her über die Élivogar gewatet sei und im Korb auf seinem Rücken den Aurvandil aus Jötunheim getragen habe. Und zum Wahrzeichen gab er an, daß ihm eine Zehe aus dem Korb vorgestanden und erfroren sei: die habe Þórr abgebrochen, hinauf an den Himmel geworfen und den Stern daraus gemacht, der Aurvandilstá heißt. Noch sagte Þórr, es werde nicht lange mehr anstehen bis Aurvandil heimkomme. Darüber wurde Gróa so erfreut, daß sie ihrer Zauberlieder vergaß, und so wurde der Schleifstein nicht loser und steckt noch in Þórs Haupt. Darum ist es auch eines jeden Pflicht, solche Steine wegzuwerfen, denn damit rührt sich der Stein in Þórs Haupt".«

Es folgt als Beispiel das Gedicht Haustlöng des Skálden Þjóðólfr or Hvini aus dem 9. Jh. mit 7 Strophen, in denen der Kampf übereinstimmend erzählt wird, der Lehmriese, Þjálfi und Magni kommen darin aber nicht vor.
Die Namen bedeuten: Hrungnir = Lärmer, Gullfaxi = Goldmähne, Grjóttúnagörður = Steinstadt-Mauer; Grjóttún (Steinstadt) ist auch Wohnort des Riesen Geirröðr; Mökkurkálfi = Wolken- oder Nebelbein, Wolken- oder Nebelwade.

Im Naturmythos symbolisiert der Jötun Hrungnir die dem Anbau der Erde widerstrebende Steinwelt. Der Volksglaube schrieb die Bergfälle, die Felslawinen im Gebirge dem Wirken von Þórr und Seinem Hammer zu. Þjálfi bedeutet wiederum die menschliche Arbeit. Da die Erde unten (unterhalb des Felsgebirges) bebaut wird, kommt von Þjálfi der listige Rat an Hrungnir, sich auf den Schild zu stellen. Aber das Gewitter (Þórr) kommt von oben, vom Himmel. Mökkurkálfi ist nach Ludwig Uhland der zähe, wäßrige Lehmboden am dunstigen Fuß des Steinegebirges. Er kann durch die menschliche Arbeit (Þjálfi) besiegt werden, während die Felsriesen nur durch Götter besiegt werden können. Þórr wird dabei von dem Steinriesen erdrückt, was auf das Bild verschütteter Bergfälle hinweist. Nach der skandinavischen Volkssage soll Þórr bei so einem Anlaß sogar einmal Seinen Hammer verloren haben. Erst Magni, die personifizierte Ásenkraft kann Ihm helfen.

Das Steinstück, welches in Þórs Haupt steckenbleibt, ist ein Symbol für das Gestein, auf das auch im bebauten Felde die Bauern immer wieder stoßen. Gróa ist das Wachstum, das Saatengrün, welches vergeblich versucht, die Steine im Felde zu bedecken, also die Verwundung des Gottes zu heilen. In dieser Deutung wäre Aurvandil der Fruchtkeim, der aufschießen wird, wenn es grün ist. Im Winter hütet Þórr das keimende

Pflanzenleben, nur ein vorwitziger Keim, Aurvandil, wagt sich zu früh hervor und seine Zehe erfriert.

Das Bild des auf Seinen Schultern den vorwitzigen Aurvandil (»Aurvandil hins frækna«) tragenden Gottes Þórr, wie Er durch die eisigen Urströme watet, erinnert an den Ersatzheiligen Christophorus, der das Jesuskind auf dem Rücken über einen Fluß trägt.

Das erwähnte Zeichen, „Hrungnirs Herz", ist ein Zeichen, welches dem Zeichen „Valknoter" ähnelt. Es besteht aus drei ineinanderverschlungenen Dreiecken, entweder eigenständigen Dreiecken wie auf Abb. 24, oder miteinander verbundenen Dreiecken. Schon in heidnischer Zeit wurde das Zeichen mit dem „Valknoter" (= Knoten der Gefallenen), einer runden dreiseitigen Verschlingung, verwechselt (Abb. 24, rechts). Diese Zeichen findet man z. B. auf gotländischen Bildsteinen.

Aurvandil, Gróas Mann, entspricht dem altenglischen Earendel („Glanz, Morgenstern"), bei Saxo Grammaticus[68] heißt er Horwendillus und ist des Amlethus (Hamlets) Vater, aber keine mythische Person, sondern ein Víkingerkönig, der auf einer Insel mitten im Frühlingshaine im Zweikampf den norwegischen König Collerus („der Kalte"?) erschlägt, wobei er auf seinen Schild verzichtet – der junge Keim streift die schützende Hülle ab. Er gewinnt und zahlt eine Buße von 10 Pfunden Goldes, die er mit goldenen Körnern begleicht (dem gereiften Korn). Auch ein mittelhochdeutsches Spielmannsepos eines niederrheinischen Spielmannes mit dem Namen „Orentil" gibt es, allerdings ist es durch willkürliche Zutaten stark entstellt. Bei den Langobarden ist der Name „Auriwandalo" („goldener" oder „glänzender Wandale"?) bezeugt. Ob er zu altnord. aurr („Gold") zu stellen ist, oder „der mit dem Pfeil Arbeitende" bedeutet, ist unklar. Jedenfalls scheint Aurvandil ein alter Frühlings- oder Sommergott zu sein, der während des Winters in der Gewalt der Eisriesen sich befindet, beim Beginn der warmen Jahreszeit zusammen mit dem ersten Gewitter wieder heimkehrt und sich mit der sehnsüchtig auf ihn wartenden Gemahlin Gróa vereinigt. Sie bedeutet das Grünen und Wachstum. Deswegen hat Aurvandil im Norden jenseits der Elivogar („Feuerwogen") auch einen Kälteriesen erschlagen.

Abb. 24: Links: Hrungnirs Herz. Kommt auch in einer in einem Zuge durchgezeichneten Version vor. Rechts: Valknoter.

In dem altenglischen Gedicht „Crist" findet sich folgende Gebetsanrufung, die sich eigentlich an Maria richtet[69]:

»éala éarendel engla beorhtast
ofer middangeard monnum sended
and sódfästa sunnan leóma,
torht ofer tunglas þu tida gehvane
of sylfum þe symle inlihtes.«

»Heil Earendel, der Engel glänzenster,
Über Mittgart den Menschen gesandter,
Du sicher-wahrer Strahl der Sonne
Über die Sterne strahlend
Der Du allzeit aus dir selber leuchtest.«

Das erwähnte Sternbild Aurvandilstá („Aurvandils Zehe") hatte man auf den Morgenstern, Venus, gedeutet, doch trifft auf Venus nicht zu, was in dem Gedicht steht, nämlich daß sie immer am Himmel leuchtet. Auch wäre ein einzelner Stern oder Wandelstern kein Sternbild. Otto Sigfrid Reuter[70] kommt daher zu der Schlußfolgerung, daß hier nur das Sternbild der nördlichen Krone gemeint sein kann, das wie ein Halbkranz tatsächlich die Form einer Zehe hat. Gemma ist dort hellster Stern, der zusammen mit dem nahestehenden Stern Arktur den Frühling anzeigt.

In der Jüngeren Edda geht es nun weiter mit Bragis Erzählungen und einem neuen Mythos:

»9. Da sagte Ægir: „Hrungnir hat mir starken Eindruck gemacht. Hat Þórr nicht noch mehr Kraftwerke vollbracht, wenn er es mit Trollen zu tun hatte?" – Bragi antwortete: „Es verdient gar sehr erzählt zu werden, wie Þórr nach Geirröðargarð fuhr, denn da hatte er weder den Hammer Mjöllnir, noch den Megingjarðir, noch die Járngreipar bei sich, woran Loki schuld war, der ihn begleitete. Denn dem Loki war es einstmals begegnet, als er zu seiner Kurzweil mit Friggs Falkenhemd ausflog, daß er aus Neugierde nach Geirröðargarð flog, wo er eine große Halle sah. Da ließ er sich nieder und sah ins Fenster. Aber Geirröður erblickte ihn und befahl, den Vogel zu greifen und ihm zu bringen. Der Ausgesandte gelangte mit Not die Hallenwand hinan, so hoch war sie. Loki ergötzte sich daran, wie jener ihm so mühsam nachstrebte, und dachte, es sei noch früh genug für ihn, aufzufliegen, wenn der Mann das Beschwerlichste überstanden habe. Als dieser nun nach ihm langte, da schlug er die Flügel und spreizte die Füße; aber diese hingen fest. Da wurde Loki ergriffen und dem Riesen Geirröður gebracht. Als der ihm in die Augen sah, da ahnte ihm, daß es ein Mann sein möge, und gebot ihm, Rede zu stehen; aber Loki schwieg. Da schloß ihn Geirröður in eine Kiste und ließ ihn da drei Monate hungern. Und als ihn Geirröður herausnahm und reden hieß, gestand Loki, wer er sei und löste sein Leben damit, daß er dem Geirröður schwur, den Þórr nach Geirröðargarð zu bringen, ohne daß er den Hammer und den Megingjarðir hätte.
Unterwegs nahm Þórr Herberge bei einer Gýgje, die Gríður hieß. Sie war die Mutter Víðars, des Schweigsamen. Sie sagte dem Þórr die Wahrheit von Geirröður, er sei ein hundweiser und übel umgänglicher Jötun. Auch lieh sie ihm ihre eigenen Stärkegürtel und Eisenhandschuhe und ihren Stab, Gríðarvölur genannt. Da fuhr Þórr zu dem Fluß, der Vimur hieß, dem größten aller Flüsse. Da umspannte er sich mit den Stärkegürteln und stemmte Gríðars Stab gegen die Strömung; Loki

aber hielt sich unten am Gurt. Als nun Þórr mitten in den Fluß kam, da wuchs dieser so stark an, daß er ihm bis an die Schulter stieg. Da sprach Þórr:«

Geirrøður („Rot-Speer" oder „Speer-Schutz") ist ein Riese, der auch als Geruthus bei Saxo Grammaticus vorkommt; zu ihm unternimmt der Sagenheld Thorkillus eine Reise. Geirrøðurs Bruder ist der menschenfreundliche Guðmundr. Beide werden auch in der aus dem 14. Jh. stammenden Þorsteins Saga Bæjarmagns als Beherrscher ihrer zwei aneinandergrenzender Königreiche erwähnt. Geirrøðurs Volk ist dabei dunkel und übel, Guðmundurs Volk aber hell und freundlich. Der Gott Þórr ist in der Saga durch einen Norweger namens Þórsteinn ersetzt. Es ist möglich, daß dieser Geirrøður mit dem Geirrøðr der Grímnismál einst identisch gewesen ist, doch ist das nicht sicher.
Megingjarðir („Kraftgürtel") ist der Gürtel, mit dem sich Þórr Seine Kraft verdoppeln kann, Járngreipar („Eisenhandschuhe") sind die Handschuhe, die Þórr benötigt, um den Stiel des Hammers Mjöllnir anzufassen, da dieser (als Blitzsymbol) feurig ist. Geirrøðargarð bedeutet „Geirrøðurs Hof", Gríður bedeutet „Gier, Heftigkeit", Gríðarvölur ist „Gríðurs Zauberstab", ein ähnlicher Stab wird auch in der jungen Samsons Saga Fagra erwähnt, Vimur ist vielleicht der Grenzfluß zwischen Menschen und Riesen und bedeutet „der Sprudelnde".
Daß der Riese den verwandelten Loki an den Augen erkennen kann, ist ein alter Glaube: Die Augen bleiben bei Gestaltwechslern immer dieselben. Auch beim Anlegen einer Tierverkleidung (etwa zu Fasnacht) muß der Träger immer Öffnungen für seine Augen lassen und kann daran erkannt werden.

*»‚Wachse nicht, Vimur, nun ich waten muß
Hin zu des Jötun Hause.
Wisse, wenn du wächsest, wächst mir die Ásenkraft
Ebenhoch dem Himmel'.*

Da sah Þórr in eine Bergkluft hinauf, daß da Gjálp, Geirrøðurs Tochter, quer über dem Strome stand und dessen Wachsen verursachte. Da nahm Þórr einen großen Stein aus dem Fluß auf und warf nach ihr, indem er sprach: ‚Bei der Quelle muß man den Strom stauen'. Sein

Wurf pflegte sein Ziel nicht zu verfehlen. In demselben Augenblick nahte er sich dem Land, ergriff einen Eberbaumstrauch und stieg aus dem Fluß: daher das Sprichwort, der Eberbaum sei Þórs Rettung.«

Daß mit dem Anwachsen des Flusses zugleich die Ásenkraft des Gottes wächst, kann man dahin deuten, daß die Gewitterwolken umso mehr Kraft erhalten, umso mehr Wasser von der Erde sie aufnehmen können. Gjálp („die Schreierin" oder „die Brausende, Brandende") vergrößert den Strom mit ihrem Urin. Der Eberbaum ist die Eberesche, altnordisch „Reynir", und durch den finnischen Mythos wissen wir, daß es sich dabei um die verwandelte Gemahlin des Donnergottes Ukko handelt, die Ihn auf diese Weise rettet. Sie heißt geradezu nach der Eberesche „Rauni". Wir können also vermuten, daß die Göttin Sif, Þórs Frau, die erwähnte Eberesche ist.

»Als nun Þórr zu Geirröður kam; wurden die Reisegefährten zuerst in das Gästehaus gewiesen. Da war nur ein Stuhl zum Sitzen, auf den setzte sich Þórr. Nun wurde er gewahr, daß der Stuhl unter ihm sich gegen die Decke hob. Da stieß er mit Gríðars Stab gegen das Sparrwerk und drückte sich auf den Stuhl hinab. Alsbald entstand großes Gekrach und folgte lautes Geschrei. Unter dem Stuhle waren Geirröðurs Töchter Gjálp und Greip gewesen und beiden hatte er den Rücken zerbrochen. (Da sprach Þórr:

*‚Einstmals übt ich die Ásenstärke
In des Jötun Hause,
Da Gjálp und Greip, Geirröðurs Töchter,
Mich zum Himmel hoben'.)*

Da ließ Geirröður den Þórr in die Halle zu den Spielen rufen. Da waren große Feuer der ganzen Länge der Halle nach. Und als Þórr in der Halle dem Geirröður gegenüber stand, da faßte Geirröður mit der Zange einen glühenden Eisenkeil und warf ihn nach Þórr. Aber Þórr fing ihn mit den Járngreipur in der Luft auf. Geirröður sprang hinter eine Eisensäule, sich zu wahren. Aber Þórr warf den Keil, daß er durch die Säule fuhr, durch Geirröður, durch die Wand und draußen noch in die Erde«.

Hier wird nun noch eine zweite Tochter Geirröðurs erwähnt, nämlich Greip („Griff"). Der Name kommt auch als eine der neun Mütter des Heimdallr vor, sie sind aber nicht identisch. In der Mythenfassung bei Saxo sind es wohl sogar drei Töchter. Im Naturmythos sind diese Töchter die verheerenden, die Täler überschwemmenden Gewitterregen. Den Stuhl deutete Ludwig Uhland als Brücke über den wilden Bergstrom, an dem die stürmischen Fluten machtlos zerschellen.
Geirröðurr ist die riesische Gegenkraft zu Þórr. Wie Þórr die wohltätigen Eigenschaften des Gewitters darstellt, so stellt Geirröðurr die verderblichen des Gewitters dar. Das glühende Eisenstück ist der Blitz.
Die eingeklammerte Strophe kommt nur in der Handschrift von Upsala vor und fehlt oft in deutschen Ausgaben. Beide Strophen stammen aus einem uns unbekannten Eddaliede.
Der Mythos in der Jüngeren Edda von Geirröðurr endet hier, aber bei Saxo findet sich ein Bild, das zeitlich nach diesen Geschehnissen einzuordnen ist. Saxo beschreibt die Fahrt des Thorkill; zunächst ging es zu Guthmund, dann aber weiter zu Geruth(us)[71]:

»Auf ihrem ferneren Wege sahen sie eine schwarze, wüste Stadt nahe vor sich, ähnlich einer dampfenden Wolke. Pfähle zwischen die Bollwerke eingestreut, trugen abgeschnittene Menschenköpfe. Hunde erblickte man, ungemein wild, wie sie den Zugang hütend vor den Toren Wache lagen. Ihnen warf Thorkill ein mit Fett bestrichenes Horn zum Ablecken hin und stillte ihre rasende Wut durch geringe Aufwendung. Oben stand der Zugang zu den Toren offen; sie stiegen zu ihm auf mit Leitern und gewannen den hochgelegenen Eingang. Schwarze, häßliche Gespenster erfüllten die Stadt; diese lärmenden Erscheinungen anzusehen war vielleicht noch schreckvoller, als sie zu hören; alles war ekelerregend, faulender Kot peinigte beim Herantreten die Nasen mit unerträglicher Ausdünstung. Weiter fanden sie ein Felsgelaß, welches der Sage nach dem Geruth als Königsburg diente. Obgleich sie sich vornahmen, den engen und abstoßenden Steinbau zu besehen, hemmten sie doch, als sie schon am Eingange waren, ihren Schritt und blieben vor Furcht stehen. Da zerstreute Thorkill, der sie schwanken sah, das Bedenken einzutreten mit mannhafter Mahnung: Sie sollten nur sich selbst beherrschen, daß sie kein Gerät in dem Hause, das sie betreten wollten, anrührten, möchte es auch noch so schön für den Besitz oder

noch so lieblich für das Auge scheinen; sie sollten sich nicht von der Habgier bezwingen lassen, aber auch nicht von der Furcht, nicht das die Sinne Reizende zu haben wünschen, aber auch das durch sein Aussehen Schreckende nicht fürchten, obgleich sie sich zwischen einer großen Menge von Gegenständen beider Arten bewegen würden. Denn die Hand, die habgierig etwas anfasse, werde sofort an dem berührten Gegenstande festhaften und nicht von ihm losgerissen werden können, würde wie mit einem unauflöslichem Bande mit ihm verknotet sein. Sie sollten zu vieren in Reihen gesetzt eintreten. Zuerst wagten den Eintritt Broderus und Buchi, diesen folgten der König und Thorkill; die anderen schritten in geordneten Reihen hinein. Drinnen sahen sie ein Gemach, gänzlich verwahrlost und mit einer Menge ekelhaften Dampfes erfüllt, ausgestattet mit allem, was das Auge oder den Sinn beleidigen kann. Die Türen von langjährigem Rauche geschwärzt, die Wand mit Unflat überzogen, das Dach aus Spießen gefügt, der Estrich mit Schlangen bedeckt und mit allerlei Schmutz bespritzt, alles das schreckte die Fremden durch seine ungewohnte Erscheinung. Mehr als alles quälte der scharfe, fortwährende Gestank die gepeinigten Nasen. Blutlose Bilder von Ungeheuern hatten auf eisernen Sitzen sich plump hingelagert, die Sitzplätze schieden bleierne Schranken, vor den Schwellen hielten grauenvolle Pförtner Wache; einige von ihnen machten Lärm mit Knütteln, die sie aneinander schlugen, andere trieben ein häßliches Spiel mit wechselwendigem Schütteln eines Ziegenfelles. Hier erhob Thorkill zum zweiten Male seine warnende Stimme: Sie sollten nicht die gierigen Hände nach Unerlaubtem ausstrecken. Als sie weiter schritten, erblickten sie einen Riß in der Felswand und unfern davon sahen sie auf einem erhabenen Aufbau einen Greis sitzen mit durchbohrtem Körper gegenüber von dem Loch im Felsen; außerdem drei Frauen mit großen Kröpfen an ihrem Leibe ohne festes Rückgrat hart neben ihm sitzen. Die Gefährten wünschten zu wissen, was das sei, und Thorkill, der das Wesen der Erscheinungen kannte, belehrte sie, der Gott Thor habe einst, gereizt durch die Frechheit der Riesen einen glühenden Strahl durch das Herz des Geruth getrieben, der ihm zum Kampfe entgegen getreten sei, und mit diesem Strahle, der noch weiter gedrungen, habe er die Seite des erbebenden Felsens durchstoßen; die Frauen aber hätten, von gewaltigen Blitzen getroffen, mit dem Bruche des Rückgrats gebüßt für einen Angriff auf denselben Gott.«

Die Schilderung geht weiter, daß Gefährten doch nach den vorgefundenen Schätzen griffen und es zum Kampfe kommt, wobei nur 20 der Männer überlebten, die anderen wurden von den Gespenstern zerfleischt.

Die Erklärung der gebrochenen Rückgrate ist hier anders, auch sind es drei Töchter Geruths, aber ansonsten ist es der Zustand in dieser Unterwelt, der durch den Kampf mit Þórr entstanden war. Der Riese, obzwar getroffen, lebt aber durchbohrt weiter, denn wir befinden uns in einer Unter- oder Jenseitssphäre, wo also Geistwesen hausen, die nicht wirklich sterben können.

In der Jüngeren Edda geht es nun nur noch weiter mit Anweisungen und Beispielen für Skálden, es gibt auch noch Mythen oder angedeutete Mythen, doch diese werden von dem Zusammensteller, nicht mehr von Bragi, erzählt. Sie bilden also zusammen mit den Skáldenstrophen das eigentliche Stück Skáldskaparmál, welches ich in diesem Band nur auszugsweise behandeln kann, weil es zu umfangreich werden würde.

Kapitel 9

Aus Skáldskaparmál

»1. Jungen Skálden, die es verlangt, die Skáldensprache zu erlernen und mittelst der alten Bezeichnungen ihren Werken sprachliche Fülle zu verleihen, oder die es verlangt, dunkle Dichterwerke verstehen zu können, denen ist zu sagen, daß sie dieses Buch studieren müssen, zur Bereicherung ihres Wissens und zu ihrem Zeitvertreib. Die hier erzählten Sagen dürfen nicht vergessen oder Lügen gestraft werden, indem man aus der Dichtkunst die alten Umschreibungen verbannt, an welchen die Klassiker Gefallen gefunden haben. Doch sollen Christenmenschen nicht an die heidnischen Götter und nicht an die Wahrheit dieser Sagen auf andere Weise glauben als so, wie es im Anfang dieses Buches zu lesen ist.«

Dieser eigentliche Anfang der Skáldskaparmál („Skáldensprache") steht am Ende der Bragarœður und vor einem Abschnitt über Troja, den es nur in der Handschrift des Codex Wormianus gibt. Unser Einführungs-Text bezieht sich auf den Prolog, somit kann diese Einführung nicht vom ursprünglichen Zusammensteller der Jüngeren Edda, mutmaßlich Snorri, stammen, da ja auch der Prolog später hinzugesetzt wurde, wie ich schon ausgeführt habe.

Es bleibt allerdings die Frage, wie eine so komplizierte Skáldenkunst auf Island entstehen konnte, die mit Umschreibungen, Synonyma und wechselnden Benennungen arbeitete. Meine Theorie ist, daß es zwar schon in heidnischer Zeit diese Skáldenkunst ansatzweise gab, aber daß sie vor allem durch den indirekten Einfluß des Christentums zu so einer Blüte wachsen konnte. Denn die seefahrenden Nordmänner trafen überall, wo sie hinsegelten, auf Christen und christliche Gebiete. Sie erfuhren dabei sehr bald, daß das Christentum eine grundsätzlich intolerante Haltung zu anderen Religionen, insbesondere dem Heidentum, hatte. So wurde es nötig, eine Art doppeldeutiger Geheimsprache zu entwickeln,

die helfen konnte, heidnische Inhalte in harmlos anmutenden Strophen zu transportieren. In einer der Sagas dichtete der Skálde ein Spottgedicht auf den Fürsten, trug es unter Applaus vor und reiste dann ab. Erst als er weg war, merkten die Leute des Fürsten, daß das Gedicht in Wahrheit eine Beleidigung darstellte, die aber durch Kenningar und Umschreibungen so versteckt war, daß man es nicht gleich beim Vortrage merkte.
Es war sicher eine Erwägung in der Anfangszeit der Skáldenkunst, eine Dichtungsart zu schaffen, die auch in der Lage war, heidnische Inhalte zu verbergen, doch als dann das Christentum zur alleinigen offiziellen Religion geworden war, war diese Intention vergessen, und dem Zusammensteller der Jüngeren Edda ging es lediglich nur noch um die Fortführung einer nun altbekannten Dichtungstradition, wie es die Einführung zur Skáldskaparmál besagt.

»(Es wird von den Tyrkjar erzählt, wie die Männer aus Asía, die Ásen genannt werden, die Geschichten der Dinge, die in Tróju passiert waren, verfälschten, damit das Volk ihnen glaubte, Götter zu sein.
König Priamus in Tróju war ein großer Häuptling über alle Tyrkjar, und seine Söhne waren die bedeutendsten Männer in seiner ganzen Armee. Diese ausgezeichnete Halle, die von den Ásen Brimis Saal oder Bjórsal genannt wurde, war König Priamus Palast. Was die lange Geschichte betrifft, die sie von Ragnarökkur erzählen, das sind die Kriege der Trójumänner. Wenn gesagt wird, daß Ökuþór mit einem Ochsenhaupt angelte und die Miðgarðschlange an Bord zog, daß aber die Schlange ihr Leben behielt und ins Meer zurücksank, dann ist dies eine andere Version der Geschichte, wie Hektor Volukrontes erschlug, ein berühmter Held, in Anwesenheit des Akkilleus und hieb mit dem Kopf des Erschlagenen auf ihn, was sie mit dem Ochsenkopf verglichen, den Ökuþór abgerissen hatte. Als Akkilleus wegen seiner Kühnheit in diese Gefahr hineingezogen wurde, war es die Rettung seines Lebens, daß er vor den tödlichen Schlägen des Hektors floh, obwohl er verwundet war. Es wird auch gesagt, daß Hektor den Krieg so gewaltig führte und daß seine Wut so groß war, als er Akkilleus sah, daß nichts so stark war, daß es vor ihm bestand. Als Akkilleus, der geflohen war, vermißt wurde, beruhigte er seinen Zorn, indem er den Krieger namens Roddrus tötete. Aber die Ásen sagen, daß, als Ökuþór die Schlange verfehlte, er

den Riesen Ymir erschlug. Im Ragnarökkur kam die Miðgarðschlange plötzlich auf Þór und blies Gift auf ihn, und das war sein Tod. Aber die Ásen konnten sich nicht entschließen, zu sagen, daß dies das Schicksal von Ökuþór gewesen war, daß jemand ihn besiegt hätte, obwohl dies so geschehen war. Sie verdrehten die alten Sagen und fügten hinzu, daß die Miðgarðschlange dort ihren Tod bekam; Und sie fügten hinzu, daß Akkilleus den Ruhm von Hektor's Tod erntete, obwohl er auf dem gleichen Schlachtfeld tot dalag. Dies war das Werk von Elenus und Alexander, und Elenus hieß bei den Ásen Ála.

Sie sagen, daß er seinen Bruder gerächt hat, und daß er lebte, als alle Götter tot waren, und nachdem das Feuer gelöscht wurde, das Ásgarður und alle Güter der Götter verbrannte.

Pirus verglichen sie mit dem Fenriswolf. Er tötete Óðin, und Pirus könnte nach ihrem Glauben ein Wolf genannt werden, denn er verschonte die Friedensstätte nicht, als er den König im Tempel vor dem Altar des Þór erschlug. Die Verbrennung von Trója nannten sie die Surtalogi.

Móði und Magni, die Söhne von Ökuþór, kamen, um das Land von Ála oder Víðar zu begehren. Er ist Eneas. Er kam von Trója weg und verbrachte große Werke. Es wird gesagt, daß die Söhne von Hektor kamen nach Frígíaland und etablierten sich in diesem Königreich, aber verbannten Elenus.)«

Diese Erweiterung findet sich nur im Codex Wormianus der Jüngeren Edda. Der spätere Bearbeiter wollte hier also alle Göttersagen mit Geschehnissen im trojanischen Krieg gleichsetzen, was sehr gekünstelt wirkt. König Priamus, Hector, Achilles, Helenos, Pyrrhos, Aeneas und Troja. Ála ist Lokis Sohn Nali (Áli). Trojas Verbrennung wird hier Surtalogi („Surts Brand") genannt, Frígíaland ist wohl Phrygien.

»33. Warum nennt man das Gold „Ægirs Feuer"? – Darüber gibt es die früher schon erwähnte Sage von Ægir, der in Ásgarð eingeladen war. Als er zur Heimfahrt bereit stand, lud er Óðinn und alle Ásen mit dreimonatiger Frist zu sich ein. An dieser Reise nahmen teil Óðinn, Njörður, Freyr, Týr, Bragi, Víðar, Loki; dazu die Ásinnen Frigg, Freyja, Gefjun, Skaði, Iðunn, Sif. Þórr war nicht dabei; er war ins Ostland gezogen, um Trolle zu erschlagen. Als nun die Götter in Ægirs Halle

253

Platz genommen hatten, da ließ dieser Leuchtgold auf die Hallentenne bringen, das die Halle wie Feuer erleuchtete und strahlend machte, und das diente als Beleuchtung bei seinem Gastmahl, so wie in Valhöll die Schwerter das Feuer ersetzen.
Da zankte Loki mit allen Göttern und erschlug Ægirs Knecht Fimafengur; sein anderer Knecht hieß Eldir. Rán heißt Ægirs Frau, und sie haben neun Töchter, wie schon niedergeschrieben. Bei diesem Gelage trug sich alles selber auf, Speisen und Bier und alles, was man beim Gelage brauchte. Da wurden die Ásen gewahr, daß Rán ein Netz besaß, womit sie alle fischte, die im Meere ertranken.
Diese Geschichte also erklärt es, daß das Gold Feuer oder Licht oder Glanz Ægirs, der Rán oder der Ægirtöchter heißen kann. Nach diesen Umschreibungen nennt man dann das Gold auch Feuer des Meeres, mit beliebigen Namen für letzteres, wie Ægir und Rán nach dem Meere benannt werden, so daß das Meer z. B. Feuer der Seen, der Flüsse und aller Arten Wasserläufe heißt. Es ist mit diesen Namen und Umschreibungen gegangen wie mit andern: Die jüngeren Skálden haben nach dem Vorbild der alten gedichtet, so wie es in deren Gedichten vorlag, und dieses dann nach Seiten erweitert, die dem früher Gedichteten verhältnismäßig ähnlich zu bleiben schienen, so wie der See dem Meere, der Fluß dem See, der Bach dem Flusse ähnlich ist. Darum heißt alles „Neubildung", wobei eine überlieferte Bezeichnung weiter ausgebildet wird, und dies ist immer gut, solange es bei Ähnlichem und in der Art bleibt.«

Es handelt sich bei diesem Abschnitt um eine Nacherzählung des Edda - liedes Lokasenna (Kommentar II, 65-110). Die Götter hatten laut Hy - misqviða 1-3 (Kommentar II, 49ff) Ægir aufgefordert, Sie einzuladen und zu bewirten. Dazu beschaffte Þórr den Kessel des Hymir. Auf diesem Treffen bei Ægir sollte die Hochzeit von Freyr und Gerður abgehalten werden, daher bedienen dort auch Freys Diener Byggvir und Beyla. Loki aber störte das Treffen durch Seinen Mord an Ægirs Diener Fimafengur und Seine Schmähung der Götter.
Im Naturmythos hat man das Gold bei Ægir als goldene, kornbestande - ne Erde gedeutet, Loki als personifizierte Sommerhitze dringt ein und verspottet das mythische Verhältnis zwischen Sonnengott und Erdgöt - tin. Am Ende wird die Sommerhitze Loki durch das Gewitter, Þórr, ab-

gekühlt und vertrieben. Fimafengur ist vielleicht (nach J. Grimm) der Funkenfänger, Eldir der Feueranzünder oder Feuermann. Rán (Raub) ist Ægirs Gemahlin, beide sind keine Götter, sondern Riesen. Der Ausspruch »der Rán in die Hände fallen« in den Sagas bedeutet das Ertrinken. Ægir soll die freundliche Macht des Meeres symbolisieren, Rán dessen finstere Seite.

»34. Warum nennt man das Gold Nadeln oder Laub des Glasir? – In Ásgarð, vor dem Tor von Valhöll, steht ein Hain, der Glasir heißt, dessen Laub ist eitel rotes Gold, wie es denn in Versen heißt:

Glasir steht mit güldnem Laube
Vor Sigtýrs Sälen.

Das ist bei Göttern und Menschen das schönste Gehölz.«

Der Name des Hains Glasir bedeutet „der Glänzende" und verdeutlicht, daß es sich um einen jenseitigen Wald handelt. Möglicherweise spielt auch unser Wort „Glas" mit hinein, welches aber bei den Germanen „Bernstein" bedeutete. Der Hain wird schon im alten Bjarkamál (10. Jh.) erwähnt. Sigtýr („Sieggott") ist ein Beiname Óðins.

»35. Warum heißt das Gold Haar der Sif? – Loki, Laufeyjas Sohn, hatte der Sif in hinterlistiger Weise alles Haar abgeschoren. Als Þórr das gewahrte, ergriff er Loki und würde ihm alle Knochen zerschlagen haben, wenn er nicht geschworen hätte, von den Svartálfen zu erlangen, daß er der Sif Haare von Gold machte, die wie anderes Haar wachsen sollten. Darauf fuhr Loki zu den Zwergen, die Ívaldis Söhne heißen. Diese machten das Haar und zugleich Skíðblaðnir und den Spieß Óðins, der Gungnir heißt. Da verwettete Loki sein Haupt mit einem Zwerge (namens Brokkur), daß dessen Bruder (Eitri) nicht drei ebenso gute Kleinode machen könnte, wie diese wären. Und als sie zu der Schmiede kamen, legte der Zwerg (Eitri) eine Schweinshaut in die Esse und gebot (dem Brokkur) zu blasen und nicht eher aufzuhören, bis er aus der Esse nähme, was er hineingelegt. Aber sobald er aus der Schmiede gegangen war und Bruder blies, setzte sich eine Fliege auf seine Hand und stach ihn. Dennoch hörte er nicht auf mit Blasen bis der Schmied

das Werk aus der Esse nahm. Da war es ein Eber mit goldenen Borsten. Darauf legte er Gold ins Feuer und gebot ihm, zu blasen und nicht eher mit Blasen abzulassen, bis er zurückkäme. Er ging hinaus; aber die Fliege kam wieder, setzte sich jenem auf den Hals und stach nun noch einmal so stark; doch fuhr er fort zu blasen bis der Schmied aus der Esse einen Goldring zog, der Draupnir heißt. Darauf legte er Eisen in die Esse und hieß ihn blasen und sagte, alles sei vergebens, wenn er mit Blasen innehielte. Da setzte sich ihm eine Fliege zwischen die Augen und stach ihn so heftig, daß (das Blut ihm in die Augen lief und) er nichts mehr sehen konnte. Da griff er schnell mit der Hand zu, während der Blasebalg ruhte, und jagte die Fliege fort. Da kam der Schmied zurück und sagte, beinahe wäre das nun völlig verdorben, was in der Esse läge. Darauf zog er einen Hammer aus der Esse. Alle diese Kleinode legte er darauf seinem Bruder in die Hände und hieß ihn damit gen Ásgarð fahren, die Wette zu lösen. Als nun er und Loki ihre Kleinode brachten, setzten sich die Götter auf ihre Richterstühle, und es sollte das Urteil gelten, das Óðinn, Þórr und Freyr sprächen. Da gab Loki dem Óðinn den Spieß Gungnir, dem Þórr das Haar für die Sif und dem Freyr den Skíðblaðnir und nannte die Eigenschaften dieser Kleinode, daß der Spieß nie sein Ziel verfehle, das Haar wachse, sobald es auf Sifs Haupt komme, und Skíðblaðnir immer Fahrwind habe, sobald die Segel aufgezogen würden, wohin man auch fahren wollte; und zugleich könne man das Schiff nach Belieben zusammenfalten wie ein Tuch und in der Tasche tragen. Darauf brachte nun der Zwerg seine Kleinode hervor und gab dem Óðinn den Ring und sagte, in jeder neunten Nacht würden acht ebenso kostbare Ringe von ihm niederträufeln. Dem Freyr gab er den Eber und sagte, er renne durch Luft und Wasser Tag und Nacht, schneller als irgendein Pferd, und nie wäre es so finster in der Nacht oder im Myrkheim, daß es nicht hell genug würde, wohin er auch führe, so leuchteten seine Borsten. Dem Þórr gab er den Hammer und sagte, er möge so stark damit schlagen, als er wolle, was ihm auch vorkäme, ohne daß der Hammer Schaden nähme; und wohin er ihn auch werfe, so solle er ihn doch nicht verlieren, und nie solle et so weit fliegen, daß er nicht in seine Hand zurückkehre, und wenn es ihm beliebe, solle er so klein werden, daß er ihn im Busen verbergen könne. (Freilich habe er einen Fehler:) der Handgriff sei etwas kurz. Da urteilten die Götter, der Hammer sei das Beste von allen

Kleinoden und die beste Wehr wider die Hrímþursen, und sie entschieden die Wette dahin, daß der Zwerg gewonnen habe. Da erbot sich Loki, sein Haupt zu lösen; aber der Zwerg antwortete, darauf dürfe er nicht hoffen. So nimm mich denn, sagte Loki; aber als jener ihn fassen wollte, war er schon weit fort, denn Loki hatte Schuhe, die ihn durch Luft und Wasser trugen. Da bat der Zwerg den Þórr, ihn zu ergreifen, und dieser tat es. Da wollte der Zwerg Lokis Haupt abhauen, aber Loki sagte, nur das Haupt sei sein, nicht der Hals. Da nahm der Zwerg einen Riemen und ein Messer und wollte Löcher in Lokis Lippen schneiden und ihm den Mund zusammennähen; aber das Messer schnitt nicht. Da sagte er, besser wäre es, wenn er seines Bruders Ahle hätte, und in dem Augenblick, als er sie nannte, war sie bei ihm und durchbohrte jenem die Lippen. Da nähte er ihm den Mund zusammen und riß den Riemen am Ende der Naht ab. Der Riemen, womit er dem Loki den Mund zusammennähte, hieß Vartari.«

In diesem Stück ist der alte Naturmythos mit der sagenhaften Entstehung der Wunderdinge der Götter verbunden. Loki schneidet der Gemahlin Þórs heimlich das Haar ab. Das bedeutet die Sommerhitze, in der das reife Korn abgemäht wird, denn Sif gilt als Personifizierung der Erde, Ihr Name erscheint in den Nefnaþulur unter den Namen der Jörð („Erde") und in späteren Texten wird Siva mit Ceres identifiziert. Das neue goldene Haar, das Loki herbeischaffen muß, ist das Getreide des neuen Jahres. Die Zwerge als in der Erde wirkende Wachstumskräfte sind dafür verantwortlich, dieses Haar zu schaffen.
Unabhängig von der naturmythologischen Deutung muß man fragen, was der Grund war, daß Loki der Sif hinterlistig das Haar abschnitt? Er mußte doch damit rechnen, daß Þórr das merkt und ihn bestraft.
Das Haar einer Frau (oder weiblichen Gottheit) abzuschneiden ist ja nicht irgendein harmloser Streich, es ist eine klare Bestrafung für Untreue. Tacitus erwähnt es in der Germania[72]:

»Überaus selten ist trotz der so zahlreichen Bevölkerung ein Ehebruch. Die Strafe folgt auf der Stelle und ist dem Manne überlassen: Er schneidet der Ehebrecherin das Haar ab, jagt sie nackt vor den Augen der Verwandten aus dem Hause und treibt sie mit Rutenstreichen durch das ganze Dorf.«

Offenbar steht also hinter Lokis Tat der Vorwurf der ehelichen Untreue. In der Lokasenna rühmt sich Loki ja, selbst ein Verhältnis mit Sif gehabt zu haben. Nun wissen wir aber, daß Loki in der Lokasenna häufig übertrieben hat, es muß also kein geschlechtliches Verhältnis gemeint sein. Zumal es doch etwas unlogisch wäre, wenn man erst eine Ehefrau verführt, und sie dann für die Untreue auch selbst bestraft. Man müßte sich selbst ja dann genauso bestrafen, da man Anstifter der Tat war. Um der Göttin Sif das Haar abzuschneiden, war sicher Voraussetzung, daß Sie schlief, anders hätte sich Loki Ihr nicht unbemerkt nähern können. Schlafen tut man im eigenen Schlafgemach. Loki betrat es also und drang damit in eine Intimsphäre ein. Das ist meiner Ansicht nach der Hintergrund von Lokis Behauptung, er hätte Þórr zum „Hahnrei" gemacht. Bekanntlich reichte es bei den Germanen aus, zu bezeugen, daß zwei unter einer Decke steckten, um eine Ehe als gültig zu bezeugen, eines Geschlechtsverkehrs bedurfte es dazu nicht. Deswegen reicht auch das bloße Eindringen Lokis in Sifs Schlafgemach aus, um einen Ehebruch zu proklamieren. Aber in den Hárbardzljóð informiert Hárbarðr (Óðinn) Þórr darüber, daß Sif einen Buhlen habe; dieser Liebhaber ist vermutlich Óðinn selbst, denn Er ist der Vater des Gottes Ullur, den Sif zur Welt bringt. Es ist nun also auch möglich, daß Loki Sif durch das Abschneiden der Haare für diesen Ehebruch bestraft, obwohl das nur dem Ehemann zusteht. Allerdings: Wenn Sif der Erde, Jörð, entspricht, dann hat Sie mit vielen Göttern ein Verhältnis, denn Jörð gebiert die Frigg, wobei Týr der Vater ist, Jörð gebiert Þórr, wobei Óðinn der Vater ist, usw. Es ist hier auf das mythische Verhältnis zwischen Himmelsgottheit und Erdgöttin angespielt, welches sich im Verlaufe eines Jahres im Mythos durch andere Vertreter zeigen kann.

Die Fliege, die die Zwerge hindert, ist natürlich der verwandelte Loki selbst. Die Namen der Zwerge, die hier eingeklammerten Teile, fehlen übrigens in der Handschrift von Upsala. Der Zwerg Eitri („der Giftige") heißt in den Handschriften, die Namen nennen, auch Sindri („Funkensprüher, Schmied"), sein Bruder heißt Brokkur, was „Bruchstücke" bedeutet und übertragen einen Schmied bezeichnet, der mit metallenen Bruchstücken arbeitet. Ívaldi bedeutet vielleicht „in der Eibe waltend".

Die Zaubergegenstände sind: Sifs goldenes Haar (= das goldene Getreide), Skíðblaðnir (= die Wolken, siehe S. 158f), Gungnir (= der Sonnenstrahl, „der Schwankende"), der Eber Gullinbursti (= das Sonnenfeuer,

„Goldborstig"), Draupnir (= der Mond? „Tröpfler") und Mjöllnir (= der Blitz, „Zermalmer").
Myrkheim („Dunkelheim, Dunkelwelt") ist wohl mit dem sagenhaften Myrkviður („Dunkelwald") identisch, den man in der Mitte Deutschlands lokalisiert.
Der Zwerg hat zwar die Wette gewonnen, daher hilft ihm Þórr auch, Loki zu fangen, doch kann Loki ihn überlisten, denn der Hals war nicht verwettet. Den Kopf aber kann man nicht abtrennen, ohne auch den Hals zu beschädigen. Deswegen will der Zwerg sein Recht durch das Zunähen des Mundes durchsetzen, was symbolisch auch bedeutet, daß Loki nicht mehr sprechen oder lügen kann. Dann wäre Loki verhungert, was auch sein Tod (den der Zwerg ja einforderte) gewesen wäre. Aber Loki schafft es, den Mund dennoch zu öffnen, indem die Lippen ausreißen. Damit ist der Versuch des Zwerges, sich seines Gewinns zu bemächtigen, fehlgeschlagen und der Gewinn verfällt. Der Riemen heißt Vartari („Riemen" oder „Lippenreißer", auch als „Tau" gedeutet), in den Nefnaþulur ist es auch der Name eines Fisches.
In den Skáldskaparmál folgen nun weitere skáldische Beispiele und Erzählungen aus der Heldensage, die ich hier weglasse.

»42. Warum heißt das Gold Mehl des Fróði? – Darauf bezieht sich die Geschichte von Skjöldur, dem Sohne Óðins, von dem die Skjöldungar stammen. Er hatte Sitz und Herrschaft in den Landen, die nun Danmörk heißen; aber damals hießen sie Gotland. Skjöldur hatte einen Sohn Friðleifur genannt, der nach ihm die Lande beherrschte. Friðleifs Sohn hieß Fróði, der nach seinem Vater das Königtum überkam. Das war in der Zeit, da Kaiser Ágústus in der ganzen Welt Frieden stiftete und Kristur geboren ward, und weil Fróði der mächtigste aller Könige in den Nordlanden war, ward ihm dieser Friede in der dänischen Zunge beigelegt und die Nordmänner nannten ihn Fróðafrið. Niemand schädigte da den Anderen, wenn er auch seines Vaters oder Bruders Mörder getroffen hätte, los oder gebunden. Da war auch kein Dieb oder Räuber, so daß ein Goldring lange Zeit unberührt auf der Jalangursheiði lag. König Fróði sandte Boten nach Svíþjóð zu dem König, der Fjölnir hieß, und ließ da zwei Mägde kaufen, die Fenja und Menja hießen und sehr groß und stark waren. In dieser Zeit gab es in Danmörk zwei so große Mühlsteine, daß niemand stark genug war, sie

umzudrehen. Diese Mühlsteine hatten die Eigenschaft, daß sie mahlten, was der Müller wollte. Die Mühle hieß Gróttí, der Mann aber, der dem König Fróði die Mühle gab, wurde Hengikjöftur genannt. König Fróði ließ die Mägde in die Mühle führen und gebot ihnen, ihm Gold, Frieden und Fróðis Glück zu mahlen. Er gestattete ihnen nicht länger Ruhe, als der Kuckuck schwieg oder ein Lied gesungen werden mochte. Da sollen sie das Lied gesungen haben, das Gróttasöngur heißt, und ehe sie von dem Gesange ließen, mahlten sie dem König ein Heer, so daß in der Nacht ein Seekönig kam, Mýsingur genannt, welcher den Fróði tötete und große Beute machte. Damit war Fróðafríð zu Ende. Mýsingur nahm die Mühle mit sich und so auch Fenja und Menja, und befahl ihnen, Salz zu mahlen. Und um Mitternacht fragten sie Mýsingur, ob er Salz genug habe? und er gebot ihnen fortzumahlen. Sie mahlten noch eine kurze Frist, da sank das Schiff unter. Im Meer aber entstand nun ein Schlund, da wo die See durch das Mühlsteinloch fallt. Auch ist seitdem die See gesalzen.«

Das „Gotland" in Danmörk („Dänemark") ist wohl richtiger Jótland („Jütland"). Der Hinweis auf Kaiser Augustus ist vielleicht eine Zutat irgendeines Abschreibers; immerhin ist damit Fróðis Zeit bestimmt, genauso wie bei Saxo Grammaticus. Er lebte ja im dänischen Jalangursheiði (der Heide von Jellinge), wo sich das Haupttheiligtum befand und hatte eine Seherin Heiðr, die die Völuspá erzählt hatte. Dadurch ist die Offenbarung der Völuspá datierbar.

Skjöldur („Schild", übertragen „Schützer, Hüter") ist der mythische Ahnherr des dänischen Königsgeschlechtes, sein Sohn ist Friðleifur („Sohn oder Erbe des Friedens"), dessen Sohn hieß Fróði („der Weise, Kluge, Kundige, Reiche" bzw. „der von Lebenskraft Erfüllte, körperlich Starke"). Fróði ist aus dem Beinamen des Gottes Freyr, enstanden, der ja in dem Lied Skírnisför 1 »inn fróði« genannt wurde (Kommentar III, 16). Der mythische König Fróði benutzte also diesen Freysnamen aus kultischen Gründen, und in der Ynglinga Saga 10f wird Fróði mit Freyr gleichgesetzt[73]:

»Nach Njörðurs Tode bekam Freyr die Herrschaft. Er wurde Herrscher über Svíum genannt, und diese zahlten ihm Königsabgaben. Er war allbeliebt und an Glücksjahren reich wie sein Vater. Freyr errichtete

einen großen Tempel in Uppsala. Dorthin verlegte er auch seine Hauptstadt und ließ in diese seine Einkäufe aus Land und losen Geldern fließen. Damals begann der „Reichtum von Uppsala", der seitdem immer anhielt. Zu seiner Zeit fing der Fróðafriðr an, und damals gab es auch fruchtbare Jahre durch alle Lande. Das alles führten die Svíar auf Freyr zurück, und deswegen verehrte man ihn mehr als die andern Götter, weil zu seiner Zeit das Volk im Lande reicher wurde als je zuvor, infolge des Friedens und der guten Jahre."

Der Name oder Kultname „Frodi" kommt bei Saxo Grammaticus für fünf verschiedene Könge vor, ein „Froda" kommt im angelsächsischen Beowulf und im Widsith vor. Offenbar haben Könige diesen Namen des Gottes Freyr angenommen, um dadurch dessen Beistand und Fruchtbarkeit für ihr Land zu erhalten. Der sagenhafte Fróðafriðr („Fróðifrieden") wird schon beim Skálden Einar in dessen Gedicht „Vellekla" (um 986) erwähnt.

Die Wundermühle Grótti entspricht dem „Sampo" der finnischen Mythologie. Der Schmied Ilmarinen, der auch als Schmied des Himmelsgewölbes und der Sterne besungen wird, schuf dieses Gerät, dessen Name ungeklärt ist. Man hat es mit „Säule" (sammas) übersetzen wollen, und als eine Art Himmelssäule gedeutet. Das Sampo bringt jedenfalls seinem Besitzer Reichtum, Getreide-, Vieh- und Jagdglück. Als Väinämöinen einst von der Herrin des Nordlandes, Pohjola, gefangen war, forderte diese das Sampo, welches Ilmarinen schmiedete. Der Austausch ward gemacht und in Pohjola brach eine Zeit des Wohlstandes aus. Väinämöinen machte sich mit Ilmarinen und Joukahainen auf den Weg, um das Sampo zurückzuholen, was dadurch gelang, daß die Bewohner von Pohjola mit Magie eingeschläfert wurden. Als sie erwachten, verfolgten sie die Entführer, es kam zum Kampfe und das Sampo fiel ins Meer und zerschellte. Nur einige Bruchstücke trieben an den Strand von Kalevala und brachten eine Steigerung der Ernteerträge. Die drei Helden aus Kalevala sind die drei Hauptgötter Óðinn, Þórr und Freyr, Pohjola ist das Totenreich im Norden, seine Herrin die Hel. Wie in der Geschichte der Mühle Grótti versinkt auch das Sampo im Meere.

Die weiteren Namen in unserem Stück bedeuten: Hengikjöftur („der mit dem hängenden Kinn"), es ist ein in den Nefnaþulur erwähnter

Name Óðins, Mýsingur („Mäusesohn"), Fjölnir („der Reiche"), ein sagenhafter König, der Sohn von Yngvi-Freyr und Gerðr ist. Der Name kommt aber auch als Name Óðins vor. Nach der Ynglinga Saga 11 stürzt König Fjölnir nach einem Fest bei König Fróði betrunken in ein Metfaß und ertrinkt dort; dies erwähnt bereits der Skálde Þjóðólfr ór Hvíni im 9. Jh. Fenja ist „die Wasserbewohnerin", „die Moorbewohnerin", „die schwer Arbeitende", oder „die Entfernerin der Spreu", Menja die „Sklavin" oder „Halsbandträgerin". Der Name der Mühle hängt mit der Achse zusammen, noch heute heißt im Norwegischen der Achsenblock, das runde Holzstück, welches im Loch des Mühlsteines steckt „Grotte". Vielleicht bedeutet es auch etwas wie „Gestein, Fels" (altnord. griót).

In dem Stück der Jüngeren Edda scheint aber die Geschichte etwas abweichend zu sein gegenüber der Darstellung in dem Lied Gróttasöngur; dort wird Fróði durch Hálfdan getötet, in der Prosa-Darstellung aber ist es Mýsingur, der ihn tötet. Auch mahlt die Mühle im Meer weiter, während sie im Liede birst. Vielleicht müssen wir ergänzen, daß die Mühlenteile zu neuen Mühlen wurden und so im Meere weiter Salz mahlen wie im Märchen erzählt. Oder hier sind verschiedene Sagenfassungen miteinander verbunden worden. Bei Saxo Grammaticus (V, 142) wurde Frotho III durch die Hörner einer Seekuh getötet, nach der Skjöldungasaga (Kap. 8) soll der Tod durch das Geweih eines Hirsches geschehen sein, was zu Freyr paßt, da Ihm der Hirsch geweiht ist.

Der Mythos von der Mühle Grótti war einst auch in Deutschland bekannt, wie Märchen von der Wunschmühle beweisen oder auch die von J. Grimm angeführten altdeutschen Eigennamen „Manegolt" (Menja) und „Fenegolt" (Fenja).

In wenigen Handschriften der Jüngeren Edda (AM 2367, 4to; Trektarbók; AM 1eß fol [nur Strophe 1] und AM 748, 4to) ist das Lied Gróttasöngur („Grótti-Gesang") erhalten, das vermutlich einst beim Mahlen mit der Handmühle gesungen wurde. Nur hier und im Darraðarljóð (Valkyrenlied) wird der Vortrag eines alten nordischen Gedichtes „Singen" genannt, obwohl erhaltene Melodien zu einzelnen Eddastrophen beweisen, daß alle Lieder einst auch gesungen wurden.

»*1. Nun kamen wir her zu des Königs Haus*
Vorwissende Frauen, Fenja und Menja.
Bei Fróði werden, Friðleifs Sohne,
Die mächtigen Maide als Mägde gehalten.

2. Man führte zur Mühle die Frauen alsbald,
Die Schrotsteine sollten sie rühren.
Nicht Ruhe ließ er, noch Rast den beiden
Eh er das Singen der Mägde hörte.

3. Da ließen sie knattern die knarrende Mühle:
„Umschwingen wir Starken den leichten Stein".
Nur mehr zu mahlen bat er die Mägde.

4. Sie sangen und schwangen den
schnaubenden Stein
Bis Fróðis Volk in Schlaf verfiel.
Da sang Menja, die mahlen sollte:

5. „Wir mahlen dem Fróði Macht und Reichtum
Und goldenes Gut auf des Glückes Mühle.
Er sitz' im Reichtum und schlaf auf Daunen
Nach Wunsch erwachend: das ist wohl gemahlen.

6. Nie soll hier einer dem andern schaden,
Hinterhalt legen, Unheil ersinnen,
Mit scharfem Schwerte nicht Wunden schlagen,
Und fänd er gebunden des Bruders Mörder".

7. Da war es das erste Wort, das er sprach:
„Haltet nicht länger ein als der Hauskuckuck schläft,
Oder nur während eine Weis' ich singe".«

Die ersten 7 Strophen stellen die Anfangszeit dar, die Mägde helfen dem König, Reichtum und Frieden zu mahlen. Aber er läßt sie nicht ruhen und verlangt, daß die Mühle nicht stillstehen soll. Die Strophen 5 und 6 enthalten dabei noch einen alten Segenswunsch. Doch in den folgenden Strophen wendet sich die Stimmung. Der König hatte niemanden gefunden, der die schwere Mühle bewegen konnte und kaufte deswegen zwei Riesenweiber ein, ohne deren Abstammung zu kennen. Daß von Nachkommen der Riesen Gefahr droht, hätte ihm bekannt sein müssen, doch war seine Gier nach Reichtum so groß, daß er mögliche Skrupel ignorierte.

»8. *„Nicht warst du, Fróði, vorsichtig genug,*
Den Mannen holdselig, als du Mägde kauftest:
Auf Stärke sahst du und schönes Antlitz;
Achtetest ihrer Abkunft nicht.

9. Hart war Hrungnir und hart sein Vater,
Doch stärker als sie scheint mir Þjassi.
Iði und Aurnir sind unsere Väter,
Der Bergriesen Brüder, die uns beide zeugten.

10. Nicht wär Grótti gekommen aus grauem Felsen,
Nicht der schwere Schrotstein aus dem Schoß der Erde,
Nicht rührte den Mandel des Bergriesen Tochter,
Wäre das Wem der Menschen bewußt.

11. Wir waren Gespielen neun Winter lang,
Da unter der Erde man uns erzog:
Da übten wir Mägde schon manche Großtat,
Faßten Felsen sie fort zu rücken.

12. Wir wälzten die Steine zu den Riesenwohnungen:
Die Erd im Grunde begann zu zittern.
Wir stießen und stürzten den Stein, daß er ächzte,
Die ragende Felswand ward Menschen erreichbar.«

In diesen Versen offenbaren sich Fenja und Menja als Riesinnen, indem sie ihre Verwandten nennen und ihre Taten als Riesinnen erwähnen. Die Namen der Riesen hatte ich schon im Kapitel Bragarœður erwähnt, nur Aurnir oder Örnir noch nicht. Der Name kann „Fels-, Erdbewohner" oder „der Erwärmer" bedeuten.

»13. Seitdem geschah's, daß in Svíþjóð wir
Vorwissende Frauen die Heerschar führten,
Bären pirschten, Schilde brachen,
Entgegen gingen grau geschientem Heer.

14. Wir stürzten Stammfürsten, stürzten andre:
Gutthorm dem Guten gaben wir Beistand,
Feierten nicht früher bis Knúi fiel.

15. Solcherlei schufen wir Sommer und Winter
Bis wir als Kämpen wurden bekannt.
Mit scharfen Speeren schlugen wir Wunden
In Fleisch und Gebein und färbten die Klingen.

16. Nun sind wir gekommen zu des Königs Haus
Und werden unmenschlich als Mägde behandelt:
Kot frißt die Sohlen und Kälte die Glieder;
Wir mahlen dem Feinde: Schlimm ist's bei Fróði.

17. Ruhet nun, Hände, raste nun, Stein,
Genug von mir gemahlen ist nun.
Doch haben die Hände hier nicht Ruhe
Bis Fróði meint genug sei gemahlen.«

In diesen Strophen erzählen die Mägde, wie sie sich fast valkyrenartig in viele Kämpfe eingemischt haben. Svíþjóð ist Schweden, Gutthorm kennen wir von Saxo Grammaticus, er ist dort Haddings Sohn, welcher bei Riesen in Schweden erzogen wurde und später König in Dänemark wird, aber Knúi ist unbekannt, er wird nur hier erwähnt.

»18. So greifet nun, Helden, zu harten Geren,
Zu triefenden Waffen. Erwache, Fróði!
Erwache, Fróði! Willst du lauschen
Unserm Singen und alten Sagen.

19. Feuer seh ich brennen östlich der Burg,
Kriegsbotschaft kommt, das verkündet die Glut.

Ein Heer ist im Anzug, eindringt es hier,
Und verbrennt alsbald die Burg dem Fürsten.

20. Nicht magst du mehr halten den Stuhl in Hleiðra
Mit roten Spangen und spähem Gestein.
Mächtiger mahlen wir Mägde noch.
Da Wundenblut nicht uns wärmt die Hände.

21. Tapfer mahlt meines Vaters Tochter,
Denn vieler Fürsten Fall sieht sie nahn.
Schwere Stücke springen von der Mühle,
Eisen beschlagene: doch immer gemahlen!

22. Nur immer gemahlen! Yrsas Sohn,
Hálfdans Enkel wird Fróði rächen.
Er wird von ihr geheißen werden
Sohn und Bruder; wir beide wissen's!"

23. Die Mägde mahlten aus aller Macht:
Die jungen waren im Jötunmut.
Die Mahlstange brach, die Mühle riß,
Der mächtige Mühlstein fuhr mitten entzwei.

24. Die Bergriesenbräute sprachen:
„Nun finden wir, Fróði, wohl Feierabend:
Genug gemahlen haben wir Mägde".«

Zuletzt finden wir eine Prophezeihung über den Untergang und Tod König Fróðis, die sich aber hier noch nicht erfüllt. Hleiðra ist der eigentliche Königssitz, heute Lejre westlich von Roeskilde.

Der erwähnte Halfdan war der Bruder von Fróði und wurde einst von Fróði getötet, um damit zum Alleinherrscher zu werden. Dieser Mord wurde durch Halfdans Söhne Hroar und Helgi gerächt, wie uns die Hrólfs Saga Kraka (Kap. 1) erzählt. Doch nach den Gróttasöngur wird der Tod erst durch den Enkel, Helgis Sohn Hrólf Kraki, gerächt werden. Diese Version gilt als die ältere und ursprünglichere Fassung.

Bei Saxo Grammaticus ist Halfdan, Fróðis Sohn und Großvater Hrólfs der Schuldige, eine Rache gegen Halfdan wird dort nicht erwähnt. In diesem Falle scheint Saxo der Wahrheit näher zu kommen, denn daß der Freyskönig Fróði ein Mörder sein soll, das ist etwas schwer vorstellbar.

Halfdans Sohn Helgi gewann von der sächsischen Königin Olof die Tochter Yrsa. Später nahm er sie in Unwissenheit zur Frau und ihr Sohn war Hrólf Kraki. In der Ynglinga Saga wird es umgekehrt erzählt, danach war Yrsa zuerst mit Adils vermählt, Helgi aber entführte sie ihm, ohne zu wissen, daß sie seine Tochter ist, sie gebar den Hrólf Kraki. Yrsa verließ aber Helgi, als sie von der Verwandtschaft erfuhr und heiratete den schwedischen König Adils bzw. kehrte zu ihm zurück. Das wird in der Hrólfs Saga Kraka (Kap. 8) erzählt. Bei Saxo Grammaticus heißt die Yrsa Thora und Helgi wird mit Helgi dem Hundingsbána identifiziert, von dem die eddischen Helgilieder erzählen.

Forscher halten das Lied Gróttasöngur für eines der ganz alten Lieder, möglicherweise ist es älter, als die Völuspá.
Es wird recht unterschiedlich gedeutet. Naheliegend ist die naturmythologische Deutung, die Ludwig Uhland und Finn Magnusson vertreten hatten. Danach ist die Mühle Grótti das Meer, die Mühlsteine sind Felsen, Klippen, Riffe, Schären, die beiden riesischen Mägde sind die Wellen. Fróði kaufte diese Mägde, d. h. er hat sich das Meer für die Schiffahrt dienstbar gemacht. Dieser Seehandel bereichert ihn, im Liede durch das Gold symbolisiert. Er setzt diese Schiffahrt nicht aus, doch im Winter wird ihm das Meer zum Feind und bringt ihm sogar den Seekönig Mýsingur herbei, welcher Fróði erschlägt und die Schätze raubt, schließlich aber selbst im Meere ertrinkt. Im Norden verglich man das Meer tatsächlich auch mit einer Mühle, in der der Meersand gemahlen wird. Dänische Bauern sagten, wenn sie die Wellen des Meeres lauter rauschen hörten: »Wir kriegen bald Unwetter, es mahlt so im Meere«.
Nach einem alten Zusatz der Skáldskaparmál in einigen Handschriften, soll das Schiff des Seekönigs in der Bucht von Petland (heute: Pentland-Frith, der Sund, der Schottland von den Orkaden scheidet) untergegangen sein, wo nun – durch die Mühle Grótti – ein gefährlicher Malstrom entstanden ist.

Otto Sigfrid Reuter[74] führt ein ostfriesisches Märchen an mit dem Titel „Warum das Meerwasser salzig ist". Ein armer Schiffsjunge erhält von seiner blinden Großmutter eine kleine Handmühle, die alles mahlt, was man ihr sagt. Mit einem Spruch wird sie in Gang gesetzt, mit einem anderen ausgeschaltet. Der böse Schiffshauptmann erfuhr davon, setzte dem Jungen zu und nahm ihm die Mühle weg. Den ersten Spruch teilte ihm der Junge mit, nicht aber den Spruch, mit dem die Mühle zum Stehen gebracht wird. Der Schiffshauptmann stieß den Jungen ins Meer und – da es gerade an Salz fehlte – befahl der Mühle, Salz zu mahlen. Da er den Spruch nicht wußte und die Mühle nicht stillestand, versuchte er sie zu zerschlagen, aber aus jedem Stück der zerschlagenen Mühle wurde eine neue, kleine Mühle und mahlte weiße Salzkörner. Schließlich ging das Schiff unter und die Mühlen mahlen auf dem Grunde des Meeres bis heute weiter und erzeugen natürlich auch weitere Strudel.

O. S. Reuters Deutung des Mythos auf kosmischer Ebene ist noch interessanter. Er setzt den Anfang des Liedes mit dem goldenen Zeitalter der Götter gleich, den Untergang aber mit dem Ragnarökkur. Die beiden Mühlsteine symbolisieren Himmel und Erde sowie die Erddrehung, die durch Mundilföri bewirkt wird. Auch die Celten setzten den oberen Mühlstein mit dem Himmel, den unteren mit der Erde gleich. Der Stock, mit dem die Mühle gedreht wird, ist nach O. S. Reuter ein Symbol für die Weltachse, die von der Erde zum Nordstern (Himmelsnordpol) gedacht ist, allerdings ist dieser Stock nicht senkrecht; senkrecht ist aber die Achse durch die beiden Mühlsteine. Da der Name „Fenja" auch „Wasserbewohnerin" bedeutet, ist damit das himmlische Meer, der Himmel gemeint, Menja kann als „Halsbandträgerin" übersetzt werden und bedeutet das Sternenhalsband, den Tierkreis. Besser scheint mir, in Fenja die Erde (das Moor oder Fenn) zu sehen, in Menja aber den Himmel, denn der Tierkreis (Menja) und das Himmelsmeer (Fenja) sind zu ähnlich und passen nicht zum Mythos des Drehens des Himmels über der Erde. Die geschichtlichen Einkleidungen sind nach Reuters Deutung spätere Bearbeitungen.

Fróði ist Vertreter Ásgarðs, der Untergang Fróðis entspricht dem Untergang Ásgarðs im Ragnarökkur, wobei in beiden Vorstellungen Schiffe (Naglfar und das Schiff Mýsingurs) eine Rolle spielen. Zusammenfassend also findet sich danach in dem Liede Gróttasöngur:

1. Das Goldalter der Götter (Ásgarð)
2. Die Erhaltung dieses goldenen Friedensalters durch bezwungene Riesenkraft,
3. Die Rache der Riesenwelt im Weltbrand.
4.
Dies entspricht nun aber auch dem Inhalt der Völuspá. Fróði ist in der ursprünglichen Fassung der Sage kein Mensch, sondern eine Gottheit im Goldalter des Schöpfungsbeginns, deswegen ist auch verständlich, daß es Hengikjöftur, also Óðinn selbst ist, der dem Fróði die Mühle gibt. Soweit also die Mythen von König Fróði, des Fróðafriðr und der Mühle Gróttі.

In den Skáldskaparmál finden sich sehr viele skáldische Umschreibungen, darunter auch die Umschreibungen für einige der Götter. Ich deute diese Texte als alte Anrufungsformeln, aufbereitet für den Gebrauch durch Skálden. Denn sie beginnen jeweils: »Hverning skal kenna N.? – Svo að kalla han ...«, das bedeutet: »Wie soll man nennen N.? – Man soll ihn anrufen ...«. Der Begriff „kalla" bedeutet zwar auch „nennen", aber eben darüberhinaus auch „rufen, anrufen, herbeirufen". Da diese Texte relativ wichtig sind, füge ich sie hier unkommentiert mit an:

»4. Wie soll man Þór nennen? Man soll ihn anrufen Sohn Óðins und der Jörð, Vater Magnis und Móðis und der Þrúð, Sifs Gemahl, Stiefvater Ullers, Regierer und Besitzer des Mjöllnirs und des Kraftgürtels sowie Bilskirnirs, Verteidiger von Ásgarð und Miðgarð, Feind und Töter der Jöten und Trollweiber, Besieger des Hrungnirs Geirröð, Þrívaldi, Herr des Þjálfi und der Röskva, Feind der Miðgarðschlange, Pflegling des Vignir und der Hlóra.

5. Wie soll man Baldur nennen? Man soll ihn anrufen Sohn Óðins und der Frigg, Nannas Gemahl, Vater Forsetis, Besitzer des Hringhornis und Draupnirs, Feind des Höður, Helbewohner, Tränengott.

6. Wie soll man Njörð nennen? Man soll ihn anrufen Vanengott oder Vanenvetter oder Vane, und Vater des Frey und der Freyja, Gott der Reichtumsgaben.

7. Wie soll man Freyr nennen? Man soll ihn anrufen Njörðs Sohn, Freyjas Bruder, Vanengott oder Vanenvetter oder Vane oder Erntegott und Reichtumspender. Freyr wird auch angerufen Belis Feind, Eigentümer Skíðblaðnirs und des Ebers Gullinbursti, der auch Slíðrugtanni heißt.

8. Wie soll man Heimdall nennen? Man soll ihn anrufen Sohn der neun Mütter oder der Götter Wächter, wie vorher geschrieben wurde, oder der weiße Áse, Lokis Feind, Freyjas Halsbandsucher. Heimdalls Haupt heißt das Schwert, denn es wird gesagt, er sei mit eines Mannes Haupt entzweigehauen worden. Von ihm ist erzählt in Heimdallargaldur, und das Schwert heißt seitdem Manns Mjötuður, denn das Schwert ist des Mannes Mjötuður [Zuteiler]. Heimdallur ist Besitzer Gulltopps, Besucher Vogaskers und Singasteins. Dort hatte er mit Loki den Handel um Brísingamen. Er heißt auch Vindlér. Úlfur Uggasson hat in der Húsdrápa diese Sage ausführlich dargestellt, wobei erwähnt wird, daß sie in Gestalt von Seehunden waren. Er ist auch Sohn Óðins.

9. Wie soll man Týr nennen? Man soll ihn anrufen einhändiger Áse und des Wolfs Pflegevater, Gott der Kämpfe, Sohn Óðins.

10. Wie soll man Bragi nennen? Man soll ihn anrufen Iðuns Mann, der Dichtkunst Urheber und der langbärtige Áse - nach seinem Namen heißt Bartbragi, wer einen großen Bart hat - und Sohn Óðins.

11. Wie soll man Víðar nennen? Man soll ihn anrufen den schweigsamen Ásen, Besitzer des Eisenschuhs, Feind und Töter des Fenriswolfs, Rächer-Áse der Götter, Hauser-Áse auf Vatersgrund, Sohn Óðins, Bruder der Ásen.

12. Wie soll man Váli nennen? Man soll ihn anrufen Sohn Óðins und der Rind, Stiefsohn der Frigg, Bruder der Ásen, Rächer-Áse Baldurs, Feind Höðurs und dessen Töter, Hauser-Áse auf Vatersgrund.

13. Wie soll man Höður nennen? Man soll ihn anrufen blinder Áse, Baldurs Töter, Schütze des Mistelzweigs, Sohn Óðins, Helbewohner, Vális Feind.

14. Wie soll man Uller nennen? Man soll ihn anrufen Sohn der Sif, Stiefsohn Þórs, Schlittschuh-Áse, Bogen-Áse, Jagd-Áse, Schild-Áse.

15. Wie soll man Hœnir nennen? Man soll ihn anrufen Gefährte oder Sitz- oder Redegeselle Óðins und der schnelle Áse und der Langfuß, und Aur-König [Feuchtkönig oder Goldkönig].

16. Wie soll man Loki nennen? Man soll ihn anrufen Sohn Fárbautis und Laufeyjars, Náls, Bruder Býleists und Helblindis, Vater Vonargandurs, das ist der Fenriswolf, und Jörmungands, das ist die Miðgarðschlange, und der Hel, Naris und Álas, Blutsfreund und Vaterbruder, Reise- und Sitzgefährte Óðins und der Ásen, Besucher oder Kistenschmuck Geirröðurs, Dieb der Riesen, des Böckes, des Brísingamens und der Äpfel Iðuns, Sleipnirs Verwandter, Mann der Sigyn, der Götter Feind, Haarschädiger Sifs, Böse-Schmied, den verschlagenen Ásen, Verleumder und Betrüger der Götter, Rattöter Baldurs, den gebundenen Ásen, hartnäckiger Feind Heimdalls und Skaðis.«

Es folgen einige Abschnitte weiter auch Verse, die die wichtigsten Göttinnen umschreiben:

»19. Wie soll man Frigg nennen? Man soll sie anrufen Tochter Fjörgyns, Frau Óðins, Mutter Baldurs, Nebenfrau der Jörð, der Rind, der Gunlöð, der Gerð [in HSS auch: Grið], Schwiegermutter Nannas, Fürstin der Ásen und Ásinnen, der Fulla und des Falkenhemdes und Fensalirs.

20. Wie soll man Freyja nennen? Man soll sie anrufen Tochter Njörðurs, Schwester Freys, Frau Óðs, Mutter der Hnossar, Besitzerin der Gefallenen und Sessrúmnirs und der Katzen, Brísingamens, Vanengöttin, Vanen-Díse, die tränenschöne Göttin, Ástaguð [Liebesgöttin, Oster-Göttin?]. Die Ásinnen können alle so bezeichnet werden, daß man sie mit den Namen einer anderen benennt und Besitztum, Tat oder Verwandtschaft dieser hinzufügt.

21. Wie soll man Sif nennen? Man soll sie anrufen Frau Þórs, Mutter Ullers, die haarschöne Göttin, Nebenfrau der Járnsöxa, Mutter Þrúðs.

22. Wie soll man Iðunn nennen? Man soll sie anrufen Frau Bragis, Verwahrerin der Äpfel, die der Ásen Altersgabe heißen. Sie ist auch des Riesen Þjassi Raubesbeute, der sie, wie erzählt, von den Ásen entführte.

24. Wie soll man Jörð nennen? Man soll sie anrufen Ymirs Fleisch, Mutter Þórs, Tochter Ónars, Braut Óðins, Nebenfrau der Frigg und Rind und Gunnlöðs, Schwiegermutter der Sif, Hof oder Boden der Wetterhalle, See der Tiere, Tochter der Nótt, Schwester des Auðs, des Dags.

26. Wie soll man Sól nennen? Man soll sie anrufen Tochter Mundilföris, Schwester des Máni, Frau Glens, Feuer des Himmels und der Luft.«

Unter der Bezeichnung „Þulur" oder „Nefnaþulur" (Benennungswortreihen) finden wir in verschiedenen Handschriften der Jüngeren Edda Merkverse, in denen Namen – auch mythologische – aufgezählt werden. Es sind Namen von Tieren, Bezeichnungen für Seekönige, Frauen, Wellen, Riesen, Trollfrauen, Beinamen Þórs, Óðins, der Jörð, Óðins Söhne, Männer, Frauen, Schwerter, Pfeile, Bogen, Äxte, Orte, Flüsse usw. Man geht davon aus, daß diese Namen von den Þulen, also den Kultrednern, auswendig gelernt wurden. Sie berieten ja ihren König oder Fürsten und mußten sich mit mythologischen Namen und Runenkunde auskennen. In späterer Zeit wurden daraus die Hofnarren. Beispiele mit den Namen der Götter, Valkyren und Nornen füge ich hier an[75]:

»Hier wird erzählt, wie die Ásen heißen.
Da sind Yggr und Þórr und Ingvifreyr,
Víðarr und Baldr, Váli und Heimdallr,
Da sind Týr und Njörðr, und nächst Bragi,
Höðr, Forseti, und zuletzt Loki.

1. Nun sollen die Ásinnen alle genannt werden.
Frigg und Freyja, Fulla und Snotra,
Gerðr und Gefjun, Gná, Lofn, Skaði,
Jörð und Iðunn, Ilmr, Bil, Njörun.

2. Hlin und Nanna, Hnoss, Rindr und Sjöfn,
Sól und Sága, Sigyn und Vör,
Da sind Vár und Syn würdig, zu nennen,
Und Þrúðr und Rán seien als nächstes genannt.

3. Es weint um Óðr die goldene Freyja.
Sie heißt Hörn und Þrungva,
Sýr, Skjálf und Gefn und dazu Mardöll.
Ihre Töchter heißen Hnoss und Gørsemi.

4. Und das sind die anderen Maide Óðins.
Hildr und Göndul, Hlökk, Mist, Skögul,
Da sind Hrund und Eir, Hrist, Skuld genannt.

5. Nornen heißen, die die Not schaffen,
Nipt und Dísi, die muß ich nennen.«

Hiermit beende ich den Kommentar zur Jüngeren Edda. Die weiteren Stücke oder Abschnitte in den Skáldskaparmál beziehen sich auf die Heldensagen, außerdem gibt es Skáldenstrophen und Umschreibungen.

Zur Jüngeren Edda gehören noch die „Háttatal", das „Strophenverzeichnis", welches an Hand eines Skáldengedichtes auf König Hákon und Jarl Skúli die verschiedenen skáldischen Versmaße erläutert.
In der Eddahandschrift des Codex Upsaliensis gibt es unter der Bezeichnung „Ættartala Sturlunga" einen Stammbaum der Sturlungen von Adam über Priamus und Óðinn bis Snorri und dem letzten lebenden Repräsentanten des Sturlungengeschlechtes auf Island, Snorris Neffen Egill Sölmundarson und seiner Schwester Gyða.
In der Eddahandschrift des Codex Wormianus finden sich auch vier grammatische Traktate sowie ein Stück über die Redefiguren.
In Handschriften findet sich zuweilen auch das Stück „Skáldatal" („Verzeichnis der Skálden").

Anmerkungen

1 Baron Árpád v. Nahodyl Neményi, Goden - Die heidnischen Priester der Germanen, Norderstedt 2016, S. 17.
2 Géza von Neményi, Kommentar zu den Götterliedern der Edda, Teil 1, Die Odinslieder, S. Kersken-Canbaz-Verlag, Holdenstedt 2008; Géza von Neményi, Kommentar zu den Götterliedern der Edda, Teil 2 Die Thorslieder, S. Kersken-Canbaz-Verlag, Holdenstedt 2012; Géza von Neményi, Kommentar zu den Götterliedern der Edda, Teil 3 Die Vanenieder, S. Kersken-Canbaz-Verlag, Holdenstedt 2014;.
3 G. A. B. Schierenberg, Deutschlands Olympia »Secretoria Germaniae« oder: Vom Gottesgericht über Roms Sieggötter! Vermuthungen u. Untersuchungen über d. dt. Götter- u. Heldensage, die wahre Heimat der Eddalieder, ihren Ursprung und ihre Bedeutung (1875).
4 Paul Herrmann, Erläuterungen zu den ersten neun Büchern der Dänischen Geschichte des Saxo Grammaticus, Bd. 1, Leipzig 1901, Lib. III, 81, S. 103.
5 Felix Niedner (Übers.), Snorris Königsbuch (Heimskringla), Düsseldorf, Köln, 1965, Sammlung Thule Band 14, Kap. 2, S. 28.
6 Géza von Neményi, Lieder der Vorzeit, Norderstedt 2013, S. 92ff.
7 (wie 5), Kap. 5, S. 30.
8 (wie 5), Kap. 5 und 8, S. 31 und 33.
9 (wie 5), Kap. 9, S. 35.
10 G. Drosdowski, P. Grebe (Bearb.), Duden Etymologie, Mannheim, Wien, Zürich, 1963, S. 199.
11 (wie 5), Kap. 5,S. 30.
12 Eugen Mogk, E. O. Gabriel, Turville-Petre.
13 Albertij Crantzij, Wandalia Oder Beschreibung Wendischer Geschicht, übersetzt von M. Stephanum Macropum, Lübeck 1636, Buch 5, Kap. 15.
14 Jacob Grimm, Dt. Mythologie, 3 Bde., Berlin 1875-78, Bd. I, S.130.
15 Fredrik Sander , Rigveda und Edda, Stockholm 1893, S. 2.
16 Frank Waters, Das Buch der Hopi, München 2000, S. 25.

17 Baron Árpád v. Nahodyl Neményi, Der Ursprung biblischer Mythen", Norderstedt 2015, S. 98ff.
18 Stefanie Würth (Übers.), Isländische Antikensagas, München 1996, S. 158.
19 Alessia Bauer, Runengedichte, Wien 2003, S. 201.
20 J. F. L. Woeste, Volksüberlieferungen in der Grafschaft Mark, Iserlohn 1848, S. 40.
21 Adalbert Kuhn, Sagen, Gebräuche und Märchen aus Westfalen ... Leipzig 1859 Bd. 2, S. 82 (252). 83 (258).
22 Otto Mensing (Hrsgb.), Schleswig-Holsteinisches Wörterbuch, Neumünster 1926ff, I, 463; Karl Müllenhoff, Sagen, Märchen und Lieder der Herzogtümer Schleswig-Holstein und Lauenburg, Kiel 1845,² 549; 306-07.
23 Jacob Grimm, Deutsche Mythologie, Berlin 1875-78, Bd. 2, S. 597ff.
24 Franz Widlak, Die abergläubischen und heidnischen Gebräuche der alten Deutschen nach dem Zeugnisse der Synode von Liftinæ im Jahre 743, Znaim o. J., S. 29.
25 wie (24), S. 30.
26 wie (24), S. 29f.
27 wie (4), Buch 8, S. 387.
28 Ludwig Ettmüller, Altnordischer Sagenschatz in neun Büchern, Zürich 1869, S. 401f.
29 Mitteilung von der vedischen Astrologin Baronin Catrin v. Nahodyl Neményi.
30 Wilhelm Wägner, Germanische Göttersagen, Unsere Vorzeit I, Leipzig 1907, S. 28f.
31 wie (18), S. 85, 87 und 95.
32 Baron Árpád v. Nahodyl Neményi, Was unsere Märchen bedeuten, Norderstedt 2016, S. 328f.
33 Géza v. Neményi, Die Sprache der Vögel, Holdenstedt 2014, S. 128f.
34 Géza v. Neményi, Heilige Runen, München 2004, S. 397.
35 wie (4), Buch 3, S. 81.
36 wie (6), S. 23-27.
37 St. Isselbächer, D. Mosbach, I. Priebe (Übers.), Ásmundarsaga Kappabana, Leverkusen 1988, Sörla-Þáttr 2, S. 46.

38 wie (18), S. 17f.
39 wie (4), Buch 9, S. 406.
40 Finn Magnusen, Lex. Mytholog., S. 288.
41 Karl Simrock, Deutsche Mythologie, Bonn 1878, S. 188.
42 Hans von Wolzogen, Die Edda, Leipzig o. J., S. 86.
43 Ludwig Ettmüller, Die Lieder der Edda von den Nibelungen, 1837, S. 119.
44 Rudolf Simek, Lexikon der germanischen Mythologie, Stuttgart 1984, S. 336.
45 wie (44), S. 191.
46 Baron Árpád v. Nahodyl Neményi, Was unsere Märchen bedeuten, Norderstedt 2015, Kap. 4 ab S. 99.
47 Otto Sigfrid Reuter, Das Rätsel der Edda und der arische Urglaube, Bd. 1, Sontra 1922, Kap.6 und 7.
48 Emil Schneider, Hessisches Sagenbüchlein, Marburg 1905, Nr. 93, S. 81.
49 Kramer (Hrsgb.), Strabon, Geographia, Berlin 1852, Lib. VII, 3, 5.
50 wie (5), Ynglinga Saga Kap. 7, S. 32.
51 wie (4), Buch 1, S. 38.
52 Josef Seiler, Volkssagen und Legenden des Landes Paderborn, Cassel 1848, Seite 18f; Heinz Rölleke, Westfälische Sagen, S. 33.
53 Karl Schildener (Hrsgb.), Gutalag, Greifswald 1818, S. 106f.
54 wie (4) Buch 8, 292ff bzw. 392ff.
55 wie (4), Buch 3.
56 Baron Árpád von Nahodyl Neményi, Der Ursprung biblischer Mythen, Norderstedt 2015, Kap. 5, S. 113-125.
57 Karl Müllenhoff, Sagen aus Schleswig-Holstein und Lauenburg, Kiel 1845, S. 373.
58 Felix Genzmer (Übers.), Edda, Sammlung Thule Bd. 2, Düsseldorf, Köln 1980, S. 196f.
59 Josef Virgil Grohmann, Sagen-Buch von Böhmen und Mähren, Leipzig, Berlin 1925, S. 234; bei Henne am Rhyn, Deutsche Volkssagen Nr. 229.
60 wie (47), Bd. 1, S. 21-40.
61 wie (6), S. 266ff.
62 Géza v. Neményi, Die Wurzeln von Weihnacht und Ostern, Holdenstedt 2006, S. 241.

63 Rudolf Simek, Die Edda, München 2007, S. 51.
64 Rudolf Simek, Religion und Mythologie der Germanen, Darmstadt 2003, S. 179.
65 K. Oertel (Hrsgb.), Ásatrú – Die Rückkehr der Götter, Rudolstadt 2012, S. 415.
66 wie (34), S. 127-131.
67 Otto Sigfrid Reuter, Germanische Himmelskunde, München 1934, S. 283.
68 wie (4), Buch 3, S. 110ff.
69 C. W. Michael Grein, Bibliothek der angelsächsischen Poesie, Bd. 1, 1857, S. 152; Crist, Verse 104-108.
70 wie (67), S. 256f.
71 wie (4), Buch 8, S. 388ff.
72 Manfred Fuhrmann, Tacitus Germania, Stuttgart 1971, Kap. 19, S. 15.
73 wie (5), Kap. 10, S. 35f.
74 wie (47) Band II,. S. 59f.
75 Sophus Bugge (Hrsgb.), Sæmundar Edda hins fróða, Christiania 1867, S. 660f.

Weitere Bücher des Verfassers

Baron Árpád v. Nahodyl Neményi, „Der Ursprung biblischer Mythen – Die Enträtselung christlicher Glaubensvorstellungen", Verlag Books on Demand 2015, 388 Seiten, 52 Abbildungen, ISBN 978-3-7347-7522-2, 16,80 €

Baron Árpád v. Nahodyl Neményi, „Was unsere Märchen bedeuten – Deutung der bekanntesten Märchen aus der Sammlung der Gebrüder Grimm", Verlag Books on Demand 2015, 470 Seiten, 96 Abbildungen, ISBN 978-3-7347-9796-5, 16,80 €

Baron Árpád v. Nahodyl Neményi, „Das geistige und materielle Weltbild", Verlag Books on Demand 2015, 128 Seiten, 22 Abbildungen, ISBN 978-3-7347-7323-5, 6,80 €

Baron Árpád v. Nahodyl, „Im Roulette gewinnen - Mit welcher Strategie man im Roulette und Lotto gewinnen kann", Kersken-Canbaz-Verlag 2013, 75 Seiten, 21 farbige Abbildungen, ISBN 978-389423-135-4, 12,80 €

Baron Árpád v. Nahodyl, „Adeliges Bewußtsein", Verlag Books on Demand 2013, 236 Seiten, 20 Abbildungen, ISBN 978-3-7322-8898-4, 14,90 €.

Baron Árpád v. Nahodyl, „Zukunftsschau mit Runen", Sigrid Kersken-Canbaz Verlag 2015, 66 Seiten 9 Abbildungen, ISBN 978-389423-138-5, 9,95 €

Baron Árpád v. Nahodyl, „Zukunftsschau mit Spielkarten" Sigrid Kersken-Canbaz Verlag 2015, 70 Seiten, 17 Abbildungen, ISBN 978-389423-139-2, 9,95 €

Baron Árpád v. Nahodyl, „Zukunftsschau mit Tarotkarten" Sigrid Kersken-Canbaz Verlag 2015, 73 Seiten, 12 teils farbige Abbildungen, ISBN 978-389423-140-8, 9,95 €

Baron Árpád v. Nahodyl, „Zukunftsschau aus dem Namen" Sigrid Kersken-Canbaz Verlag 2015, 91 Seiten, viele Figuren im Text, ISBN 978-389423-141-5, 9,95 €

Géza v. Neményi, „Götter, Mythen, Jahresfeste - Heidnische Naturreligion", Reihe Altheidnische Schriften, Kersken-Canbaz-Verlag 2004, 284 Seiten, 40 Abbildungen, ISBN 3-89423-125-4, 23,90 €.

Géza v. Neményi, „Heilige Runen - Zauberzeichen des Nordens", Heyne 2003, 2. Auflage, Ullstein 2004, 460 Seiten, 99 Abbildungen, ISBN 3-453-86457-3, 11,95 €. (Russische Übersetzung bei Veligor).

Géza v. Neményi, „Die Wurzeln von Weihnacht und Ostern – Heidnische Feste und Bräuche", Kersken-Canbaz-Verlag, Holden-stedt 2006, 275 Seiten, 62 Abbildungen, ISBN 3-89423-132-7, 24,80 €.

Géza v. Neményi, „Lieder der Vorzeit – Götterlieder, Heldenlieder und alte Volkslieder", Reihe Altheidnische Schriften, Verlag Books on Demand, Noderstedt 2013, 392 Seiten, fest gebunden, ISBN 978-3-8482-6853-5, 39,80 €.

Géza v. Neményi, „Die Sprache der Vögel - Deutung von Angang, Flug und Stimme der Vögel", Kersken-Canbaz-Verlag 2015, 161 Seiten, 60 Abbildungen, ISBN 978-3-89423-137-8, 13,80 €.

Géza v. Neményi, „Kommentar zu den Götterliedern der Edda – Teil 1, Die Odinslieder", Kersken-Canbaz-Verlag, Holdenstedt 2008, 250 Seiten, 20 Abbildungen, davon 13 in Farbe, ISBN 978-3-89423-133-0, 29,80 €.

Géza v. Neményi, „Kommentar zu den Götterliedern der Edda – Teil 2, Die Thorslieder", Kersken-Canbaz-Verlag 2012, 151 Seiten, 26 teils farbige Abbildungen, ISBN 978-3-89423-133-0, 22,90 €.

Géza v. Neményi, „Kommentar zu den Götterliedern der Edda – Teil 3, Die Vanenlieder", Kersken-Canbaz-Verlag, Holdenstedt 2014, 221 Seiten, 11 Abbildungen, davon 7 in Farbe, ISBN 978-3-89423-136-1, 27,80 €.

http://baron-nahodyl.npage.de/